绿色经济
助力经济高质量发展研究丛书

四川省哲学社会科学重点研究基地
四川省教育厅人文社会科学重点研究基地
四川革命老区发展研究中心资助项目SLQ2022SB-46

现代农业绿色低碳发展：
实践、路径与政策研究

王君　著

西南财经大学出版社
中国·成都

图书在版编目（CIP）数据

现代农业绿色低碳发展：实践、路径与政策研究/
王君著.--成都：西南财经大学出版社,2024.9.
ISBN 978-7-5504-6400-1

Ⅰ.F323

中国国家版本馆 CIP 数据核字第 2024HU5187 号

现代农业绿色低碳发展：实践、路径与政策研究
XIANDAI NONGYE LÜSE DITAN FAZHAN：SHIJIAN、LUJING YU ZHENGCE YANJIU
王君　著

策划编辑:乔雷　余尧
责任编辑:乔雷
责任校对:余尧
封面设计:星柏传媒　张姗姗
责任印制:朱曼丽

出版发行	西南财经大学出版社(四川省成都市光华村街55号)
网　址	http://cbs.swufe.edu.cn
电子邮件	bookcj@swufe.edu.cn
邮政编码	610074
电　话	028-87353785
照　排	四川胜翔数码印务设计有限公司
印　刷	成都市新都华兴印务有限公司
成品尺寸	170 mm×240 mm
印　张	17.75
字　数	309 千字
版　次	2024 年 9 月第 1 版
印　次	2024 年 9 月第 1 次印刷
书　号	ISBN 978-7-5504-6400-1
定　价	88.00 元

前　言

　　党的二十大报告强调，推动经济社会发展绿色化、低碳化是实现高质量发展的关键环节。这一论断科学阐释了绿色低碳发展的内涵，为全社会践行绿色低碳发展理念提供了明晰指导。2024 年 1 月发布的《中共中央国务院关于全面推进美丽中国建设的意见》提出，保持加强生态文明建设的战略定力，坚定不移走生产发展、生活富裕、生态良好的文明发展道路，建设天蓝、地绿、水清的美好家园。绿色低碳发展作为解决农业发展问题的根本对策，能有效提升农业生产的质量，形成农业绿色低碳生活方式和生产方式。新发展理念下，农业绿色低碳发展具有巨大的潜力。

　　本书的第 1 章回顾现代农业发展的历史演变和进程，帮助读者了解农业发展的背景、脉络和现状。第 2 章深入探讨绿色低碳农业的内涵、意义及模式，建立了现代农业绿色低碳发展的理论框架。第 3 章分析中国农业现代化进程中绿色低碳发展的必然路径，探讨其与经济、社会和环境的关系。第 4 章全面梳理中国现代农业绿色低碳的发展状况，从经济运行、政策体系、环境保护治理等方面分析其取得的成效。第 5 章深入剖析中国农业绿色低碳发展面临的挑战。第 6 章总结现代农业绿色低碳发展的实践经验，为现代农业绿色低碳发展提供借鉴和参考。第 7 章从产业层面、市场层面、要素层面、技术层面提出中国现代农业绿色低碳发展的路径，以及"四位一体"的现代农业绿色低碳发展策略。

　　本书力求具有系统性、实用性、时效性和创新性，通过对现代农业绿色低碳发展的深入研究，希望能够为中国绿色低碳农业的现代化建设提供理论和实践指导。

　　本书对中国现代农业的绿色低碳发展进行了深入的分析和探讨，可作为农业管理部门、高等院校、农业科研院所、农业生产经营者等机构和个人的参考用书。受作者自身能力和水平限制，本书难免有不足或纰漏，恳请各位专家学者批评指正，并提出宝贵的意见。

王君

2024 年 5 月

目　录

1　现代农业发展的历史演变和进程 / 1

　1.1　原始农业 / 1

　1.2　传统农业 / 4

　1.3　现代农业 / 21

2　现代农业绿色低碳发展的内涵、意义及模式 / 32

　2.1　现代农业绿色发展 / 32

　2.2　现代农业低碳发展 / 42

3　中国农业现代化进程的必然路径：绿色低碳发展 / 60

　3.1　新发展理念下的农业高质量发展 / 60

　3.2　生态文明视域下的农业现代化 / 75

　3.3　绿色低碳理念引领农业现代化发展 / 83

4　中国现代农业绿色低碳发展状况 / 93

　4.1　农业经济生产运行形势向好 / 93

　4.2　绿色低碳农业政策体系不断健全 / 107

　4.3　农业绿色发展水平不断提升 / 117

5 中国农业绿色低碳发展面临的挑战 / 160

   5.1 农业绿色低碳发展政策制度体系亟待健全 / 160

   5.2 农业生产要素提质增效压力大 / 163

   5.3 农业科技创新有待加强 / 168

   5.4 农村生态环境保护存在突出短板 / 173

6 现代农业绿色低碳发展的实践经验 / 176

   6.1 美国模式：大农场主农业 / 176

   6.2 欧盟模式：绿色低碳循环农业 / 191

   6.3 日本模式：精细农业 / 204

   6.4 国内农业绿色低碳发展典型案例 / 215

7 中国现代农业绿色低碳发展的路径与策略 / 229

   7.1 产业层面：建立产业集聚区，构建现代农业绿色低碳产业链 / 229

   7.2 市场层面：深化市场改革，激活现代农业绿色低碳发展动力 / 243

   7.3 要素层面：推动农业资源增效减量，提高资源利用率 / 251

   7.4 技术层面：加强绿色低碳技术创新，提升农业绿色发展能力 / 265

参考文献 / 274

1 现代农业发展的历史演变和进程

农业发展大致经历了原始农业、传统农业和现代农业三个阶段，农业的发展进化史实质上就是农业革命史。农业革命随着人口增长、技术发展和土地利用方式的变化在不同阶段呈现不同的内容和特征。人口增长是推动农业规模扩大的主要动力，技术发展提高了农业发展质量和生产效率，土地利用方式转变使农业集约化生产成为可能。人类在改造自然和发展农业的同时，形成了不同时期、不同区域的具有典型特征的农耕文明。

1.1 原始农业

根据达尔文提出的进化论，人类由古猿进化而来。在距今 170 万年到 1 万年前，人类先祖经过数次进化，在世界各地驰骋生活。果实采集和动物狩猎是早期获取食物的主要方式，对现存的自然界动植物进行直接食用，把食物当作自然界的"恩赐"，不涉及加工和劳作，也就是所谓的"攫取经济"。早期人类的生存环境较为恶劣，气候变化、自然灾害、野兽毒虫严重威胁着他们的生存。为了抵抗自然环境的不利因素，提高生存率，早期人类开始抱团取暖，并逐步发展成部落。一部分群体依靠水源"定居"生活，另一部分群体依靠草原成为游牧部落。"定居"生活限制了群体的生活和活动范围，采集和狩猎区域一般在一百平方千米以内。早期人类在漫漫的历史长河中，心智逐步开化，双手越来越灵巧，他们用自己的聪明才智和集体智慧挨过了艰难的自然环境变迁，最终迎来了新石器时代和农业文明的曙光。

1.1.1 农业的起源

原始农业是由采集和狩猎向初级自然状态演变的农业，早期人类利用自然力进行简单劳作生产出农产品，以供家庭和自身使用。原始农业呈现出耕种方式粗放、生产工具落后、劳作简单协作配合的特征。原始农业下的生产力水平极为低下，生产发展进程尤为缓慢。原始农业出现后，人类开始了最早的农作物生产，最早的农作物有稗谷、麦谷、甘薯、草豆等。人类使用简单的生产工具，栽培易于生长和成熟的植物，以收获作物。同时，人类也开始了最早的动物饲养，来满足对肉食的需求，生存生活资料的获取由"靠天吃饭"变得稳定可靠。

根据资料记载，全世界主要有 3 个农业起源地，由这 3 个农业地源地逐步向周边地区扩散形成区域农业文明。

（1）中国。中国是大米和小米的起源地。小米也称为黍、粟，在黄河流域起源向外发展，是中国北方的主要农作物[①]。稻作农业起源于长江流域，水稻是中国南方的主要农作物。通过考古发现，中国在新石器时代有成千上万个原始农业遗址，以黄河流域和长江流域为中心在中国大地上星罗棋布，形成了璀璨的中国农业文明。

（2）中南美洲地区。中南美洲地区是玉米的起源地。大约 7 000 年前，美洲的印第安人开始种植玉米，玉米在旱地的高产量特性使得玉米被广泛种植，中国在明代才引进玉米。美洲的农作物以玉米为主，除此之外，还有豆类和南瓜，统称"农业三姐妹"。但是，美洲农业没有家畜，农业生产范围较为狭窄。

（3）西亚地区。西亚地区是小麦和大麦的起源地，同时也是山羊和绵羊的起源地，称为"有畜"农业。西亚农业由最开始的伊拉克及周围地区向外部扩散，形成了古印度文明、古埃及文明及两河流域文明，传播范围广阔，影响力巨大。

1.1.2　中国农业的起源

中国农业起源于北方旱地农业和南方稻作农业，形成了南北两个农业体系。黄河流域及北方地区经历了三个发展阶段。第一阶段，在距今 1 万年前左右。此时的中国处于农业的萌芽时期，人们除了种植少量的农作物外，主要还是依靠采集和狩猎获取食物，生产工具只是简单的石磨棒等。第二阶段，是在公元前 7 000 年至公元前 5 000 年左右。这一时期，农作物

[①]　严文明. 农业起源与中华文明 [J]. 中国乡村发现，2016 (5)：38-45.

成为人们的主要食物来源，农业生产在人类活动中占据重要地位。除了种植谷类作物——小米、粟和黍外，人们还开始饲养猪等家畜。第三阶段，大约公元前3 000年至公元前2 000年。这一时期为中国的农业扩张期，农业生产技术得到进一步提升，农业耕种技术开始外延到俄罗斯、日本等地区。

长江流域及南方稻作农业经历了四个发展阶段。第一个阶段是萌芽期，人们开始尝试种植稻子，但其在食物的构成中占比较小。第二阶段是创立期，谷物已经开始大量出现，在人们的食物占比中显著上升。第三个阶段是发展期，出现了大片的稻田，蓄水、浇灌、排水等技术有了一定程度的开发，农业生产技术飞速发展。第四个阶段是扩张期，农业生产向东扩张，辐射到朝鲜半岛，再到日本，展现出接力棒式的传播路线。虽然北方和南方农业体系处在不同的地域，但结合自然条件的利用，两者可以相互补充，共同维护着中华大地农业生产和发展的稳定性，形成了具有中国特色的农业文明，巍然屹立于世界之林①。

北方黄河流域旱地粟种农业见图1-1，长江流域水田稻作农业见图1-2。

图1-1 北方黄河流域旱地粟种农业

（图片来源：全国农业展览馆）

---

① 卜宪群. 中国通史：从中华先祖到春秋战国［M］. 北京：华夏出版社，2016：24-35.

图 1-2　长江流域水田稻作农业

（图片来源：全国农业展览馆）

上文提及的三个农业起源地，对后来的世界文明的更替发展起着至关重要的作用。中南美洲地区的农业催生了古印第安文明，如安第斯文明、玛雅文明，但影响仅限于美洲地区，直至消亡。西亚地区的农业催生了两河流域文明，即古巴比伦、阿卡德和古苏美尔文明，传播到印度河流域产生了古印度文明，传播到尼罗河流域产生了古埃及文明。中国的农业催生了古中华文明，扩散到东亚其他国家和地区，形成了独特的东亚文化圈，在世界文明史中占据着重要地位。

1.2　传统农业

传统农业是在自然经济条件下，对原始农业的进一步发展。传统农业依靠人类经验的积累，采用铁器、畜力、人力和手工工具为主的手工劳作生产方式。传统农业具有生计农业的典型特征，农业生产方式依赖口头相传和经验积累，农产品种类较为有限，家庭成员实行内部分工参加生产劳动，生产模式较为稳定。传统农业属于自给自足的农业经济，产量少，生产效率低下，很少进行产品交换。传统农业对外部自然环境的抗压能力

现代农业绿色低碳发展：实践、路径与政策研究

弱，农业生产稳定性不足。

在传统农业中，铁产量快速提升，炼铁技术及铁制生产工具逐步成熟。随着铁制农具的广泛使用，农业由粗放式、纯手工生产转变为精细耕种，铁制农具有效地提升了农业生产的效率。原始的放牧也转向放养和圈养相结合，畜禽产量稳步提高。至此，农业生产进入了传统发展阶段。

1.2.1　国外传统农业的发展

国外传统农业以中世纪的欧洲为代表，在 10 世纪发展速度缓慢，经历了初期的落后原始状态[①]。12、13 世纪，欧洲的农业生产步入了稳步发展阶段。14 世纪，由于黑死病的蔓延，欧洲劳动人口迅速减少，耕地荒芜。从 16 世纪开始，欧洲的农业劳动力逐步解放，在 17、18 世纪发生了农业革命，农业生产力得到快速发展。

整体上来讲，中世纪欧洲的农业生产仍属于粗放型增长模式，这与匮乏的农业生产条件息息相关。第一，中世纪的欧洲缺乏稳定有序的政治环境。欧洲长期处于四分五裂和战乱的状态，先后经历过十余次的霸主更替，国家内部也充满着危机和斗争，如英法百年战争，德意志的四分五裂等，这对农业的稳定生产和发展带来极大的威胁和破坏。第二，农业生产制度较为落后。如英国在中世纪时期，农业轮耕制度由起始的二圃制演变到三圃制，但三圃制并没有在欧洲各国得到广泛的推广和使用，而且使欧洲本来就贫瘠的土地的地力被进一步消耗。第三，欧洲自然气候和地理环境复杂，温湿不同期，不利于农作物的生长，限制了农作物品种的选择。在中世纪，欧洲农业自然灾害频发，严重影响了农作物的生长和收割。在 13 世纪，灾荒在欧洲各国上演，如比利时、奥地利、英格兰、巴伐利亚等国家和地区尤为严重。1314—1316 年，风蚀和洪水席卷欧洲，欧洲地区满目疮痍、尸横遍野。暴发的瘟疫如黑死病、鼠疫等，使欧洲人口大规模衰减，生产劳动力数量严重下滑，田地荒芜，农业发展遭到严重打击和破坏，欧洲农业进入了长期的"黑暗和萧条"。第四，欧洲土地大多不便于农业生产和耕种。森林地带虽然土壤肥沃，但是降水过多使大量土地变成了沼泽，同时土地黏性强导致无法翻耕。在这样恶劣的自然环境条件下，从事农业生产活动需要大量时间、物力和人力进行土地改造，导致农业生

---

① 冯正好. 论中世纪西欧的农业 [J]. 农业考古，2016（4）：223-228.

产成本大幅提高。第五，耕作方式非常落后，主要使用较为笨重粗陋的农具，如大木槌、耙、犁、铲等。欧洲当时主要采用两头牛、四头牛甚至是八头牛来共挽重型大耕犁。这样的生产方式严重依赖畜力，但由于畜牧业的落后无法提供充足的牲畜，严重制约了农业生产效率的提高。第六，欧洲农业生产要素匮乏，肥料不足，严重损害了土地的肥力。欧洲的牲畜数量较少，农民没有认识到粪便对土地的增肥作用，土地被无休止地耕种，养分得不到充足的补给，部分地力被极大损害。

国外传统农业时代虽然面临诸多困难，但同时也取得了一系列进步。

（1）简单生产工具和生产方法的使用。5—10世纪，欧洲进行一系列的技术革新，古罗马的先进生产技术得到传播，采用了连枷、现代挽具、轮犁进行三年轮作，利用马作为畜力进行耕种，麦类产量大幅提升。另外，欧洲革新了古老的强迫劳动力进行农业生产的方法，耕种更具科学性，产生了巨大的经济意义和社会价值，如波兰因为连枷的使用直接使农业生产效率提升了1倍。

（2）11世纪进入了铁农具农业生产时代。铁农具具有更强的耐用性和更高的硬度，生产效率较以往农具有了极大的提升。此时，大量的荒芜田地被开采出来，新开荒的土地归单个佃农所有，增加了低层农民的资产拥有量，经过劳苦耕作，曾经的"荒郊野岭"成为优质的集约土地，淤塞的河道得到清理，陡峭的山坡变得平缓，堆满乱石的土地重见天日，风车和水磨矗立于大地，农业生产展现出生机勃勃的繁荣景象。

（3）14世纪早期，资本主义生产性质的农业组织开始出现。新型的大型农业生产组织具有资本主义的萌芽性质，与初期工业发展交相辉映，共同促进社会组织制度的革新。地中海地区采用"三次翻耕"技术，为保持地力采用休耕制度，利用重犁进行深耕；用马代替公牛来拉犁，生产效率得到极大提高。犁农具的改进使春季农作物得到两次松土，冬季农作物得到四次松土，短柄和长柄的带齿镰刀更易收割农作物。道路交通环境得到一定的改善，使用二轮车或者四轮车作为农作物的运输工具，搬运效率有了质的飞跃和提升。

总之，以中世纪的欧洲为典型代表的国外传统农业发展速度相对缓慢。这其中既有社会制度方面的原因，也有自然环境方面的原因。古罗马时期的传统农业技术对欧洲传统农业发展带来深远的影响，农业器具、耕作方法深深地烙下了古罗马的印记。在资本主义萌芽时期，人类思想得到解放，科技进步、生产方式变革使得随后的欧洲农业进入了快速发展阶段，在人类农业史上画出浓墨重彩的一笔。

1.2.2 中国传统农业的发展

夏商周时期，中国原始社会土崩瓦解，奴隶制度正式形成，农业生产经营也开始摆脱了原始社会的形态，农业生产技术实现了初步发展，田间管理、耕作栽培有了新的创造和发明，步入了协田耦耕时代。春秋战国时期，中国的社会制度由奴隶社会转向封建社会，同时农业生产由粗放模式向精耕农业演变[①]。传统农业的发展使农业生产实现了农牧结合、细作精耕，在最大程度上抵御自然灾害的不利影响。使用有机肥料对土壤增肥，使土地肥力得到保持，更适合耕种，土地的使用寿命和期限也得到了延长。这一时期，中国形成了人与自然环境和谐相处的农业耕种体系，人们使用了一系列的农业生产技巧，如人工捕捉、引入害虫天敌、换茬倒茬、培育抗病虫品种等，有效地提升了农业生产效率。

中国传统农业发展取得了一系列的成就，创造了绚烂多彩的中华农业文明。总结起来，主要经历了三个发展阶段。

1.2.2.1 春秋战国至唐朝末年（公元前 7 世纪—公元 8 世纪）

这一阶段，中国的农业经济中心在秦岭、淮河以北的黄河流域，社会制度发生了巨大变革，社会生产力大幅提升。塞外游牧民族威胁中原政权，农耕文化与游牧文化相互融合，是这一时期农业发展的典型特征。随着大一统的完成，中国的封建社会生产关系得到确立和发展，为农业发展提供了稳定有序的政治环境。

传统农业用具也多在这一时期被发明、使用。冶铁技术的发明和铁制农具的使用，使生产方式发生了重大变革，铁农具更加锋利、坚韧、耐磨，成为主要农具。牛、马等畜力大量使用，推动了耕作技术的发展。生产农具、收割农具、运输农具、加工农具、储存农具在汉代大量出现，至今仍在许多农村地区使用。在耕种技术方面，垄作法得到改进，保墒防旱的农业耕种技术开始出现。在抗旱育培技术方面，溲种法、区种法、代田法等开始出现，至今仍然被公认为最为环保、成本最低的抗旱技术。在施肥方面，种肥、基肥、追肥等新型技术开始出现，农地肥力得到提升。畜

---

① 赵岩，张莹，朱凤涛，等. 从人类食物变迁探讨科技的理性回归 [J]. 中国科技信息，2012（1）：50-51.

禽饲养方面，种畜选用、培育、杂交、养殖技术有了较大提升，积累了丰富的动物防疫、诊治经验。这一时期，七十二候和二十四节气已被创立，广泛用于农业生产时令的指导。

战国时期，各诸侯国根据自身特点开启了农业个体户的社会变革。如承认土地的私有制度，农民向国家上缴土地税——什一之税。赋税制度的改革，把农民与土地紧紧地捆绑在一起，农民的农耕自由得到保障，农民生产积极性得到极大提高，个体小农经济快速发展。秦末出现了农民大起义，影响了农业生产。汉初百废待兴，国家实行"与民休息、轻徭薄赋"的政策，采取了"三十税一"的低税政策，重振了农民农业生产的积极性，农业生产逐步恢复，进入"文景之治"的农业繁荣时期。汉代青铜斧见图1-3，旱地农业耕作（协田）见图1-4，魏晋时期旱地农业果木嫁接技术见图1-5。

图1-3　汉代青铜斧

（图片来源：全国农业展览馆）

图 1-4　旱地农业耕作（协田）

（图片来源：全国农业展览馆）

图 1-5　魏晋时期旱地农业果木嫁接技术

（图片来源：全国农业展览馆）

自东汉末年，中国经历了长达 4 个世纪的战乱和分裂。部分政权制定了顺应历史发展的经济变革政策，如北魏时期实行"均田制"，对以后农业的恢复和发展产生了深远的影响。直至隋朝完成了全国统一，黄河流域形成了"一耕一耙一耱"的旱地耕种体系。绿肥种植、良种选用、倒茬轮作等农业生产技术得到广泛应用。

唐朝时期，朝廷采取了空前开明的农业政策，实行计口授田和均田制，兴修水利，鼓励开垦荒地，制定"租庸调"制，减轻农民沉重的税收负担，农业经济快速发展，到天宝年间，人口从唐初的 3 000 万增长到 5 200 多万，耕地多达 14 亿亩（唐代 1 亩约为现代 290 平方米，下同），人均耕地已达到 27 亩，形成了空前繁荣的农业景象。唐朝时期，我国农业产量显著提高，旱地耕作体系逐步成熟，出现了"五谷丰登"的繁荣景象。

1.2.2.2 唐代中期至明初（公元 8 世纪—14 世纪）

"安史之乱"后，唐朝快速步入衰退期，北方政局动荡，经济受到重创，农业发展严重衰退。全国经济和农业发展中心逐步转移到时局稳定的南方地区，大批士族、农民"衣冠南渡"，为南方地区带去了许多先进的农业生产技术和经验。

我国南方地区属于亚热带季风气候，自然环境优渥，雨水充沛，温度适宜，非常适合水稻生长。唐宋时期，水田生产工具已经发明，江东犁代替直辕犁，非常适合在小块田地耕种，轻便灵活；水田耙能够耙碎田泥，浸泡田地进行灌溉；耖在泥土碎糊以后，能够使田泥表面平滑如镜，便于插秧。此时，南方形成了"耕、耙、耖"的水田耕作体系。相较于北方，南方农作物生长周期更短、产量更高，且熟制一年可达两熟或三熟。宋元时期，江南地区的稻作种植技术先进，引入并传播了棉花种植，园圃业实现了商业化，江南地区在全国的经济地位迅速上升。水田农业劳动保护用具见图 1-6。

至此，我国农作物的构成发生了重大转变，水稻一跃成为最重要的粮食作物，小麦代替粟成为第二重要粮食作物，形成了南方和北方具有显著差异的饮食结构和习惯。甘蔗、茶叶等经济作物也得到大量种植，这推动了制糖业、茶业的快速发展，提升了农业发展的经济效益。农田水利建设重点也从北方转移到了南方，农业基础设施趋于完善。晚唐至五代时期，塘浦水网系统在太湖流域得到实践和应用，一举使该地区成为全国有名的"粮仓"和"米仓"。

图 1-6　水田农业劳动保护用具

（图片来源：全国农业展览馆）

随着农业生产力的提升，人们的生活方式也发生了重大转变。蔬菜和水果的新品种的引入，丰富了人们的饮食结构，茶品成为国饮，糕点制作也走进了人们的餐桌。茶圣陆羽所编撰的《茶经》，专门系统讲述了种茶、选茶、制茶、饮茶的问题，茶的普及率迅速攀升，茶器种类繁多，制法考究，形成了绚烂多彩的茶文化。

1.2.2.3　明清时期（公元 14 世纪—19 世纪）

这一阶段，农业生产结构得到进一步的调整和优化，社会人口激增，人口与土地拥有量不匹配的矛盾成为基本国情。在巨大的人口压力下，提高土地使用效率迫在眉睫，因此，精细化农业得到较快发展，农业面积空前扩大，优质新农区得到大量开拓。明清时期是我国传统农业向现代农业转变的关键阶段，为后面的现代农业发展奠定了坚实基础。

明清时期，统治者施行了一系列措施促进农业发展。商品性农业和家庭手工业快速发展，农副业多元化经营；经济作物效益提升，农民身份地位提高，小农队伍规模持续扩大，农民经济实力不断增强；农业资本主义萌芽开始出现，土地经营性质发生了新的变化。

明清时期，农业发展呈现一片繁荣景象，达到了古代传统农业科技与生产的最高水平。冶铁技术在唐宋基础上继续发展，但铁制农具主要还是用于小型耕种，尚未完全成熟。在农业科技方面，明清继承发扬了唐宋的旱地和水田耕种技术体系，农耕整体水平得到明显提高。关于农学的著作大量涌现，如宋应星的《天工开物》、徐光启的《农政全书》、邝璠的《便民图纂》、琏川沈氏的《沈氏农书》、杨屾的《知本提纲》等，这些农业生产著作从不同角度对农业生产技术进行研究，同时还收载了许多先进的海外技术，极大促进了农业的发展。由于经济重心在南方，北方的大型水利工程建设呈现减少趋势，但北方的井灌水利技术和南方的小型水利设施却得到了快速的发展。农业对外科技交流加强，明代中后期从海外引入了许多农作物，如玉米、西红柿、辣椒、马铃薯、花生、烟草等，调整了传统农业结构，丰富了农作物的种类，改变了人们的饮食结构和生活习惯，是"中国粮食生产的第二次革命"，对中国社会生活产生了深远影响。

明代中叶，中国出现了人工生态农业的雏形，有效结合了当地的农业种植特色，提高了农业收入。珠江三角洲地区和太湖地区，地势低洼，为了扩大用地规模，将低洼地区挖成池塘，控出土堆整成堤岸，岸上种植果树。池塘边种水生蔬菜，同时架起猪圈养猪。猪粪直接进入池塘喂鱼，农田可以种植水稻，水塘排灌又可以防止洪涝。有的地方是鱼塘种果、种桑、种蔗，有的地方是青叶养羊，羊粪肥桑，形成了"蔗基鱼塘""果基鱼塘""桑基鱼塘"。明清生态农业桑基鱼塘场景见图1-7。

图1-7 明清生态农业桑基鱼塘场景

（图片来源：全国农业展览馆）

研究中国传统农业的发展史，具有深远的历史意义和不可或缺的重要现实意义。中国封建社会经济发展，关键在于农业的发展状况，而农业的发展，又在于土地资源分布与占有是否均衡。当土地资源分配均衡时，农业生产力得到极大解放，农村繁荣，农民富裕，农业发展；当出现大规模土地兼并时，土地资源集中于少数官僚或地主手中，贫富两极分化加剧，大部分农民无地可耕，社会矛盾尖锐激化，社会动荡不安，最终阻碍甚至是严重破坏农业经济的持续稳定发展。以史为鉴，重新审视农业发展的轨迹，找准新的对策，有助于促进现代农业的转型发展。

1.2.3 全球重要农业文化遗产

全球重要农业文化遗产（globally important agricultural heritage systems，简称 GIAHS）由联合国粮食与农业组织（food and agriculture organization，简称 FAO）在 2002 年发起设立，旨在保护全球重要的农业文化遗产、景观、知识和文化体系，维持生物多样性。该项目取得了重要的成效，涵养范围广泛，包括山地梯田、稻鱼共养、沙漠绿洲、古树群落等特色农业系统。

特色农业系统具有以下典型特征：一是富含水土资源管理、生态管理等方面的农业生态技术，技术具备可传承性；二是具有环境保护、资源集约利用、生物多样性保护等生态景观价值和生态保护功效；三是能够保障居民粮食安全、维持生计和提供社会福祉，具有较强的实用性；四是形成了人与自然和谐共处、共生发展的独特景观；五是具有浓厚的历史文化传承价值，充分体现文化的多样性和区域性。

全球重要农业文化遗产是人类与自然环境长期适应中动态产生的农业景观，其促进了当地经济社会的可持续发展，对维护生物多样性具有重要意义[①]。对农业文化遗产的保护既能促进农业现代化，也能提升居民生活质量和地区经济发展水平[②]。农业文化遗产保护是对农耕文明智慧的继承，是农村农业发展的思想根基，更是对现代农业的启迪和预示，有助于促使人们思考农业发展的未来和走向[③]。

---

① 闵庆文. 关于"全球重要农业文化遗产"的中文名称及其他 [J]. 古今农业，2007（3）：116-120.

② 闵庆文. 全球重要农业文化遗产项目及其在中国的执行 [M]. 北京：中国环境科学出版社，2012：77-80.

③ 孙庆忠，关瑶. 中国农业文化遗产保护：实践路径与研究进展 [J]. 中国农业大学学报（社会科学版），2012，29（3）：34-41.

案例 1-1　印度农业文化遗产

藏红花农业系统。该系统在 2012 年被列入全球重要农业文化遗产。该系统具备景观、文化、艺术等多种功能。藏红花是克什米尔地区的重要经济作物。每年 6 月份和 9 月份，农民会翻耕土地以提高土壤的通透性，使藏红花拥有更宽松的土壤条件生根发芽。5 月份收割完藏红花后，农民再种植其他农作物。同时，农民会对土壤进行分级管理，种植适宜的花类，提高经济作物种植的可持续性。

科拉普特传统农业系统。该系统在 2012 年被列入全球重要农业文化遗产。当地农户有机协调森林管理和农业种植，实现农业的可持续发展。农户严格培选优良品种，提高土壤肥力，增加农作物的生长能力。同时，该农业系统还具有重要的文化意义和社会意义，通过果林的大量种植保护当地"神灵"。该地区特产丰富，盛产稻类、花类、豆类、油菜等，经济作物产量也十分可观。

喀拉拉邦库塔纳德海平面下农耕文化系统。该系统在 2013 年被列入全球重要农业文化遗产。该系统地处三角洲地区，沼泽、园地、河流、田地等各类生态系统星罗棋布。该系统主要分为园地、湿地和海水区，三个区域分别发挥各自作用，形成了立体式的农业生态景观。为了有效应对洪涝灾害和土地不足的问题，当地修建了圩田，通过圩田实现水资源的重新分配，调节海水流向，开辟更多耕地。当地农户还用沙土、混凝土、树枝干来修建防护大堤，避免圩田被海水侵蚀冲刷，有效维护了堤坝的牢固。该系统中各类蔬菜瓜果、鱼虾鸟虫遍布各地，具有独特的基因价值，催生了丰富多彩的自然生态景观。圩田实行稻鱼轮作模式，减轻农田频繁耕种压力，增强稻田可持续性。

资料来源：《全球重要农业文化遗产概览（二）》。

案例 1-2　日本农业文化遗产

能登半岛沿海与山地乡村景观。该景观在 2011 年被列入全球重要农业文化遗产。能登半岛农业系统是日本传统农业的典型代表，村落、山地、池塘错落有致、相互映衬，形成独具特色的农业景观。数百年来，能登半岛的农耕模式一直传承下来，有力维护了生物多样性。能登半岛上分布着 13 个农业种植区，保障充足的水稻和蔬菜供应。该系统同时兼顾了生态效益，多种濒危、珍稀动物在此栖居，特色维管植物大量生存。当地农户利用自然条件修建渠塘，保障充足的水源以灌溉农作物。

同时，当地农户还将现代科技用于水稻晾干、渔猎、产盐等生产活动，促进了传统农业的现代化进程。

熊本阿苏草地生态农业系统。该系统在2013年被列入全球重要农业文化遗产。阿苏草原地区多活火山分布，有世界上最大的火山口，当地土壤受火山灰影响不适宜种植农作物。但当地农民改良了火山土壤，建造草地用于牧场，形成了畜牧业、水稻种植、园艺、蔬菜一体化的农业生态系统。同时，当地农户大力发展林业，在火山口附近种植针叶林，用于木业生产。作为"二次自然"环境的典型代表，阿苏草原历经千年依然生机勃勃。

和歌山青梅种植系统。该系统在2015年被列入全球重要农业文化遗产。和歌山地区土地贫瘠，普通农作物难以生存。当地农户在陡峭的山脊上培育青梅树。青梅树的种植很好地预防了山体滑坡和泥石流，青梅树也不断被改良，青梅产量逐渐上升。该地区是全日本最大的青梅产地，产量是其他地区的2倍以上。同时，林地也提供了大量优质的木材，当地农户通过轮番砍伐的方式保护林地自然生长。

大崎稻作水资源管理系统。该系统在2017年被列入全球重要农业文化遗产。大崎州四面环山，气候干冷，不适宜农作物生长。为了保障粮食供应充足，充分利用湿地的自然条件，种植大米、小麦、蔬菜等农作物。当地人们修建了排水灌溉系统，向稻田充分注水。在旱季，上游和下游的农户会达成用水协议，共享水资源。通过水资源的有效管理，充分维护了生物的多样性，为农作物害虫的天敌提供天然良好的栖息地，促进了生态系统与农业共生发展。同时，当地还积极发展牧业、林业、蚕业，动物粪便返回农田作为有机肥料，提升了土壤的肥力和活性。

资料来源：《全球重要农业文化遗产概览（一）》。

案例1-3 韩国农业文化遗产

济州岛石墙农业系统。该系统在2014年被列入全球重要农业文化遗产。该系统是济州岛地区旱地农业的典型代表。当地分布着多处火山，大风凛冽，风沙和水土流失现象严重，极大影响农业生产。为了适应复杂的自然环境条件，当地修建了功能各异的石墙，石墙可以有效抵御寒风，防止水分快速蒸发，涵养水源，并将动物与田地隔离。石墙犹如蜿蜓的长龙绵延于岛上，形成别具一格、富有特色的农业景观。

青山岛板石梯田农作系统。该系统在 2014 年被列入全球重要农业文化遗产。为解决地形条件不平整的问题，当地农户修建了梯田系统，预防气候干旱带来的缺水问题。梯田分成四个部分，包括石块堆砌成的石墙，板石平铺形成的顶部，放入具有肥力的土壤，以及覆盖在最上层的红泥，形成了可耕种的梯田。当地农户搭建板石形成涵洞，可以对梯田进行排水和灌溉。该系统别具一格的农业景观，造就了富有特色的农业文化。

花开传统河东茶农业系统。该系统在 2017 年被列入全球重要农业文化遗产。花开地区山地贫瘠，地形陡峭，雨季洪涝频发，极难种植水稻、小麦等主流粮食作物。当地居民为适应不利的自然条件，以种茶为生，充分尊重原汁原味的地理环境。该系统将种茶与原始自然环境保护结合起来，与自然和谐共处，保护了生物的多样性，多种珍稀动物在此繁衍生息，茶类物种、基因丰富。当地农户将橡树林的副产品作为肥料，为茶种植提供了充足的有机肥，提高了河东茶的产量和品质。

资料来源:《全球重要农业文化遗产概览（二）》。

案例 1-4　葡萄牙农业文化遗产

巴罗索农林牧系统。该系统在 2015 年被列入全球重要农业文化遗产，是农林牧业综合发展的典型代表。当地地形属于山地，是佩内达-吉尔斯国家公园的重要组成部分，具有美丽迷人的自然景观。受自然气候条件和土壤环境的影响，当地主要养殖山羊、绵羊、牛和猪，同时配以小农农耕，实现了农业生产的自给自足。当地土地归属于社区，由社区统一管理。众多牧民在集体土地上放牧，每个牧民根据自己拥有牛的数量在一定的时间范围内轮流放牧。该地最常见的农作物是马铃薯和黑麦，当地农户利用雨水进行灌溉，实现轮作播种制。在居民居住带附近，生长着灌溉作物；往外分布着草地，可为牛羊喂食干草；再往外，是牧区灌丛草地和农业田地。当地农户在山中建造水坝将水沿着山坡水道引入水渠，排放到永久性季节草地，为草地提供充足的水源，原有未过滤的水则回排到最开始的水道中。在冬季，水温能达到 0℃ 以上，在一定程度上减弱寒冰对草地的侵袭。虽然当地自然环境较为脆弱，但几千年以来，该地的生态环境系统始终没有因为人类的活动而遭到破坏，至今在农业生产中仍发挥着重要的角色和作用。但该地农作物生产效率不高，农业投入产出较低，农业产品的剩余较少，难以为附近城市提供充足的生活消费物资。

资料来源：《全球重要农业文化遗产概览（四）》。

案例1-5 美洲农业文化遗产

秘鲁安第斯高原农业系统。该系统在2005年被列入全球重要农业文化遗产。该系统历史悠久，可以追溯到5 000年以前，当地居民不断适应自然环境，获取了深厚的农业耕作经验，传统农业技术得到了较好的继承和保护。当地还保留了传统农具、梯田、垄田、牲畜等多样化的农业生产形态。该地区物资丰富，培育了100余种根茎类农作物，在不同的海拔种植不同的农作物。当地建立了强连接性的社区组织，遵守共同的文化观念和行为准则，使农业的可持续发展具有深厚的历史底蕴和根基。

智利智鲁岛屿农业系统。该系统在2005年被列入全球重要农业文化遗产。智利智鲁是世界著名的马铃薯生产基地，种类繁多，建立了重要的马铃薯基因库。该岛屿的马铃薯种植历史可追溯到800到1 000年之前。当地居民主要依靠种植马铃薯和其他蔬菜维持生计。时至今日，当地农户仍然沿用传统农耕方法进行种植。同时，智利智鲁岛也流传着上千年的远古传说，具有浓厚的历史文化色彩和人文精神烙印。

墨西哥传统架田农作系统。该系统在2017年被列入全球重要农业文化遗产。当地自阿兹特克时代以来就采用了湿地秧田耕作方式，一直沿用至今。在墨西哥城的低洼地区，农户砍伐芦苇制成木筏，将腐烂植物、湖底泥土加盖在木筏上，形成了平均深度可达1米多的水中架田。架田修建涵盖了多个步骤，形成别具一格、具有典型地域特色的农田。农户对于架田的保护非常重视，随着雨水冲刷不断增添新的淤泥和植被，以维持土壤的肥力。当地实行套种的农作方式，一年可有5季可收获，生产效率和水平极高。当地沟渠、运河、架田交错分布，岸边有茂盛的垂柳，既可以为鸟类提供栖息地，还可以防止寒风吹刮，减弱对架田的侵蚀和损害，为维护架田农业生产的稳定性提供了良好的自然环境。该系统很好地适应了城市发展，为城市提供了充足的粮食，保障了粮食安全。同时，架田的农耕技术也体现了农业生产的互助合作精神，农户齐心协力应对大自然的挑战，具有一定的社会文化意义。

资料来源：《全球重要农业文化遗产概览（三）》《全球重要农业文化遗产概览（四）》。

案例1-6 非洲农业文化遗产

突尼斯加法萨绿洲农业系统。该系统在2005年被列入首批全球重要农业文化遗产。加法萨绿洲地处突尼斯干旱的沙漠地区，常年降水量少，缺乏良好的农业种植条件。数千年以来，为适应恶劣的自然环境，当地农户采用了独特的绿洲灌溉方法，充分利用水资源，开发出极耐干旱和病虫的农业品种，农作物得以成功生长。这些独特的农业景观存世几百年，形成了非洲沙漠上一片亮眼的绿地。该农业系统有三层，下层种植蔬菜和粮食；中间层种植杏树、橄榄树等果树；上层栽种椰树、枣树等果树，可以为下层和中间层遮挡烈日的强晒。当地居民在绿洲上生活了数百年时间，已经形成了具有自身文化特色的农业发展模式。

阿尔及利亚埃尔韦德绿洲农业系统。该系统在2005年被列入全球重要农业文化遗产。该地属于沙漠地区，降雨稀少，气候炎热，非常不适宜农作物的生长。600年前，当地先民们利用沙漠风学知识开发水资源，在沙丘中间挖深洞以接近地下水的顶端，并在深洞上面种植枣树和椰树，定期清理风沙留下的石子。在枣椰树周围还种植了谷类、水果、蔬菜等农作物，旁边饲养牲畜，牲畜产生的粪便可以为农作物提供充足的肥料和养分，枣树和椰树的树叶可以有效地预防大风，为农作物的生长提供了良好的自然环境。该区域分布着9 500个形形色色的绿色农业系统，有效地维护了生物多样性，形成了壮丽的沙漠奇观，使得索夫区巍然屹立在沙漠之中。近年来，由于人们过度抽取地下水，使得地下水水位下降，这对绿洲农业系统保护和长期持续发展带来了巨大挑战。

肯尼亚马赛草原游牧系统。该系统在2008年被列入全球重要农业文化遗产。该系统所处地带为缺水草原地带，降水量随季节反差明显，土地贫瘠，风化严重。肯尼亚马赛人为了适应草地受限、水源匮乏的自然环境，着重发展草原畜牧业，为附近的大型城市提供充足的农产品。马赛人充分挖掘自然资源的潜力，定期研究水资源管理、草原土壤变化、牲畜迁徙习性等问题，根据气候变化和农业特点作出适应性改变。马赛人根据历代积累的经验，精心培育草地，改良草原。历经1 000余年，马赛人以可持续生产为目标，产生了丰富的农业生产知识，提高了对生态自然环境的适应性。该地区盛产大豆、玉米等农作物和绵羊、山羊、奶牛、水牛等牲畜，动植物农业生产相互协作、共同发挥作用，维护了生物多样性。当地居民在草原管理方面遵守三项基本原则：一是禁止使用处于休耕期的草地；二是各畜牧群的放养要限定在自己的区域范围内；三是已开垦过的草地不再进行开垦。以上措施确保了草地利用的可持续性和长期性。同时，当地居民还注重开发抗病虫性强的草类，根据树荫位置、盐渍地分布来不断调整放牧区域，以确保牲畜有充足的水源和草料供应。

摩洛哥阿特拉斯山脉绿洲农业系统。该系统在2011年被列入全球重要农业文化遗产。该地区水资源严重匮乏，降雨量稀少，农业发展缺乏充足的水源供应。该地区农户为了适应恶劣的自然环境，开发出了绿洲农业系统，实现了农业产品的自给自足，形成了典型的山区农业文化。该地居民十分重视水资源的开发和利用，建立了水压系统，成功引出蓄水层的水流，为农业生产提供了必要的水源。当地农户轮播耕作谷类、蔬菜和水果，同时与畜牧业联系起来，农作物为牲畜提供丰富的饲料，牲畜为农作物提供有机肥料，使得广阔、贫瘠的草原充满勃勃生机。农户采用了农林复合垦殖技术，根据季节特点严格控制草地开垦规模，养育了河流沿岸绵延不绝的肥沃田地。经过几百年的发展，该系统创造出了丰富的建筑知识、医学知识和农业知识，具有深厚的文化底蕴和历史意义，形成了稳固的社会知识网络。山脉东部形成了独特的自然景观和人文景观，当地居民利用知识和经验精心开发绿洲的水源和土地，建立了重要的农业文化遗产。

资料来源：《全球重要农业文化遗产概览（三）》。

案例1-7 中国农业文化遗产

安徽铜陵白姜种植系统。该系统在2023年被认定为全球重要农业文化遗产，是安徽省首个全球重要农业文化遗产。铜陵白姜具有悠久的种植历史，文化内容深厚，制作技艺精湛，凝聚了铜陵人的劳动智慧和精神力量。铜陵白姜是农业农村部地理标志产品和国家地理标志保护产品，因"块大皮薄、汁多渣少、肉质脆嫩"而得名。铜陵白姜已有2 000多年的种植历史，被誉为"中华白姜"。铜陵姜农形成了"深挖起垄、切芽播种、搭棚遮阴、收获手拔、姜阁储种、炉火催芽"二十四口诀，独创了芭茅建棚遮阴、高畦高垄栽培、姜阁保种催芽三项栽培生产技艺，有效地提高了白姜生产的质量和产量①。当地政府积极支持白姜产业做强做大，出台了一系列地方标准和政策，发放农业保险和补贴，对白姜生产技艺保护传承、知名度提升起了重要作用。同时，当地还举办"姜王""白姜开市"等传统活动，展现白姜的传统种植技艺和特色文化。围绕白姜核心产业，铜陵还开发出糖冰、酱汁姜、糖醋姜等高附加值产品，扩充了白姜产业链和产业影响力②。

河北宽城传统板栗栽培系统。该系统在2023年被列入全球重要农业文化遗产。该系统以板栗生产为核心，栽种历史可追溯到3 000年前，建立了药材、作物、家禽的复合种养体系。宽城满族自治县坐落于河北省东北部，板栗种植面积宽广，为中国核心的板栗生产区，有"中国板栗之乡"的美称。通过板栗种植系统，当地有效地改善了荒山、荒滩原貌，防止了水土流失，生态环境得到质的改善和提升。当地居民开发了水资源综合利用、树体修剪管理、立体种养的农业生产技术，保护了生物多样性，丰富了物种，带来了可观的板栗产量和农业生产总值③。该系统是一种可持续的生态农业生产模式，人们利用地形修建梯田和撩壕种植板栗，剪下枝条栽培栗蘑，在林下种农作物、饲养家禽，形成独特的山地景观。当地秉持"在发掘中保护，在利用中传承"的原则，对全县的板栗资源分布情况进行全方位调查，构建板栗种质资源库、板栗古树和古板栗园数据库及保护区④。当地将板栗农业文化遗产的传承和保护融入生态文明建设，保护了生态环境，推动了和美乡村建设，促进了文旅产业的快速发展⑤。

---

① 史力，许昊杰，刘洋. 铜陵白姜种植系统入选全球重要农业文化遗产 [EB/OL].（2023-11-12）[2024-03-16]. 安徽新闻网，https://www.ahnews.com.cn/yaowen1/pc/con/2023-11/12/496_989764.html.

② 铜陵市农业农村局. 铜陵白姜种植系统入选全球重要农业文化遗产为我省首个入选项目 [EB/OL].（2023-11-13）[2024-03-16].https://nyncj.tl.gov.cn/tlsnyncj/c00005/pc/content/content_1723892225319542784.html.

③ 河北宽城传统板栗栽培系统被认定为全球重要农业文化遗产 [EB/OL].（2023-11-11）[2024-03-15].中国新闻网，https://baijiahao.baidu.com/s? id=1782261800829517435&wfr=spider&for=pc.

④ 郭春梅. 宽城板栗：中国板栗在河北，河北板栗在宽城 [J].农产品市场，2021（4）：26-29.

⑤ 入选"全球农遗"，宽城板栗栽培有何独到之处 [EB/OL].（2023-11-22）[2024-03-15].河北新闻网，https://baijiahao.baidu.com/s? id=1783216993275688091&wfr=spider&for=pc.

浙江仙居古杨梅群复合种养系统。该系统在 2023 年被列入全球重要农业文化遗产。仙居已有 1 600 多年的杨梅种植历史，拥有世界上最大的古杨梅种质资源库，是全球第一个被列入重要农业文化遗产的杨梅种植区①。该地的火山流纹岩山地地貌规模为世界之最，这类基岩是由火山喷发出的酸性岩石和石灰，再经流水侵蚀、风化作用及间歇性的构造抬升运动而形成的，也被称为"流纹岩"。火山流纹岩山地群不适宜种植农作物，仙居当地居民发现了大量的野生杨梅树②，之后便开始了悠久的杨梅人工驯养和栽培，并和养蜂、养鸡、种茶结合起来，开创了适应火山流纹岩地貌的杨梅生产集群。仙居人以杨梅树栽培为核心，再根据山地环境配套生产土蜂、仙居鸡、茶树，建立起了"梅—蜂—鸡—茶"的一体化种养模式。四大农作物基于生物循环链原理，打破了传统的农作物简单叠加模式，注重复合生产的协调和配合。杨梅—茶树混栽，杨梅树为茶树在夏季降低温度，在冬季防寒保暖，为茶树生长提供了适宜的自然环境。林草—土蜂相互补充，林草为土蜂提供采蜜植物，土蜂授粉增强了林草的生长强度，共同维护了生态平衡。林草—土鸡复合种养体系，林草为土鸡提供丰富的饲料来源，土鸡排出的粪便是茶树和杨梅树的天然有机肥料，培育了树木优良的种质特性③。

1.3 现代农业

20 世纪中期，国外现代农业产业园开始建立并逐步发展。美国作为世界上最早建立现代农业产业园的国家之一，20 世纪 50 年代，开始大量使用化肥和农药，实现大规模的机械化农业生产，工业化、现代化和集约化水平飞速提升。以美国、加拿大、澳大利亚、法国、德国为代表的农业发

---

① 徐子渊，祝梅. 仙居古杨梅群复合种养系统获认定［EB/OL］.（2023-11-12）［2024-03-04］. 浙江在线，https://zjnews.zjol.com.cn/zjnews/202311/t20231112_26439250.shtml.

② 杨佳仪. 住在"仙居"的杨梅［J］. 农产品市场，2020（13）：30-33.

③ 浙江仙居古杨梅群复合种养系何以被认定为"全球重要农业文化遗产"？［EB/OL］.（2023-11-15）［2024-03-04］. 仙居县人民政府，http://www.zjxj.gov.cn/art/2023/11/15/art_1562541_58994508.html.

达国家开始现代农业转型，农产品质量得到提升，农业生产效率大幅度提高。随着科技革命的深入推进，生物基因技术、人工智能技术、大数据信息技术在农业生产中得到广泛应用。

19世纪末到20世纪初，中国农业革命浪潮此起彼伏。王韬提出"以兴织纴（纺织）、以便工作、以利耕播"，建议引进西方先进农业机具和纺织机器；马建忠建议"访求西法，师其所长"，编写《适可斋记言》，主张改革中国农业；张謇主张"实业救国"，创办农业学校和棉纺织企业，对农业科技进步和发展做出积极的贡献；"明定国是"和"公车上书"推动了中国快速引入农业科学技术，中国农业技术水平实现了质的转变，传统农业开始转向近现代农业。新中国成立以来，机械化耕种水平大幅度提升，农业生产条件明显改善，现代农业的发展潜力显著提升，现代农业发展的基础逐步稳固。农业信息快速发展，大力提高了农业生产效率，成为现代农业发展的主要动力。

1.3.1　现代农业的概念

现代农业即石油农业，石油农业与工业革命同时诞生，工业革命带来的科技变革推动了农业革命。现代农业萌芽出现在资本主义工业化时期，于20世纪40年代逐步形成。这一时期，西方发达国家率先结束了传统农业阶段，进入了以水利化、电气化、机械化和化学化为标志的现代农业时期。

对于现代农业，学界没有统一的定义。结合以往研究认为，现代农业是动态发展的农业的一个重要阶段，是农业发展史中不可或缺的关键环节。它是应用现代科学技术，运用现代工业智能装备，采用现代经营组织管理模式的区域化、商品化、社会化、专业化的农业。现代农业由以前的顺应、服从自然转变为改造、利用自然，由经验生产转变为科学化生产。根据发展经济学理论，现代农业也是智慧农业，是与后工业时代或工业4.0相呼应的农业现代化。现代农业是绿色农业、有机农业、健康农业、观光农业、循环农业的统一，是农业、农村、农民的高度集合体，是现代产业体系的重要组成部分，是经济可持续发展的主要增长点。

1.3.2　现代农业的特征

现代农业与传统农业差异明显，具有以下显著的特征。

（1）生产过程的机械化程度高。现代机器体系的形成使得农业由传统的手工生产转变为机械化生产，如农业汽车、拖拉机、联合收割机、农用飞行器、耕耘机等已经成为现代农业生产不可或缺的工具。现代农业的能源投入明显增加，前沿科技如激光、原子能、电子及人造卫星在农业生产中的运用已成为农业发展的趋势。

（2）生产过程的科学技术水平高。现代农业广泛运用了高新技术，从生物品种改良、植保综合防治、科学栽培技术、精细深加工、保鲜贮藏技术，到微电子、信息技术、遥感技术、核技术，从传统种养到克隆技术、科学选种、基因工程，都离不开高新技术。农业科技水平随着农业生产的推动而逐步提高，农业科技贡献率在农业生产产值中的比重越来越高，科技农业已成为现代农业的重要内涵。现代农业的人工智能化应用，使得自然环境模拟仿真实验成为可能，农业生产过程更具可控化和自动化。例如，"杂交水稻之父"袁隆平利用籼粳亚种杂交和"两系杂交稻"成功培育出新的"超级稻"，完成水稻的第三次重大科技革命，而后更是出现了辐射育种、多倍体育种、选择育种等多种育种方式，育种技术手段日趋先进。育种八号卫星回收舱见图1-8。

图1-8　育种八号卫星回收舱

（图片来源：全国农业展览馆）

（3）农业生产的社会化程度高。现代农业中的生产、供应、销售、加工环节的社会化程度越来越高，农业企业实现自主化经营，农业生产的企业分工、区域分工日益明显。自给自主的"小而全"的农业生产模式被商品化、协作化、专业化的生产模式所替代，农业生产各环节的联系程度越来越紧密，规模化生产、集约化生产成为农业生产的主要形式，工农商业一体化的产业体系逐步形成。现代农业主体集中业务于农业生产、加工和销售，专业化、集约化和社会化特征凸显，使得现代农业主体经营规模扩大成为可能，从而降低了农业生产经营成本，提高了农业生产附加值[①]。

（4）农业生产实行科学经营管理方式。现代农业运用了先进的管理手段和经营策略，数学概率模型、经济预测等现代管理科学在农业企业管理中的地位日益明显，经营管理水平越来越现代化。农业企业从业人员具备多元化的知识和技能，以便更好地参与到农业生产经营管理之中，提高了农业生产效率和农业发展质量。

1.3.3　现代农业的产业化属性

随着产业结构的优化调整，现代农业的持续发展必须构建农业产业链，实行农业产业化经营，发挥农业产业的整体优势和协调机制，提高农业产业的核心竞争力。

1.3.3.1　农业产业链深度融合发展

现代农业的差异特征在于产业链长度得到延伸，农业产业的上游、中游、下游有效连接，形成了统一的产业链条体系。尤其是互联网、物联网、人工智能、大数据的发展，使得农业产业高强度协作成为可能，高效率的产业耦合系统得以建立。

随着服务业的内容、经营理念和技术路径渗透进农业领域，农业产业的现代化水平显著提高，农业产业链得到进一步的扩展和延长，农业经营风险得到一定的平抑。同时，农业发展不断扩大对服务业的需求，旅游休闲农业、生态农业、数字农业、信息农业等跨业态发展，横向拓展了现代农业的经营领域和经营范围，更好地保护自然环境，实现人与自然的和谐相处。农业与服务业要实现产业融合，除了产业链条上的主导企业积极主动调整业务结构，获取跨部门的高附加值效益，还需要有机整合多产业、

①　王定祥，谭进鹏.论现代农业特征与新型农业经营体系构建［J］.农村经济，2015（9）：23-28.

多部门有机联动，推动农业现代化水平和业态创新①。

现代农业已经实现了一体化经营，不仅丰富了经营内容，而且拓展了农业链条，现代农业的发展导致食品供应链变得更加复杂，参与的环节也随之增多，这就需要建立更加紧密的农工商业联系来保障供应链的稳定和有效运转②。农业食品从生产到消费，需要经过生产、再加工、贮藏运输等环节，食品供应链涉及更多企业组织和国际参与③。各国根据自身比较优势选择在农业体系中的角色，充分定位职能，通过科学合理地配置资源，可以提升农业生产效率和质量，促进农产品流动，推动农业国际产业链的发展，增强农业竞争力和可持续发展能力。

1.3.3.2　农业产业链核心成员主导地位增强

目前，农业产后环节的主导地位不断增强，成为农业产业链的核心成员。威廉·配第和克拉克指出，随着人均国民收入的提高和经济增长，劳动力会首先从第一产业转移到第二产业，进而转向第三产业。现代农业的发展呈现出明显的趋势，一方面，随着农业分工更加精细和专业化程度的提高，产业分工和协同不断增强，推动了农业生产效率的提升；另一方面，产前农业部门的规模逐渐缩小，产中和产后企业成为主体角色，在产业链中承担着更加重要的责任。这种转变也导致了农业利润和产值向产业链中后端转移的趋势愈发明显。在发达国家，农业产品的精细深加工和产后流通有力地提升了农业的可持续竞争力，主导着国际农业产业体系，产后部门的产出值甚至达到产前部门的 4 倍，有 7 成以上的植物农产品和 8 成以上的动物农产品要通过健全的销售体系才能在农业市场中进行流通。

现代农业体系中出现的龙头企业在整个农业总产值额中占据最大比例。产后涉农企业发挥引领和辐射作用，促使大量农户进入农业经营联合体，建立了产前、产中和产后各环节的农业经营体系，农业的整体效应和功能逐步发挥出来。产后涉农企业推动整个农业生产经营系统有效运营，使农业产业链充分融入市场，提高市场适应性，满足市场需求，从而提高农业产业链上各环节的经营利润和价值。龙头企业作为农业利润联结机制的核心主体，要充当领导者角色，为农业主体提供技术指导、生产资料供

---

① 张义博. 现代服务业与制造业、农业融合发展的国际经验及启示 [J]. 江淮论坛，2022 (4)：60-68.

② 卢良恕. 现代农业建设与农业科技发展 [N]. 科技日报，2006-03-29 (09).

③ 周应恒，耿献辉. "现代农业"再认识 [J]. 农业现代化研究，2007, 28 (4)：399-403.

应、贮存运输服务，降低农业成本，提高农业生产效率[1]。

1.3.3.3　具有地域特征的农业产业集聚形成

当农业发展达到特定阶段，受规模集聚效应的影响，农业产业会向具有优势资源的区域集中转移，出现虹吸效应，从而形成现代农业产业带或集聚区。现代农业突破地理行政区域的限制，各地区发挥比较优势，分工协作，打造富有特色的农业动植物带。分散的农业产业地区紧密联结起来，可以实现资源的优化配置。现代农业产业带以降本增效为目的，以提高农业产业竞争优势为目标，以创新为动力，以产业化为基础，有机协调整合各农业地区的优势资源，实现农业产业集约化和规模化经营。现代农业产业带有助于产业集聚优势的发挥，提升农业合作社的服务能力，强化规模化农业经营主体的科技引领和示范作用，加强农业基础设施配套建设，打造区域农业知名品牌，促进农业现代化和高质量发展[2]。

现代农业的区域地理分布属性对农业生产经营能力提出了相应的要求，要注重提高生产基地的加工制造能力，强化社会服务能力，畅通农产品的流通渠道，构建多级农业产品销售渠道，强调区域农业和农村发展相结合，为农村产品提供稳定持续的销路。农业生产地域的分布调整和特色农业产业集聚区的建立，对农业现代化也有积极的促进作用。

1.3.4　现代农业的发展模式与实例

发展现代农业，建立现代农业发展模式，是促进农业高质量发展、实现产业转型升级的根本路径。世界上出现了许多不同的农业发展模式，包括美国、英国、法国、以色列等国的农业发展模式。通过对先进农业发展模式的梳理和分析，可以为我国农业实现现代化提供参考和借鉴。

案例 1-8　美国农业：大农场+工业化模式

美国是世界上农业现代化的代表国家。2022 年全年，美国农业部门实现的 GDP 为 2 889 亿美元，占整个国民经济产值比例为 1.13%，粮食

---

① 张家菖，魏杉汀. 我国农业产业化经营中龙头企业发展存在的问题及对策研究 [J]. 农业经济，2023（11）：24-27.

② 张哲晰，穆月英，潘彪. 产业集聚推动农业高质量生产的机制研究：来自专业村的证据 [J]. 宏观质量研究，2023，11（4）：119-128.

总产量为 27.68 亿吨。2022 年美国有超 200 万个在运营农场，向中国出口的农产品及相关产品总额达到 409 亿美元，中国是美国最大的农产品及相关产品出口国。

一是采用了现代化的大农场模式。美国注重利用先进的农业科技去装备农业，提高农业的生产效率和现代化水平。美国采用现代化的技术，广泛利用了精准农业技术和物联网设备，贯穿农业生产全流程，实现了全程全网化①；采用现代化的管理手段，将工业部门管理先进成熟经验引入农业，加强农业产业化经营，形成农业生产、加工、销售的一体化。

二是农业的高度机械化水平。美国农业的典型特征是实行高度的机械化，大力提高农业机械性能和质量。美国将农业机械与卫星遥感、计算机等技术紧密结合，向高度的精确化和自动化方向推进，禽畜饲养实现了工厂化和自动化，在农作物种植、采摘、收割等方面也大力利用先进农业机械。

三是推动系统化的农业信息服务。美国农业部建立了完善的农业信息服务制度和体系，建立了覆盖全球的电子信息网络搜集农业信息。通过信息的收集和整理，将市场信息、农业人员、生产状况统一纳入农业部门进行管理，提高了农业生产规范化和信息标准化。信息收集处和农业报告员获取的农业市场信息，具有较强的可靠性、及时性和客观性，构建了强大的信息网络共享平台。

四是农业生产的高度专业化和区域化。美国对农业生产进行了全国性的布局。东部及东南部主要生产蔬菜、烟叶和棉花，西南部主要生产蔬菜，东北部盛产玉米，中西部是小麦生产地，南部以畜牧业为主。各个区域充分发挥自身优势和特色，促进农业互补和协作，实现农业化集约化生产。

五是对农业进行高额的补贴和财政支持。美国对农业进行高额补贴所有大宗农作物都能获得相应补贴。美国政府对农业补贴金额达到农业总收入的 10%，改善农业直接投资环境，制订谷物储备计划，对农业进行税收优惠和减免，对农产品进行保障补贴和价格补贴，为农业发展提供了良好的政策环境和运营条件。

---

① 李瑾，冯献，郭美荣，等.“互联网+”现代农业发展模式的国际比较与借鉴 [J]. 农业现代化研究，2018，39（2）：194-202.

案例 1-9 德国农业：数字化+信息化模式

德国农民联合会的数据显示，一个德国农民平均可以养活 140 余人，可见德国农业生产效率和产量之高。

一是在于开发高水平的数字农业。德国农业从机械农业向数字农业的转变，全面利用了全球卫星定位系统、遥感、计算机技术、地理信息系统等，能有效获得农作物病虫害、生长情况等信息，改善农业部门生态环境。德国农业部门通过运用云处理和大数据技术，将田地的地理位置、降水、土壤、温度、天气变化等信息输送到云平台，在云端上分析处理数据，再将整理好的信息数据转换成智能指令，控制农业机械的生产操作，提升精细化耕作水平①。大型农业机械拥有全球卫星定位系统，利用卫星数据指挥农业机械作业，有效消除作业误差。

二是建立信息化生产体系。德国农业部门采用智能化信息系统，对农业产量、销售进行精确的控制，利用信息决策辅助系统搜集信息，有效对接市场需求变化。另外，德国农业部门还开发健康机器人，利用智能机器设备饲养动物，提高饲养效率和科学化水平。

三是推广生物技术。德国农业企业将生物技术作为农业发展的关键路径。通过油菜、甜菜、玉米、马铃薯等农作物提取绿色能源，将植物油用于工业领域，利用马铃薯可以制作一次性餐具，利用玉米制造可降解的塑料物，提高了农业的绿色化水平；利用生物遗传育种技术，开发具有优良口感和品质的啤酒，提高了农业产品的附加值②。德国农业部门制订生态农业发展规划，消除工业化模式在农业生产的运用所产生的顾虑，大力开发有机农产品，减少农药和化肥使用，提高农产品的绿色含量。

四是建立了农民专业合作社，实行产业化经营。德国建立的农民专业合作社是服务于农民的主要形式。农民专业合作社建立在法规基础上，实行审计监管制度化、生产运作企业化、合作组织联合化、合作信贷网络化，推动了农业生产专业合作效率。农业专业合作社建立在农民家庭实体企业基础上，实现农业企业高度现代化、农业经营完全自主化、生产决策的信息化。

---

① 关金森. 外国"智慧农牧业"的做法与经验 [J]. 农业工程技术, 2018, 38 (15): 59-75.
② 柏振忠. 现代农业发展模式的国际比较及中国的借鉴 [J]. 世界农业, 2010 (3), 24-27, 31.

案例 1-10 荷兰农业：高科技现代化模式

荷兰农业在世界上具有广泛的影响力和代表性。荷兰国土面积狭小，但农产品的进出口总量位于世界前列，尤其是花卉产量，居于世界首位，占世界总产量的40%。20世纪50年代，荷兰政府大力支持农业发展，经过半个多世纪，形成了高科技农业运用的典范。

第一，政府大力进行宏观调控。荷兰政府为了提高农业生产效率制定了一系列农业发展政策，调整农业生产布局，节约土地，实行农业集约化、机械化、产业化经营；加大农业资本投入，吸引国外资本和民间资本，实行农业资本化经营；建立自动化控制的温室，减弱自然气候的变化对农业生产周期的影响，提高农业生产的适应性。

第二，大力发展生物防控、玻璃温室生产、花卉园艺、信息科技等技术。荷兰玻璃温室面积占全球总面积的25%，在荷兰西部地区尤为集中，主要生产花卉、甜椒、番茄和黄瓜。玻璃温室实行全自动化的环境控制，拥有液体肥料灌溉施肥系统、光照系统、温度控制系统、生长监测系统及自动化采摘系统等，提高了农作物生长质量和数量，品质一流。通过工业技术的集成化应用，荷兰农业生产可以按照工业生产模式进行，建立稳定的生产节拍和生产周期。同时，荷兰还大力发展大数据开发运用、智能防控等高精尖技术。通过农业先进技术的应用，荷兰畜牧业的抗生素使用减少了60%，温室作物基本上不再用化学剂杀虫，关键农作物用水量降低90%，实现了高产高效。

第三，大力培育农民的素质和能力。荷兰为发展现代化农业，非常重视对农民的技术和能力培养。荷兰农业人才培养教育体系分为中等农业教育、职业教育、农业成人教育、高等农业教育，形成了不同层次、不同需求的立体化人才网络。大部分荷兰农民具有本科及以上的学历，部分甚至还具有双学位和研究生学历，不仅能够掌握和熟练运用农畜牧业产品加工技术和现代种植养殖技术，也能综合运用农业信息，修理、使用高端农业机械设备和农具，为农业先进技术的运用发展提供了坚实的人才保障。

第四，推动农业教育、科研和技术推广的网络化。荷兰农业发展高度重视知识和技术的创新，由专门的行政管理部门负责农业和自然资源管理。荷兰在知名高校成立农业研究基金会和研究中心，从事自然科学、应用科学和社会科学研究，解决土壤、农产品加工、畜牧、农机等实际问题。地区研究中心和研究站负责对先进农业技术在全国范围内进行推广，并委派专门技术人员指导操作，负责技术的沟通协调。农业科学院和研究院负责战略研究、基础研究，把握农业技术发展动态和方向，调整农业研究领域，对接农业发展对技术的实际需求。

第五，建立农业合作组织。荷兰农业大多为家庭式经营，规模化、集中化程度较低，市场竞争能力较弱。为改变经营分散的不利条件，农户组建了新形式的经济合作组织，统一募集资金、采购生产资料、加工制作和销售，提高了农业市场竞争力。供应合作社主要负责批量采购农业生产资料，降低农业生产投入成本；信用合作社主要负责购买设备、购买物资，为生产加工提供充足的资金支持；生产加工合作社主要负责农作物、畜牧产品的深加工和精细制作；销售合作社主要负责建立统一的拍卖市场，扩充农产品销售渠道；服务合作社通过建立科技推广服务站、救济中心、保险互助中心等，为农户提供一站式优质服务。

案例 1-11 日本农业：精细化模式

日本四面环海，耕地面积狭小且呈零星分散状态，农业发展缺乏优良的自然环境和条件。为提升农业生产效率和质量，日本制订了一系列农业发展计划。

第一，发展精致农业。日本农产品注重产品包装，在各类农产品上都会设计精致漂亮的外观，拉近与消费者的距离，引起消费者对优质农产品的共鸣，激发消费者的购买欲望，让消费者觉得这不仅仅是消费品，更是艺术品。日本农业部门实行细致的生产管理模式，提倡精细化的生态种植，对农产品"精心呵护"、关爱有加，注重对农产品内在品质的提升，农产品质量形象俱佳。日本还大力发展休闲农业，顺应农业新型消费业态，将农业与都市休闲业、旅游业紧密连接起来，生态游泳、近郊旅游、乡村旅游快速发展[①]。

第二，建设乡村田园综合体。为快速实现农业现代化，扩充农业产业链长度，日本大力引入先进农业机械和农药化肥，并对困难山地地区直接给予财政补贴，如小布施町构建的新型农业产业链成为第六产业。日本注重保护自然环境和生态多样性，开发地区特色景观，提升乡村景观的魅力和吸引力，以生态建设拉动农业的可持续发展。另外，日本还注重挖掘农村文化，提升当地居民对农业农村的归属感和自豪感，保护和传承文化，

---

① 严金泉，柴玲欢，马健伟，等. 日本农业发展模式及其对苏南乡村农业发展的启示 [J]. 农业经济，2018（11）：12-14.

对历史传统进行重新塑造以带动乡村旅游和文化产业的深度融合①。

第三，建立现代农业营销模式。营销的根本在于生产率和质量的提升，日本实现了机械化和集约化的农业生产，减少对化肥和农药的使用，避免对土壤和农作物的污染，实现资源循环利用。日本建立大中型农业批发市场，稳定农产品收购价格，激发农业市场活力和营销的积极性②；建立日本农业协同组（JA），强化农业品牌建设，利用"直售所"来动态完整地记录农药化肥的使用情况，开放对外咨询窗口，开设农业产品直销店，增强品牌联系度和合力。"产销共赢"战略有效地减少了农产品流通环节，扩充了农产品销售渠道，降低了流通成本，让消费者以更优惠的价格得到更优质的农产品。

① 施锦芳，赵健如. 新型农业经营模式促乡村振兴的经验及启示：以日本小布施町田园综合体为例［J］. 世界农业，2023（10）：39-48.

② 兰天. 日本农业营销发展经验对中国农业营销模式的启示［J］. 农业经济，2018（11）：115-117.

2 现代农业绿色低碳发展的内涵、意义及模式

2.1 现代农业绿色发展

2.1.1 提出背景及发展脉络

近年来，过度依赖石油的现代农业生产方式带来了一系列的生态和环境问题。随着现代农业的集约化、机械化、资金化投入力度不断增加，农药、化肥使用严重超量，环境污染严重，环境保护问题日益突出；农业资源利用率低下，资源浪费、重复耗费现象屡见不鲜；食物中的有毒物质含量不断升高，食品污染引发的健康问题令人担忧，食品安全问题迫在眉睫。人们对农产品的消费更加注重安全、质量和品质，更趋于选择无公害、无污染的农产品。在此背景下，构建绿色食品网络、生产安全食品、保护生态环境、促进人类福祉，成为现代农业发展的重要议题。在此背景下，绿色农业应运而生，被人们所广泛接受，成为现代农业发展的必然选择和路径。建立资源节约型、环境友好型的可持续发展农业，尊重农业绿色生产方式的理念的内在逻辑一致性，成为现代农业提高生产率和实现人与自然和谐相处的最优解。现代农业的绿色转型，是助推现代农业生产方式的根本变革，有助于推动现代农业建立可持续发展体系①。

1942 年，欧洲的绿色农业（ecological agriculture）开始兴起；20 世纪三四十年代，英国、日本开始发展绿色农业；20 世纪 60 年代，欧洲农场

---

① 漆雁斌. 中国绿色农业发展：生产水平测度、空间差异及收敛性分析［J］. 农业技术经济. 2020（4）：51-53.

开始践行绿色种植理念；20世纪70年代末，绿色农业开始在东南亚地区得到推广；20世纪80年代以后，绿色主义在欧洲兴起并成为巨大浪潮，标志着欧洲农业政策发生了根本转变。1987年签订的《单一欧洲法令》增加了关于生态环境保护的条款。在此法令下，法国出台了一系列限制化肥、农药使用的政策法规。1991年，欧共体签署了《欧共体农业条例2092/91》，次年签订的《欧洲联盟条约》明确阐述了生态环境保护政策。

1991年，德国在《欧洲有机农业法》的框架下，出台了《联合联邦州改善农业结构和海岸防护协议》，并在2003年成立了"有机农业计划和其他可持续农业计划"，表彰绿色有机创新活动，对绿色生产行为和有机生产主体进行财政补贴。德国建立的有机农业组织对农业有机标准等级进行界定，加强对农业生产的各个环节的管理和监督。温铁军在《从农业1.0到农业4.0：生态转型与农业可持续》中指出，德国在系列政策推动下，绿色农业蓬勃发展，有机农业从2000年的0.55万平方千米增长到2016年的1.1万平方千米，成为世界上最大的有机农业食品生产国和第二大有机农业食品出口国。为了保护生物多样性，2013年欧盟签署了《欧盟共同农业政策》，扶持有益于生态环境保护的耕种主体[1]。

2020年，欧盟签订了《欧洲绿色协议》，出台《2030生物多样性战略：自然恢复计划》和《从农场到餐桌战略：建立公平、健康和环保的粮食体系》等多项绿色农业发展规划和政策，提出量化农业绿色发展的核心指标体系。《2030生物多样性战略：自然恢复计划》旨在防止生态退化和保护环境，在森林、农业用地、淡水海洋生态系统等10多个方面制定具体方案，提高对自然环境的适应性，并提出了到2030年要实现的关键性指标，包括海域陆地面积、保护区划分、新树种植、绿色名录物种保护、河流恢复等方面，推动农业绿色发展。《从农场到餐桌战略：建立公平、健康和环保的粮食体系》旨在构建安全、健康的粮食战略，抵御自然灾害和环境变化，设定饮食消费、粮食生产、食物节约、粮食安全、诚信经营等目标，并建立2030年达成的关键性指标，包括化肥和农药的减少使用、土壤肥力保护及有机耕作区扩大等[2]。在一系列法律的指引下，欧盟绿色农

---

① HODGE I, HAUCK J, BONN A. The alignment of agricultural and nature conservation policies in the European Union [J]. Conserv Biol, 2015（4）：996-1005.

② 刘轶芳，王晓娟，葛伟. 欧盟绿色农业政策对中国农业的冲击影响 [J]. 经济纵横，2023（9）：76-85.

业耕种面积大幅提升，绿色农业产品种类不断增多，绿色农业产值持续提升。

20 世纪 60 年代中期，"绿色革命"开始在发展中国家出现，以提产优种为目标的农业技术改革风起云涌。"绿色革命"倡导推广产量高、抗倒伏、半矮秆、矮秆、适应性强的水稻和小麦等优质农作物品类，推广施肥、灌溉等新农业生产技术，以缓解人口快速增长对粮食的大量需求，使农作物稳产、高产[1]。中国"绿色革命"道路源远流长，效果明显，影响范围更广。"绿色革命"有力地推动了我国农业科技快速发展。

1965 年，农业育种专家洪群英以变异矮稻作为育种材料，培育出了第一个使用面积广泛的早熟、抗倒、高产的旱籼稻矮秆品种"矮脚南特"。随后，洪群英又培育出一系列变异矮秆品种，中国稻区全面采用了矮秆籼稻，粮食产量提高了 50%，这是水稻育种和农业绿色科技革命史上的一次重要突破。1980 年在银川召开的全国农业绿色经济学术讨论会首次使用"绿色农业"的概念。1982 年，中国农业环境保护协会正式提出了农业绿色发展的倡议。1983 年，中国开始实施国家科技攻关计划，农业部协同国家计委、水利部、财政部、国家环保局、国家林业局开展农业绿色发展试点。1991 年，农业部等部委召开了"全国绿色农业建设交流会"，对农业绿色发展经验进行总结，并将经验推广至全国各地。1996 年，《关于国民经济和社会发展"九五"计划和 2010 年远景目标纲要的报告》指出，要积极发展生态农业，管控农田污染和水污染，改善生态环境，使生态破坏和环境污染得到有效控制。在国家科技攻关计划和一系列农业绿色发展政策的推动下，我国开发出小麦新品种 42 个，面积达 8 000 万亩（1 亩 ≈ 667 平方米）；33 个杂交水稻新品种、62 个常规水稻新品种，在近亿亩田地上得到推广；42 个大豆新品种，大豆栽培范围大面积北扩。2021 年，农业农村部等六部委印发的《"十四五"全国农业绿色发展规划》和 2023 年中央一号文件指出，要继续加强农业绿色发展，改善农村生态环境，推进农业绿色发展先行区和观测试验基地建设。经过几十年的发展，农业绿色建设在全国蓬勃发展，取得的成绩令世人瞩目。

---

① 金秋. 风起云涌的"绿色革命"[J]. 今秋科苑, 2001 (7)：45.

2.1.2 现代农业绿色发展的内涵及特征

2.1.2.1 现代农业绿色发展的内涵

传统的粗放型农业生产方式不利于农业的现代化发展，以石油产品为基础的农业生产体系给生态环境带来了严重威胁，构建资源节约型、环境友好型的农业生产体系成为农业可持续发展的共识①。绿色农业是农业实现现代化和可持续发展的根本路径②。当前，我国农业发展的主要矛盾在于消费者对农产品需求质量提高与农产品供给不足，农业绿色发展的重中之重就在于保护水土资源③。农业绿色发展要以绿色政策法规为根本保障，遵循能量流、物质流和价值流的统一，产出绿色产品，促进能量物质的有效转化。绿色农业在科技创新基础上，发展以生态环境保护和能源节约为一体的现代农业发展模式④。绿色农业要求在农产品生产、加工、制造、销售各个环节实行绿色经营模式，减少对农药、化肥的使用，向以生物运行机制为基础的生态农业进行转变⑤。绿色农业要求，按照协调、全面、可持续发展的原则，提高农业综合经济效益，采用先进的农业机械和设备，优化配置农业资源，维护国家粮食、自然环境和生态环境的安全性。

2.1.2.2 现代农业绿色发展的特征

绿色农业代表了农业现代化发展的方向，能在提高农民收入、提升农业产值的同时，确保农产品的安全、绿色、无污染。农业绿色发展具有以下特点：

（1）注重科技创新。科技创新是农业绿色发展的第一生产力，是实现农业现代化的根本手段。农业绿色发展需要大量的绿色资金投入，推动物联网技术、生物技术、信息技术更新迭代。同时，还要用现代化的农业管理思想、工业机械装备提高农业的绿色含量，提高农业企业收入、农民收入和财政收入。

---

① 漆雁斌，韩绍奕，邓鑫. 中国绿色农业发展：生产水平测度、空间差异及收敛性分析 [J]. 农业技术经济，2020（4）：51-65.

② KOOHAFKAN P, ALTIERI M A, GIMENEZ E H. Green Agriculture: foundations for biodiverse, resilient and productive agricultural systems [J]. International Journal of Agricultural Sustainability, 2012, 10（1）：61-75.

③ 于法稳. 新时代农业绿色发展动因、核心及对策研究 [J]. 中国农村经济，2018（5）：19-34.

④ 严立冬. 绿色农业发展与财政支持 [J]. 农业经济问题，2003（10）：36-39.

⑤ 张伟强. 崛起中的绿色农业 [J]. 福建农业，2004（12）：4-5.

（2）注重保护生态循环和生态系统，提高农业生产的自动化水平。绿色农业遵循生态循环理念，维护生态系统的安全，降低资源浪费。绿色农业把农业生产过程视作系统性工程，推动种植、生产、养殖、制造、加工、销售环节的标准化，建立绿色生产基地，努力保护农业产品符合绿色标准和要求，提供绿色、安全的食品。

（3）提倡可持续发展理念，促进农业和谐协调发展。绿色农业强调社会效益、经济效益和环境效益的统一，以可持续的发展方式进行农业生产，实现用地与养地、生态环境与农业生产、人与自然的和谐协调发展，促进农业可持续发展。

（4）强调建立资源节约型与环境友好型社会，重视绿色农业、生态农业的路径。绿色农业充分发挥资源的配置效率，走现代文明的农业发展道路，具有以下鲜明特色。一是政策指导。农业绿色发展作为一种农业生产模式的改革和重大理念创新，是我国深化改革开放的必然要求。国家相关部门通过制定政策，对农业发展方式、生产管理体制、技术革新、农业经营组织管理等内容进行协调推进和统筹安排。农业绿色发展是我国对世界农业发展进程的重要推动，体现了我国政府的责任担当和历史使命。二是系统理论。农业生产涉及生态系统的各个方面，既包括农业生产所依赖的环境空间，又包括生产资料的各项供给。农业生产作为一项可持续的社会化活动，必须与自然环境系统、社会活动系统、经济运行系统紧密联结，以实现生态环境、社会效益和经济效益的协调发展。三是创新活动。农业绿色发展要以环境保护和资源节约目标为导向，改变传统粗放型增长方式，实现由资源数量投入、资源消耗向注重供给效益和质量的转变，走创新发展道路，将创新作为农业绿色发展的第一动力。四是传承发展。我国作为农业文明古国，农业生产历史悠久，长期领先于世界。进入新时代，农业绿色发展成为农业持续发展的必然选择。绿色农业强调的生态、环保、节约、低碳，与我国传统农业文明中追求的天、地、人协调统一的农业关系具有天然的承接性①。我国现代化的农业生产经营组织是在传统的小农户基础上实现的，体现了对传统农耕文明的继承和发展，是我国现代农业实现绿色发展的内在文化动力。

2.1.2.3　现代农业绿色发展水平的评价

关于如何评价农业绿色发展，目前学术界取得了一定的成果。张正斌

---

① 焦翔. 我国农业绿色发展现状、问题及对策 [J]. 农业经济，2019 (7)：3-5.

等认为，绿色农业是现代农业的发展方向，要加快农业绿色发展指标体系的构建，为绿色农业食品标准体系、绿色农业基地建设提供理论基础和指导方案，推动我国农业食品的绿色化进程[①]。黄炎忠等认为，对农业绿色发展水平的测度应该从资源利用效率、节能环保、水资源节约角度出发，他选取了6项生产要素指标对农业绿色发展水平进行综合测度[②]。崔元锋等将绿色农业视为系统，根据生态效益指标、社会效益指标和经济效益指标的排序结果，对农业绿色发展进行综合测定[③]。魏琦等在系统阐述农业绿色发展概念基础上，从环境保护、资源集约、高效质量和生态维护四个维度，共14个明细指标，去测评农业绿色发展水平[④]。田云等则从区域农业发展水平出发，推动制定绿色农业发展政策，建立了农用生产物资利用效率和农业生产物资利用强度共9个指标，利用主成分分析法对农业绿色发展水平进行考评[⑤]。但是，关于农业绿色发展水平在指标选择和分析体系方面还不统一，指标之间的可比性较差，农业绿色发展水平的评价和测量还需要进一步完善。

2.1.3 现代农业绿色发展的模式

绿色农业作为农业发展的新方向，是在提高农户收入、促进农业增产的同时，确保农产品绿色无污染和环境保护。绿色农业作为将农业生产发展与环境协调保护紧密结合起来的生产模式，综合运用生物技术、生态循环、现代管理等，构建综合农业生产体系。

（1）农业生物技术运用与农业绿色发展。农业生物技术在绿色农业发展进程中充当非常重要的技术推动力。在绿色农业中，通过防控病虫害，不断培育农业新品种，可以提高农业品种的抗病虫害性，适应不利的自然气候，在极端的自然条件下能稳产增量。在绿色农业中，利用生态平衡理

---

① 张正斌，王大生，徐萍. 中国绿色农业指标体系建设指导原则和构架 [J]. 中国生态农业学报，2011，19（6）：1461-1467.

② 黄炎忠，罗小锋，李兆亮. 我国农业绿色生产水平的时空差异及影响因素 [J]. 中国农业大学学报，2017，22（9）：183-190.

③ 崔元锋，严立冬，陆金铸. 我国绿色农业发展水平综合评价体系研究 [J]. 农业经济问题，2009，30（6）：29-33.

④ 魏琦，张斌，金书秦. 中国农业绿色发展指数构建及区域比较研究 [J]. 农业经济问题，2018（11）：11-20.

⑤ 田云，张俊飚. 中国绿色农业发展水平区域差异及成因研究 [J]. 农业现代化研究，2013，34（1）：85-89.

论，适当引入病虫害的天敌，能有效消灭病害虫对农业的危害，控制害虫的规模和数量，维护自然生态的平衡机制。绿色农业加强基因改造，通过基因改造工程的实施，培育更高产、更具抗病虫害的品种，提高农业生产的耐寒性和耐旱性。农产品降低对化学药物的依赖性，提高内在生成能力，保护生态环境。通过农业生物技术的不断提升和利用，实现农业生产的质量和产量双双提高，是对资源节约型、环境友好型社会构建的重要实践，实现农业的可持续发展。

（2）农业生态循环与农业绿色发展。农业绿色发展的重要途径就是发展循环农业。循环农业重视对农业生产过程中所产生的废弃物、有机污染物进行循环利用，"变废为宝"，实现对农业资源的循环使用和节约利用，降低对生态环境资源的再度索取量。循环农业通过构建全新的农业生态系统，将农业自身生产的废弃物作为下一生产环节的有机生产资料，通过科学处理生态系统和处理机制，为农业生态系统发展提供全新能量。循环农业将农业自身产生的有机废料进行堆肥，产生新的农业肥料，减少对化学肥料的过度使用，降低对外部资源的粗放使用，建立可持续发展的农业生产模式。循环农业重视对生态环境的保护和科学利用，大大减少了对自然资源的过度开发和利用，为绿色农业的可持续增长提供了生态保障和支持。

（3）农业生产管理技术与农业绿色发展。绿色农业通过科学生产管理技术的运用，能有效提高农业产品的质量和土壤肥力，为农业可持续发展提供了管理和技术的可能性。一是对土壤进行保育。采用绿肥、有机堆肥等方式可以提高土壤的肥力。对土壤进行保育能有效改善土壤结构，增强土壤生物多样性，大力提高土壤的生产力和耕种效率。二是土壤营养物综合管理技术对农业绿色生产的全过程的精细化利用，能有效提高农业生产产能和产品质量，增强农业生产的可持续发展性。三是对农田含水量的精准控制。绿色农业采用现代水分监控和灌溉系统，能对农业生产的水量进行实时的控制，满足农作物对水分的需求，减少对水分的浪费和过度消耗，提高水资源的利用效率。

2.1.4 现代农业绿色发展模式案例与实践

目前，绿色发展已成为现代农业发展的主要方向，经过长期实践，取得了一系列丰硕的成果。近年来，我国践行"绿水青山就是金山银山"的理念过程中，出现了一批绿色技术增效增产、资源增效节本、绿色价值链条增值的先进做法，是农业绿色发展的重要实践。2021 年和 2023 年，农业农村部分别评选出 51 个和 47 个典型案例，为其他地区农业绿色发展提供了可供借鉴的参考，为提高农业绿色化水平、实现农业的可持续发展提供指导和依据。

案例 2-1　湖南浏阳市：坚持"四重"实现蔬菜产业绿色化发展

浏阳市地处湘赣边界，湖南省东部偏北，既是革命老区，又享有中国花卉苗木之乡、国家生态示范县（市）的美誉，位列全国县域经济和社会综合发展百强县第 5 名。浏阳市是全国重要的蔬菜生产基地，全市蔬菜生产面积达 63 万余亩，总产量达 140 万吨，总产值达 13.5 亿元。近年来，浏阳市充分发挥自身地域特色和优势，大力推动产业升级，对蔬菜产业进行精细化生产、产业化经营和品牌化营销，蔬菜产业绿色发展取得了显著的成效。蔬菜产业是浏阳市的"八大特色产业"之一，通过重质量强品牌、重基础全观测、重统筹建机制、重科技增效益，浏阳市蔬菜产业实现了高质量发展，成为全国重点蔬菜产业县（市）、全国蔬菜标准化生产示范县（市），是湖南省最大的"渡春淡菜"基地。浏阳市的瓜果类、叶类蔬菜在本地拥有 90% 的市场，蔬菜产业地位不断增强。2020 年以来，浏阳市构建了"南方丘陵都市圈数字化农业绿色发展蔬菜集聚地"，不断完善蔬菜绿色生产技术操作规程，登记绿色种养地方标准，辐射带动周边多个乡（镇）、县（市），甚至延伸至省外。

浏阳市主要通过以下做法提升蔬菜产业绿色水平。一是建立统筹运行机制。浏阳市成立了蔬菜产业绿色发展先行区工作小组，制定了农业绿色发展相关政策文件，加大对蔬菜产业的财政支持力度，扩充商业银行、农业合作社、农户自身等多元化融资方式，为蔬菜产业提供了充足的绿色资金支持。二是加大绿色农业科技投入。浏阳市与国家和地方的农业科学院、湖南农业大学等机构加强科研合作，打造现代化农业科技创新团队；推广节药减肥高效生态、集成简化栽培等新技术，利用生物医药技术防治病虫害，化肥使用量减少 35%，提高了农业生产的适应性，有力保护了生态自然环境；大力培训绿色种养技术人员，提高了农业绿色生产技术的适用范围。三是打造知名绿色品牌。浏阳市建立绿色蔬菜标准生产体系，强化质量安全和监管，实现对蔬菜生产、加工、制造、销售的全过程监督和防控，成功培育了一系列区域农业公共品牌，如"湘赣红"，农产品附加值和知名度不断提升。四是加强生产监测和试验。浏阳市设置野外监测点，建立生长培育实验室，配备观测试验车，对农产品及生长环境进行全方位监测，为蔬菜生长提供良好的土壤环境和自然条件。

案例 2-2　甘肃肃南县：推动转型，实现绿色畜牧业高质量发展

肃南县在 2023 年入选全国农业绿色发展典型案例。肃南县立足资源禀赋，抓住"草原畜牧业转型升级项目县"重大历史机遇，积极推动产业经营、生产发展转型，构建了现代化的农业产业生态系统，实现农业高质量发展，人与自然和谐共处的草原畜牧业的独特模式。

第一，加强产业融合，推动产业经营模式转型发展。肃南县培育新型农业经营主体，发挥龙头企业的带头引领作用，带动农业合作社、农户提质增效，建立了"畜牧基地+农业合作社+农牧户+企业"的经营模式，生产经营效率显著提高。畜牧业与休闲旅游、生态养殖深度融合，打造一体式的现代农业生产基地。另外，肃南县还大力推进品牌建设，依靠"有机""绿色""高原"等特色建立了多个知名品牌，提升了品牌的市场影响力，扩大了销售市场。

第二，建立现代化的养殖体系，推动生产方式转型发展。肃南县积极争取政策资金支持，每年获得专项扶持资金 2 000 万元，申请贴息贷款，建成 60 万只细毛羊、10 万头牦牛和拥有 500 万头鹿马的驯养基地。肃南县还建立了高标准、优质量的畜牧舍栏，通过"天然放牧+舍饲养殖+异地借牧"的畜牧业发展方式，实现了畜牧产量和可持续发展的平衡。

第三，构建生态环境保护系统，推动环境发展转型。肃南县以"生态立县"为理念，在发展畜牧业的同时注重对生态环境的保护，积极开展"以草定畜、草畜平衡"工作，对草原牧区牧民进行搬迁。经过环境改造，肃南县草原植被总覆盖率达 70%，完成草原综合治理达 1 500 万余亩。肃南县还争取草原发展补助资金，完成了对草原核心保护区和缓冲区的农牧民搬迁工作，草原综合治理显著，草原生态环境得到有效改善，实现了农业畜牧业发展与生态环境保护的和谐统一。

第四，应用现代畜牧技术，推动畜牧产品品种多元化。肃南县把畜牧良种繁育作为畜牧业发展的重点工作，积极引进、培育、输出优良畜牧品种，建立省级核心养殖中心和繁育基地，引进国外先进驯养生产技术标准。通过繁育技术的提升，牦牛繁殖率提升了 44%，产毛量和牛肉产量大大提高，"肃南牦牛"入选国家肉畜知名品牌。同时，肃南县深挖生态产品优势，不断扩大生态品牌价值，通过品牌培育提高产品附加值和市场地位，是全国草原畜牧业发展的成功典范和先进做法。

案例 2-3　河北威县：聚焦三品三化，滩涂沙荒梨果绿色飘香

威县梨果项目在 2023 年入选全国农业绿色发展典型案例。威县地处古漳河和古黄河交流引发长期水流泛滥淤积而成的冲积平原区，土地沙化严重，传统农作物如红薯、花生产量低下。2013 年起，当地就把沙化土地生产改造作为脱贫攻坚的重点项目。目前，威县建有 230 余个标准梨园，种植面积达 10 万亩，产量达 14 万吨，年产值达 17.5 亿元。威县作为省级优质农产品实验区和先行地，经过 10 年积淀，从无到有、从有到强，形成了多个区域公共品牌，成功创建了农业精品园区。

第一，坚持"三品三化"建设。威县立足于本地特色资源和发展优势，走环境保护和生态友好的道路，大力发展优质梨生产，实施"提品质、优品种、强品牌，绿色化、标准化、产业化"建设，汇集全域资源，打造威梨全产业生态链和价值链，实现威梨产业链和生态环境保护协调发展的共赢之路，成为农果绿色高质量发展的成功典范。

第二，建立经营合作组织新模式。威县有效连接农业合作社、农场、农户和龙头企业，吸纳涉农资金，建设冷运输供应链，培育 36 家家庭农场、95 家新型合作社，外延辐射周边 14 个乡镇，大大提高了 8 万余名低收入群众收入，人均年总收入提高 8 000 余元，农业劳动力活力和积极性得到充分释放，形成了紧密的利益合作的共赢模式，打开了农业合作致富的新路子。威梨产业链资源的汇集，提升了威梨生产效率和产业竞争力，实现了威梨产业的深度融合和快速发展[①]。

第三，建立统筹协调运行机制。威县根据实际情况成立了梨产业园区管委会，对威梨生产进行统筹协调，有效整合梨相关产业资源。威县还建立"六位一体"的管理模式，实施"土地一体流转、园区一体管理、智力一体引进、项目一体招商、资源一体整合、产业一体发展"，提升了梨区

---

① 梁周杰. 河北威县：一案例入选全国农业绿色发展典型案例［EB/OL］.（2023-11-27）
［2024-03-06］. 中新网，https://www.heb.chinanews.com.cn/shfz/20231127441239.shtml.

的资源整合和统筹协调能力。同时，威县坚持"科技兴农"，与林业部门、农业农村部门展开技术联合认证；邀请技术首席专家，与大学建立技术战略联盟，与农业技术研究机构建立合作实验站；在各乡镇配备专业技术人员，负责梨果应用技术推广和宣传，建立立体综合式的技术服务体系①。

第四，坚持适度规模生产经营方式。威梨生产并非一味追求大规模化、全面化，而是根据当地情况因人制策、因地制宜，开展适度规模化生产和经营。威县的农场种植模式，充分激发了农户生产经营的自主性和灵活性更强，更能发挥自身的特色，标准化生产流程执行也更容易进行。其中，当地涌现出了一批创业意识强、生产效率高的威梨种植户，他们用自己的经验和技术带动周边农户，实现共同增收和共同富裕。

2.2 现代农业低碳发展

2.2.1 提出背景及发展轨迹

人类最初的生产实践活动是采用手工工具进行。在原始时代和古代社会，人类都延续着这一生产模式，必须依靠自己的劳动和行为去发挥作用，由人亲力亲为才能实现。工业革命以来，技术的快速发展使得机器生产开始大量代替人类劳动，人类在生产活动中的作用和地位发生了根本性转变，人不再是动力的唯一来源，机器开始成为动力的主要来源。马克思在《资本论》中指出，"所有发达的机器都是由三个本质上不同的部分组成：发动机传动机构，工具机和工作机。"在人类使用机器进行实践的过程中，渐渐地，"人的肌肉充当动力的现象就成为偶然的了，人就可以被风、水、蒸汽替代了。"机器生产代替人力劳动，从经济学和发展学的角度上讲，使得人从繁重、重复的体力劳动中解放出来，劳动力市场规模迅速扩大，人类的生产实践活动效率大大提高，人类生产的产品数量呈几何倍数快速增长。

---

① 曹丽轩. 经济强省 美丽河北·一线观察丨威县：十万亩梨果战沙荒 百姓"梨"想圆梦[EB/OL].（2023-10-19）[2024-03-06].https://mp.weixin.qq.com/s/18ECFpnkG_mObGoPjCK_4w?scene=25#wechat_redirect.

人类在利用更先进的生产技术创造更高文明的同时，向自然界的索取越来越多，以满足自己不断增长的欲望和需求，但我们必须正视技术进步所带来的"双刃剑"的另一面。工业革命后人类进行生产活动所需要的主要能源转向石油、煤炭等化石燃料，经济快速增长的同时，也形成了高污染、高排放、高耗能的高碳经济，在本质上来讲这是一种向自然界高度索取的不健康的经济增长方式。这种生产方式最终会导致资源消耗殆尽，环境污染日益严重，对人类生命健康和经济社会可持续发展带来极大挑战。

气候作为反映区域天气特征和自然环境的重要指标，是由太阳辐射、地面特征、海洋环流和大气特征所共同决定的，气候变化在近一两百年具有长期的演变和发展趋势。气候变化在剔除掉自然因素的变化之后，与人类活动尤其是化石燃料的大量使用密切相关。部分学者认为大气层对地球气候变化至关重要，大气层能够长期捕捉地球的辐射热量。太阳辐射的热量的30%通过沙漠、冰面和云层反射回太空，而剩余的70%的热量则流在了地球，源源不断地温暖着地球表面[1]，最终形成了地球的温室效应，为地球生命的繁衍生息提供了可能。但是，由于人类大量使用化石燃料，产生了更多的二氧化碳，二氧化碳的浓度已经比工业革命之前高出了40%，使得温室效应急剧扩大。另外，其他温室气体如氧化亚氮和甲烷的浓度也大量增加。温室气体的大量排放导致地球在过去一百多年来平均温度上升了1.0摄氏度。气候变暖所引发的海平面上升、生物多样性锐减、自然灾害多发等诸多生态问题，已成为最为严重的生态环境危机[2]。人类活动所排放的二氧化碳等温室气体是气候变暖的重要原因[3]。

农业是国民经济体系的基础产业和重要组成部分，是全球温室气体第二大排放源，又是一个巨大的碳汇系统，气候变化与农业生产发展密切相关[4]。全球气候变化将会直接影响能源价格和水资源的供应，对粮食生产稳定性产生重要影响。同时，农业在经历了刀耕火种的原始阶段、依靠手工生产的传统阶段后进入了依赖化石能源的工业化阶段，能源投入比例大

① 阿瑟. 温室效应的历史回顾 [J]. 杜珩, 杜珂, 译. 西南民族大学学报 (人文社会科学版), 2010 (6): 213-218.

② LADE S J, STEFFEN W, VRIES W D, et al. Human impacts on planetary boundaries amplified by earth system interactions [J]. Nature Sustainability, 2020, 3 (2): 119-128.

③ DANIEL A L, DILIP R A, 朱希敏. 温室气体排放对全球变暖的相对贡献 [J]. 地球科学进展, 1991, (3): 72-77.

④ 张新民. 中国低碳农业的现状、挑战与发展对策 [J]. 生态经济, 2012 (10), 143-146.

幅度上升，碳排放量急剧扩大，温室效应日趋严重。全球近 1/5 的碳排放是来自农业。联合国粮食与农业组织（FAO）数据显示，农业释放出的温室气体占人为因素产生的温室气体排放总量的 30% 以上，但同时农业生态系统能对农业排放的 8 成以上温室气体进行抵消。

农业生产碳排放量大的原因，主要在于农业结构、土地利用、农业机械化等方面。一是农业机械的大量使用。现代农业的典型特征是农用机械的广泛使用，这是农业碳排放的重要来源。近年来，农业机具使用率不断提升，使用农业机械比重逐步提高，农业机械使用需要消耗大量的化石能源，导致碳排放量大大增加，资源消耗、污染也进一步加剧。二是农业结构。农业结构是影响碳排放量的关键因素，随着农业生产规模化和集约化的发展，农业由劳动密集型向技术密集型、资本密集型转变，碳排放量显著增加。人类生产活动会引起自然生态系统的急剧变化，如草场沙地化、土地沙石化、植被采伐、森林燃烧等导致大气层中二氧化碳浓度快速上升，碳含量明显增加。畜牧业也是碳排放的重要来源，动物的肠胃会产生大量甲烷。农药、化肥、薄膜等生产资料使用也加大了温室气体排放，加剧了温室效应，还对农业生态环境带来污染和较大破坏。三是土壤管理。土壤圈是由覆盖在浅水域底部和地球陆地表面层的土地所构成的圈层或覆盖层，是地球的表层地膜，能够与大气层圈、岩石圈、生物圈进行能量和物质的交换。土壤是人类赖以生存的重要基地，是农业生产不可或缺的生产资料。土地圈是碳元素的重要转换器和储存所，在碳循环中发挥着至关重要的作用。土壤是全球重要的碳库和碳储存单位，全球土壤碳库有 1.4 万~2.2 万吨，是大气碳库的 2~3 倍①。长期超载耕种、不当管理和秸秆焚烧等会导致土壤通过呼吸机制返还大量的二氧化碳到大气层中，引起大气碳浓度显著提升，从而加剧温室效应和全球气候变暖。四是土地的利用方式。农业碳排放量与土地利用方式密切相关，土地利用方式的改变会导致原有土壤覆被类型发生改变，对碳循环产生重要影响②。根据全球碳计划项目的统计，自 1870 年以来的 100 多年，人类碳排放总量中 26% 是由土地

---

① 赵雨森. 实现"双碳"目标，可与黑土地保护相统一 [N]. 人民政协报，2022-04-14 (05).

② HOUGHTON R A. Revised estimates of the annual net flux of carbon to the atmosphere from changes in land use and land management 1850—2000 [J]. Tellus B: Chemical and Physical Meteorology, 2003, 55 (2): 378-390.

利用方式导致的①。土地利用强度、方式、布局的改变②，以及土地上所承载人类的社会活动③，使得土地的碳汇功能变弱，从而导致大量的碳排放。因此，在实现"双碳"目标下，农业减排和绿色发展是机遇与挑战并存，"双碳"目标为农业发展提出了新的发展方向和新要求。

当前气候变化作为全人类面临的共同挑战，事关子孙后代福祉，急切需要全人类共同努力，构建人类命运共同体。2021 年，我国首次将碳达峰、碳中和写入政府工作报告，确立了 2030 年碳达峰、2060 年碳中和的双碳减排总目标。2021 年 9 月，《中共中央 国务院关于完整准确全面贯彻新发展理念做好碳达峰碳中和工作的意见》指出，实现碳达峰、碳中和是解决资源环境约束的突出问题，是实现中华民族永续发展的必然选择，要坚持把碳达峰、碳中和纳入经济社会发展全局，走绿色低碳、生态优先的高质量发展之路。同年，国务院颁布了《2030 年前碳达峰行动方案》，对碳达峰实现的目标、路径选择和重点举措进行明确。

《中共中央 国务院关于深入推进农业供给侧结构性改革加快培育农业农村发展新动能的若干意见》强调农业以绿色发展为导向，加快农业转型升级，加快农业现代化建设。《关于创新体制机制推进农业绿色发展的意见》提出，农业现代化进程必须深刻融入绿色发展理念。目前关于碳达峰、碳中和在农业中的运用还处于试点示范阶段，如贵州喀斯特山区将植树与脱贫攻坚联系在一起，浙江平湖农业经济开发区和国网供电公司共同打造"负碳"农业硅谷战略联盟。农业结构性减碳初见成效，农业废弃物综合利用、化学投入品减量取得了显著效果。

自碳中和目标提出以来，众多学者从不同视角、不同领域对行业发展融入"双碳"目标的机制、趋势提出了设想和建设路径，主要涉及能源、交通、建筑、电力等传统领域。同时，学者们还对农业绿色发展的理念进行系统阐述，梳理有关农业绿色发展的重要问题，为完善农业绿色发展的理论提供了有效补充。但是，目前的相关研究还存在理论性不足、系统性不够、政策适应性不强等问题。农业要实现碳达峰、碳中和仍面临许多现

---

① QUÉRÉ C L, ANDREW R M, WALKER A P, et al. Global carbon budget 2018 [J]. Earth System Science Data, 2018, 10 (4): 2141-2194.

② 赵荣钦，陈志刚，黄贤金，等. 南京大学土地利用碳排放研究进展 [J]. 地理科学, 2012, 32 (12): 1473-1480.

③ 赵荣钦，黄贤金，刘英，等. 区域系统碳循环的土地调控机理及政策框架研究 [J]. 中国人口·资源与环境, 2014, 24 (5): 51-56.

实问题，农业经营还未形成规模化效应，规模化发展还存在着不少的障碍，过程复杂，涉及面广。

2.2.2 现代农业低碳发展的内涵

关于低碳农业①的概念，国内外学者还没有做出统一的界定。以往经济发展理论，往往重点关注工业生产和城市建设领域，而忽略农业生产中发展低碳经济具有广阔的潜力。农业低碳发展作为低碳经济的重要内容，是强化生态服务功能、协调人与自然关系的重要载体，是人类发展的根基所在②。低碳农业与高碳农业的概念是相对的，高碳农业是指在农业工业化的背景下，超量使用化肥和农药的农业生产方式，高碳农业会导致环境污染与生物多样性锐减③；低碳农业是指在低碳经济发展背景下，为降低污染排放、能源消耗，提高碳汇能力，在综合社会、经济和生态系统功能下，所提出的环境友好型和资源节约型的全周期的新型农业形态④。低碳农业由于其高效、优质的发展理念和投入低、耗能低、排放低的产业特性，是实现农业可持续发展的重要途径⑤。低碳农业的经济意义在于寻求农业生产经营过程中最大限度降低碳排放与实现最大化经济效益的平衡点⑥。低碳农业通过政策引导、技术变革、管理创新去提高资源的转化利用效率，提高碳捕获能力，增强农业市场竞争力⑦。

农业部指出，发展低碳农业要做好防治病虫害、加强农业基础设施建设、增强土壤有机质等工作，调整优化产业结构，充分发挥可再生能源和

---

① 低碳农业是指在可持续发展理念指导下，通过产业结构调整、技术与制度创新、可再生能源利用等手段，尽可能减少农业产供销过程中的高碳能源消耗和温室气体排放，在确保食品供给及粮食安全的前提下，实现高能效、低能耗和低碳排放的农业发展模式。与传统高碳农业相比，低碳农业具有明显的优势，集中体现为节约性、环保性、安全性、高效性、和谐性。低碳农业是资源节约型农业、环境友好型农业、优质安全型农业、经济高效型农业、社会和谐型农业。

② 杜受祜. 碳农业 潜力巨大的低碳经济领域 [J]. 北京农业，2014（29）：12-17.

③ 张晨，罗强，俞菊生. 低碳农业研究术评 [J]. 上海农业学报，2013，29（1）：80-84.

④ 许广月. 中国低碳农业发展研究 [J]. 经济学家，2010（10）：72-78.

⑤ 孙红霞. 河南省低碳农业发展存在问题及对策研究 [J]. 地域研究与开发，2011，30（5）：97-102.

⑥ 王昀. 低碳农业经济略论 [J]. 中国农业信息，2008（8）：12-15.

⑦ 高文玲，施盛高，徐丽，等. 低碳农业的概念及其价值体现 [J]. 江苏农业科学，2011，39（2）：13-14.

清洁能源的作用，转变农业生产方式和农民生活方式①。因此，农业低碳发展的内涵包括以下三个方面的内容：一是低碳农业通过提高能量转化效率，最大化发挥资源价值；二是低碳农业通过发展新型农业生产技术，降低污染排放，提高社会效率和经济效益；三是减少对能源的依赖，降低碳排放，提高生态价值②。在能源日益紧缺、全球气候变暖的现实困境下，低碳农业是未来农业的发展方向，是农业现代化建设的必然路径。

2.2.3 现代农业低碳发展的特征

低碳农业作为农业领域应对全球气候变化的有力工具，是一种绿色发展模式，是以低污染、低排放和低能耗为特征的绿色农业经济，是农业现代化的重大创新和必然路径③。低碳农业不是过度依赖化学农药、化学肥料、机械设备和能源投入，而是要寻找既能提高农业生产效率和资源利用率，利用现代化农业技术和管理创新手段进行生产，又能在尊重自然规律基础上，找到保护自然生态环境、减少农业污染和温室气体排放之间的平衡点。农业低碳发展能有效应对气候变暖和资源日益减少的问题，还能为农业生产提供新的发展思路和路径，是现代农业发展的必然选择。低碳农业不仅具有低污染、低能耗和低排放的"三低"特征，也是资源节约型产业，可以减少能源能耗，在全生产过程中还能降低对社会和环境的不利影响②。综合分析，低碳农业具有以下特征：

（1）低碳农业具有"三低"的典型特征。一是低排放。低碳农业通过低碳技术和生产模式限制碳排放，减少温室效应对自然环境的不利影响，维护生态环境的平衡。低碳农业不断进行体制和技术创新，推动生产管理方式变革，广泛运用于畜牧业、种植业和水产业，不断提升农业的现代化水平。二是低污染。低碳农业重视生态环境的保护，减少对农药、化肥和地膜等农业生产资料的使用，发展污染防治技术和清洁能源技术，将农业全过程包括产前、产中、产后对环境的消极影响最小化，最大限度地保护环境。低碳农业重视对农业废弃物的循环综合利用，建立循环农业体系，

---

① 新能源与低碳行动课题组. 低碳经济与农业发展思考 [M]. 北京：中国时代经济出版社，2011：1-3.

② 张雪纯，马培衢，韦盼盼. 河南省低碳农业高质量发展策略探讨 [J]. 南方农业，2022，16（21）：153-156.

③ 赵其国，黄国勤，钱海燕. 低碳农业 [J]. 土壤，2011，43（1）：1-5.

实现农业生产的环保清洁。三是低消耗。低碳农业主张减少对能源和资源的依赖，弱化资金和物资的投入，发展资源节约型农业[①]。低碳农业实现由"高排放、高污染、高消耗"转变为"低排放、低污染、低消耗"的发展方式转变，是构建环境友好型社会在农业领域的重大实践。低碳农业努力发展低碳创新技术，尽量降低农业生产过程中的资源消耗和污染，是构建资源节约型社会在农业领域的重大创新。低碳农业在生产全周期降低不利因素的影响，切实提升农业产品的安全和质量，是发展安全型农业的集中体现[②]。

（2）低碳农业具有"双高"特征。一是高碳汇。农业具有极大的碳汇能力，低碳农业通过发展草地、耕地、林地、森林、湿地等碳汇资源，充分发挥吸碳固碳能力，降低农业生产过程中的碳排放量，减少农业对生态环境的压力。低碳农业需要优化农业生产方式，改变农业生态系统的管理模式，优化农田结构和功能。农田生态系统是农业生产最为活跃的地带，农田管理方极大影响碳循环过程。因此，改革农田落后生产方式是减少温室气体排放的有效手段，发展低碳农业是现代农业固碳汇碳的重要方式[③]。二是高效益。低碳农业通过提高资源利用效率，以更少的物料投入获得更多的产出，减少对物质资源的依赖，提高农业经济效益和经济价值。

（3）排放气体和排放方式与工业领域相比具有差异性。工业生产排放的温室气体主要为二氧化碳（CO_2）和二氧化硫（SO_2），而农业生产活动排放的温室气体主要是甲烷（CH_4）、氧化亚氮（N_2O）和二氧化碳（CO_2）。其中，甲烷主要来自农田稻禾有机物分解，以及牛羊等反刍牲畜肠胃系统消化发酵、泥浆和粪便的厌氧分解；氧化亚氮主要来自土地施肥中氮的沉积促使微生物分解释放；二氧化碳则主要来自农药、化肥、薄膜等生产资料的使用，农业机械设备使用化石能源排放的气体，以及土地利用方式变化（如森林、草地转变为耕地）。在排放方式方面，工业生产主要是能源消耗排放，而农业生产主要是非能源消耗排放。农业生产中除了机械动力设备消耗化石能源外，更多的是非耗能排放，如反刍动物消化系

---

① 谢淑娟. 低碳农业发展研究：基于广东省的实证分析 [M]. 北京：经济管理出版社，2013：32-33.

② 梁吉义. 绿色低碳循环农业 [M]. 北京：中国环境出版社，2016：24-25.

③ 顾海英，王常伟，曹林奎，等. 气候变化背景下低碳农业发展研究 [M]. 北京：科学出版社，2019.

统食物发酵、农业残留物释放甲烷。

（4）排放主体的差异性。工业排放主体相对比较集中，大多在工业园区，而农业主体较为分散，既有个体小农户，也有农业生产企业。政府对农户的农业生产经营过程难以有效监督，监督成本大。政府可以为农业企业制定排放标准，但无法把标准同样运用于农户，使得监督存在脱节和漏洞的现象。从成本的角度方面考虑，农业具有巨大的碳汇优势，可以开辟碳汇市场，将碳减排成本转移至工业，发挥农业碳减排的积极性。同时，农业过高的交易成本使得低碳理念无法在分散的农户中进行全面的推广，如低碳农业鼓励减少使用机械设备，但不能提高农业生产效益，使得低碳农业生产丧失了效益原则，低碳理念无法真正行动起来。

2.2.4 不同农业发展模式的比较

随着农业发展进程不断纵深推进，农业功能逐渐完善，出现了多元化的农业发展模式，代表有石油农业、生态农业、有机农业等[①]。这些概念既有共同点，又相互区别，各农业模式强调的侧重点和发展方向有所差异（见表2-1）。

表2-1　各农业发展模式比较

发展模式	机械设备动力	化肥农药	发展理念
低碳农业	限制	限制	降低温室气体排放
精准农业	支持	支持	利用现代信息科技
石油农业	支持	支持	提高农业经济效益
生态农业	支持	适应	保护生态系统
循环农业	支持	限制	资源循环利用
有机农业	支持	拒绝	尊重自然规律

精准农业出现在 20 世纪 70 年代，农业电子自动控制技术、环境自动监测设备、遥感技术、信息智能搜集技术等数字化设备为农业精细化管理

---

① 王青，郑红勇，聂桢祯. 低碳农业理论分析与中国低碳农业发展思路 [J]. 西北农林科技大学学报（社会科学版），2012，12（3）：1-7.

提供了技术可能性，大大提高了农业的自动化水平和生产效率①。精准农业作为一种系统性方案，致力于对土地和农业生物的时空管理，降低农业成本，把对自然环境的不利影响最小化②。遥感定位监测技术③，测土配方施肥精准技术④，农业物联网、无人机航拍、大数据挖掘等信息技术⑤，为精准农业的大范围推广提供了便利条件。大数据技术对海量数据的搜集、分析和挖掘能力，为农业发展带来巨大的数据价值和意义⑥。2019 年 7 月，国际精准农业协会根据农业发展目标、实施路径对精准农业进行概述，以提高农业资源利用效率，实现农业可持续发展和高质量发展⑦。精准农业能对农业生物生长的阶段变化进行实时监控，对生长要素进行合理有效干预，优化农业资源投入⑧。精准农业相较于低碳农业来说，并不排斥农药和化肥的使用，且高度依赖信息科学技术发展农业生产。

石油农业是大量投入石油化工原料（农药、化肥、机械设备等），通过增加外部能量与物质的投入，以此来提高农业产量，使农业生产效率大大提升，是现代农业的初级阶段的基本模式。但石油农业严重破坏了自然环境和生态平衡，土壤劣化、肥力减退、环境污染等问题层出不穷，农业生产的自我调节机制衰弱，农业系统内部循环机制不畅⑨。石油农业大量施用化肥、铺设薄膜、喷洒农药，虽然在短期内提高了农业单位产量，但由于技术的边际替代率逐渐下降，导致农药和化肥的产量贡献下跌，进一

① ZHANG N Q, WANG M H, WANG N. Pricision agriculture-A worldwide overview [J]. Computers and Electronics in Agricuture，2002，36（2/3）：113-132.

② STAFFORD J V. Implementing Pricision Agriculture in the 21st Century [J]. Journal of Agriculture Engineering Research，2000，76（3）：267-275.

③ LAMB D W, BROWN R B. PA-precision argriculture：remote-sensing and mapping of weeds in crops [J]. Journal of Agriculture Engineering Research，2001，78（2）：117-125.

④ 孙杰，周力，应瑞瑶. 精准农业技术扩散机制与政策研究：以测土配方施肥技术为例 [J]. 中国农村经济，2019（12）：65-84.

⑤ 邓仲华，李志芳. 科学研究范式的演化：大数据时代的科学研究第四范式 [J]. 情报资料工作，2013（4）：19-23.

⑥ 宋永嘉，刘宾，魏暄云，等. 大数据时代无线传感技术在精准农业中的应用进展 [J]. 江苏农业科学，2021，49（8）：31-37.

⑦ 李淑芳. 中国精准农业推广对策研究 [J]. 科学管理研究，2019，37（4）：125-130.

⑧ 王士英，张跃峰，郑勋领. 关于加快中国精准农业发展的思考 [J]. 世界农业，2021（4）：83-90.

⑨ 袁志清. 石油农业与新技术应用 [J]. 农业现代化研究，1993（1）：61-62.

步提高了农药和化肥的使用率，土地有机肥力更为恶化①。由此，石油农业发展模式在根本上是不可持续的，必须对石油农业进行转型和改革。

生态农业这一概念最早由美国土壤学家廉姆·奥伯特在 1971 年首次提出，而后由英国农业学家沃斯顿（Worthington M K）在对有机农场进行调研的基础上进行完善，认为生态农业是在生态上进行自我的自然维持，在审美及环境或伦理方面不产生长远的、大的或不可接受的小型农业系统②。中国生态学家马世骏认为生态农业要依据生态原理和经济规律，根据土地状况和经济发展阶段制定出适应土地设计、组装、管理和调整的农业经济系统，以此实现农业综合效益③。生态农业要求尽量减少人工干预，充分尊重农作物自然生成规律，保持土壤肥力和生物多样性，减少环境压力。生态农业强调化肥农药使用力度要适度，以尊重生态系统，推动农业发展，这与农业低碳发展的理念是相符合的。

"循环经济"的概念最早由美国经济学家鲍尔丁提出，目前，人类面临着严重的生态破坏和资源的逐步枯竭的难题④，为实现人类社会的持续发展，必须发展循环经济模式，代替资源消耗经济模式⑤。张元浩从能量转化和物质循环的角度提出了循环农业的概念⑥。循环农业是一种新型的农业发展模式，主张利用现代技术手段和体系实现农业现代产业化⑦。循环农业利用循环经济理论与产业化经营有效结合⑧，调整农业产业结构，推进组织机制创新，提高生物资源利用率，提高农业产业各环节价值，实

---

① 郭珍. 石油农业、污水灌溉与耕地污染防治［J］. 南通大学学报（社会科学版），2016，32（5）：111-116.

② KILEY - WORTHINGTON M. Ecological agriculture：What it is and how it works［J］. Agriculture and Environment，1981，6（4）：349-381.

③ 马世骏. 加强生态建设促进我国农业持续发展［J］. 农业现代化研究，1987（3）：2-5.

④ 张俊娥，王志国，王纳威. 循环农业经济体系的内涵及其构建［J］. 山东农业大学学报（自然科学版），2014，45（5）：793-795.

⑤ 宣亚南，欧名豪，曲福田. 循环农业的含义、经济学解读及政策含义［J］. 中国人口资源与环境，2005，15（2）：27-31.

⑥ 张元浩. 农业的循环过程和"循环农业"［J］. 中国农村经济，1985（11）：49，27.

⑦ 尹昌斌，周颖，刘利花. 我国循环农业理论与实践［J］. 中国生态农业学报，2013，21（1）：47-53.

⑧ 孙佩元，瞿永前，孙加祥. 现代循环农业理论与实践综述［J］. 江苏农业科学，2013，41（11）：454-461.

现资源、人口与环境的融合协调，最大限度保护生态环境①。循环农业最重要的特征就是要循环利用资源与延伸产业链②，循环农业与低碳农业同样强调限制化肥农药的使用。

20 世纪 30 年代英国土壤学家艾尔伯特·霍华德在《农业圣典》中提出了有机农业的思想理念，奠定了堆肥的科学基础。20 世纪 60 年代以后，随着生态环境问题日益严重，人们对现代农业发展方式进行了深刻的反思，对有机农业进行了持续深入的研究。美国农业部称，有机农业是基本不使用或完全不使用农药、化肥、饲料和添加剂的生产系统，依靠轮耕、牲畜粪肥、植物肥料、绿肥、矿石补偿养分，利用生物技术防治病虫害，保持土壤耕性和肥力，来供应植物养分，以防治杂草和病虫害。有机农业宣扬现代健康理念，借鉴传统农业模式以促进农业可持续发展③。有机农业的根本特征是拒绝外部成分干预农作物自然生长，比低碳农业有更强的排斥性。

低碳农业、有机农业、循环农业、生态农业发展模式具有一定的联系，它们都重视对环境的保护和资源的节约，实现生态、社会和经济三重效益的共同促进。循环农业和有机农业是现代农业的主要经营模式，是发展未来生态农业的前提和基础；低碳农业是在发展循环农业和有机农业的基础上，重视碳减排，减少温室气体对气候的变化和影响，是低碳经济在农业领域中的重要应用和实践④。

2.2.5　现代低碳农业功能

低碳农业与其他发展路径农业具有不同的发展理念和思路，其通过降低农业生产中碳排放，提高资源循环利用效率，对维护农业生态系统平衡、提高农业生产发展质量具有重要意义⑤。农业农村是实现碳达峰和碳

---

① 尹昌斌，周颖. 循环农业发展的基本理论及展望 [J]. 中国生态农业学报，2018，16 (6)：1552-1556.

② 尹昌斌，唐华俊，周颖. 循环农业内涵、发展途径与政策建议 [J]. 中国农业资源与区划，2006 (1)：4-8.

③ 张洪梅，任怀谨. 有机农业发展理论与实践的国内外对比分析 [J]. 世界农业，2012 (12)：72-75.

④ 金辰，孙波，赵其国. 我国发展低碳农业的政策、法规和技术体系分析 [J]. 土壤，2014，46 (1)：7-14.

⑤ 陈胜涛，张开华. 中国低碳农业发展现状调查与对策建议 [J]. 湖北农业科学，2014，53 (10)：2448-2452.

中和的重要领域，切实促进农业农村领域的"双碳"目标实现，是农业生态文明建设的必然要求，更是应对气候变化的重要路径，能有效推动乡村振兴战略的实现。农业是稳定经济社会的"压舱石"，发展与资源承载能力相协调的农业生产总体布局，保障国家粮食安全、端稳"饭碗"是永恒的重大课题。低碳农业具有"气候调节、农业生产、农业金融、安全保障、生态涵养"的新型多元化功能[①]，可以降低农业生产的碳排放强度，成为农业高质量发展新的经济增长点[②]。

（1）气候调节与农业碳汇功能。农业生产既是全球重要的碳排放来源，也是一个庞大的碳汇系统，对全球气候变化有着重要影响。农业生产中的耕地开采、森林采伐、草地林地退化、土壤沙化等活动会破坏现有生态系统的平衡，导致绿色植物的碳吸收和汇碳功能大大减弱，农业生产活动排放的温室气体数量快速增加[③]。低碳农业倡导低碳发展理念，减少对化石能源和资源的依赖，降低温室气体排放速度和数量，发展立体式循环农业，有效减轻农业生产的温室效应，维护生态系统的平衡和持续发展。

（2）生产功能。农业生产部门是国民经济体系中的基础部门，为其他产业体系提供资源、基本物资和资金，农业发展的好坏直接影响整个国民经济发展的质量。低碳农业作为现代化的新型农业，以"低污染、低能耗、低排放"为目标，旨在减少整个农业生产的碳排放量，降低其对环境的压力，同时还要保证农业稳产稳量。

（3）金融功能。低碳农业具有庞大的碳减排交易市场，发展低碳农业所带来的碳排放量减少可以在特定的碳交易市场中进行交易，获得交易收益。我国建立的碳排放交易市场自2021年启动上市交易以来，已经覆盖了年碳排放量超过45亿吨的企业，成为全球最大的碳排放量市场。亚洲银行环境专家麦克斯韦估计，中国每年可以提供1.5亿~2.25亿吨的二氧化碳核定减排额度，每年能获得高达22.5亿美元的收入。清洁发展机制基金为温室气体减排提供了资金支持和保障，而农业碳放量在总碳排放量中大约占1/5。因此，发展低碳农业能为农业生产带来可观的碳减排收益，有效

---

① 李晓燕，王彬彬. 四川发展低碳农业的必然性和途径［J］. 西南民族大学学报（人文社科版），2010，31（1）：103-106.

② 赵立欣."双碳"背景下的农业担当［N］. 农民日报，2021-06-12.

③ 绿色视野杂志社. 低碳经济的推手：农业生产的可持续发展［J］. 绿色视野，2008（6）：34-37.

促进农业领域的碳减排活动。

（4）安全保障功能。农业在国民经济体系中的基础地位决定了农业生产的重要战略意义。农业安全生产和可持续发展，能有效维护经济系统运行的平稳性。若不对"高污染、高能耗、高排放"农业模式进行转换，农业生态环境将愈加恶化而难以控制，农业安全将得不到有效保障，农产品质量难以充分满足对农业高质量发展的需求。低碳农业的"低污染、低能耗、低排放"与"高碳汇、高效益"的发展特征，能够促进经济生产与环境保护的统一协调，努力构建资源节约型与环境友好型社会，维护农业安全，提升农业产业竞争力和经济发展的可持续性。

（5）生态涵养功能。通过发展低碳农业，可以有效降低农业面源污染，治理畜牧粪便乱排、秸秆焚烧等环境问题，提高农业系统环境质量。同时，低碳农业可以涵养水源，保护林地、草地、森林和湿地系统，维护生态系统的平衡。如对于农业生产过程中所排放的污水，可以就近种植水生植物，根据地理条件，建立小型生态湿地系统，既能减少环境污染又能充分利用水资源，维护水资源的生态系统平衡。低碳农业通过发展生态观光等新业态，开发森林人家等新产品，打造农业科普教育实训基地，建设循环农业生态样板；通过建立一批乡村休闲体验产品，提升乡村旅游水平；通过人居环境治理和新农村建设，制订乡村休闲旅游服务标准和规程；通过实施乡村休闲旅游精品工程，打造美丽新乡村，创建休闲乡村精品旅游线路，谋划生态旅游发展格局。

2.2.6　现代农业低碳发展的实践与案例

随着全球气候问题日益严重，环境和气候改善成为全球治理的热点工作。农业作为温室气体排放的重要来源之一，对气候变化具有强烈的敏感性[1]。推动低碳农业建设是提升农业生态系统抗压能力的有效途径。当前，中国在应对气候变化工作方面，积极参与国际合作和分工，取得了一系列农业碳减排的切实成果。总结农业低碳发展方面的经验，既是应对气候变化问题的生动实践，也是提升农业可持续发展的形象参考。

根据《巴黎协定》的规定，缔约国均须作出温室气体减排的规划，并付诸实际行动予以落实。2020 年年末，已有 195 个缔约方（占全球温室气

---

① 刘昕禹，杨明洪，吴晓婷. 交通基础设施、产业结构与农业碳排放 [J]. 云南财经大学学报，2022，38（9）：1-16.

体排放总量90%以上）制定了INDC（国家自主贡献）承诺。该承诺对温室气体排放总量、单位排放强度、零排放时间进度、清洁能源占能源消耗的比重进行明确的说明。发达经济体的碳减排时间进度要早于新兴经济体。以G7集团为代表的发达经济体为例，大部分国家对碳中和的承诺时间在2050年前后，德国更是提前了5年；以金砖国家为代表的新兴经济体做出碳中和的时间承诺大部分在2060年前，南非提前10年，而印度则是延后10年。代表性国家2020年农业温室气体（GHG）排放情况及减排时间进度见表2-2。

表2-2 代表性国家2020年农业温室气体（GHG）排放情况及减排时间进度

类型	国家	农业温室气体排放总量/Mt	单位GDP农业温室气体排放量/t·10^{-6} $	温室气体排放比例/%	净零排放目标状态	减排目标	净零排放时间
发达经济体	美国	382.01	18.28	11.13	政策文件	2030年比2005年减少50%~52%	2050年
	日本	31.86	4.34	2.24	法律政策文件政治承诺	2030年比2013年减少46%	2050年
	德国	58.00	15.08	1.43	法律政策文件政治承诺	2030年比1990年减少55%	2045年
	法国	71.34	27.12	0.66	法律政策文件政治承诺	2030年比1990年减少55%	2050年

表2-2(续)

类型	国家	农业温室气体排放总量/Mt	单位GDP农业温室气体排放量/t·10⁻⁶$	温室气体排放比例/%	净零排放目标状态	减排目标	净零排放时间
发达经济体	英国	50.03	18.15	0.87	法律政策文件	2030年比1990年减少68%	2050年
	加拿大	63.28	38.46	1.54	法律政策文件政治承诺	2030年比2005年减少40%~45%	2050年
	意大利	33.24	17.56	0.71	政策文件政治承诺	2030年比1990年减少55%	2050年
新兴经济体	中国	653.97	44.52	25.88	政策文件政治承诺	2030年单位GDP CO₂排放量比2005年下降65%	2060年
	俄罗斯	104.13	69.97	3.79	法律政治承诺	2030年比1990年减少70%	不晚于2060年
	印度	741.92	287.11	6.67	政策文件政治承诺	2030年比2005年减少45%	2070年
	南非	28.59	85.23	1.07	政策文件	2030年CO₂排放量为350~420Mt	2050年
	巴西	518.86	358.19	3.09	政策文件政治承诺	2030年比2005年减少53.1%	2050年

资料来源：https://www.climatewatchdata.org/net-zero-tracker，世界资源研究所。

以日本、西欧国家和美国为代表的现代农业国家，分别实行精耕细作、田园休闲农业和大农场主的发展模式，取得了丰硕的农业低碳发展成果。我国也高度重视低碳农业的建设和发展，近年来，我国在发展低碳农业、循环农业、有机农业等方面取得了显著的成效。如在北方地区将沼气池、温室大棚蔬菜、圈舍和住宅结合起来，建立"四位一体"的发展模式，提高资源循环利用效率。

案例2-4　山东兰陵：建立循环农业 助推农业低碳高效发展①

建立循环农业是发展现代农业、推动农业转型升级的重要措施，也是实现农业可持续发展的有效途径。山东省临沂市兰陵县狠抓特色农业，依靠自身资源优势禀赋，深挖新型农业发展方式，构建以农牧循环、种养联合为基础的新型经营方式，持续推动农业低碳高质量发展。兰陵县的低碳农业构建主要从以下方面进行。

一是优化制度和机制，提供制度保障。兰陵县将提高农村综合环境、提升农业低碳发展质量和增加农民收入作为重要策略，出台了一系列政策文件和制度规范，包括农药化肥增效减量、牲畜病害无害化处理、秸秆循环综合利用等方面，对林果废弃物、牲畜粪便污染、农作物秸秆进行综合集中处理，建立6处集中收纳和治理中心，构建了乡镇、社区、村三级农业废弃物和污染物处理体系。兰陵县通过制度完善和机制建立，为农业低碳高效发展提供了充足的保障。

二是建立全域培育体系，实现多层次联动。兰陵县建立了基料化、能源化、饲料化、原料化和肥料化的"五化"模式，把农业生产过程中产生的废料转换为再生产原料和农产品，对废料进行再循环使用和高效利用。兰陵县通过"加链组环"，形成了高效循环的生态农业链条，如"果枝—基质—菌类培育—菌渣回田""秸秆—饲料—牲畜排泄粪便—肥料—农作物"等，实现农业生产过程产生的废物再度循环使用，建立了农业生态循环体系，提高了资源利用效率。兰陵县现在已经建立了6家农产品废弃物循环综合利用企业，农业资源综合利用水平大幅提高，构建了全新、多层次联动、高效响应的生态农业循环体系。

三是建立双连循环体系，实现双连循环功效。兰陵县建立了"镇域大循环、主体小循环"的双循环利用体系，充分实现两个层级循环的互动连接。镇域大循环是将全镇域的农业资源与经济资源进行协调统筹规划，将镇域形成一个统一的整体，结合镇域的农业特色产业发展状况，

---

① 马世超. 兰陵：推动循环农业 助力农业低碳高效发展[EB/OL].（2023-11-09）[2024-03-08].https://new.qq.com/rain/a/20231109A081ZP00.

充分发挥资源优势，形成辐射周边、覆盖全域、高效发挥的农业生态循环圈层。主体循环是将农户、农业企业、农场、农业合作社等生产经营主体充分连接起来，发挥龙头企业的带头、引领和示范作用，形成农产品生态循环价值链，促进物料、能源的充分流动和转换。通过构建双连循环体系，能够将农业龙头企业、分散农户、农业合作社充分连接起来，发挥整体协作功能，促进低碳农业的高质量发展和可持续发展。

　　建立生态循环农业，是兰陵县农业低碳发展实践行动的关键路径，通过鼓励特色农业发展，将生态循环农业模式持续纵深推进，有效助力乡村振兴战略的实施。

案例 2-5　江西南昌：探索农业　助推农业低碳高效发展①

　　江西省南昌市红谷滩区厚田乡处于锦江和赣江交界之处，其厚田沙漠有"江南第一大漠"之称。厚田乡坚守现代农业发展理念，致力于建设一个生态美丽、产业发达、治理卓著、生活富足的现代化农村。厚田乡通过引进绿色低碳农牧业，实施生活废物和污水的环保处理，积极发展清洁能源和可再生能源，显著提升了农村居民的生活环境。此外，厚田乡的绿色低碳化水平也在稳步提升，为农业和农村的"双碳"目标实现提供了新的发展思路。

　　一是建立污水集中处理站。厚田乡在各个村落建立了生活污水处理项目，处理站由厌氧池、格栅井、消毒池等构成，修建污水管道，使用"高负荷地下渗滤污水处理技术"，有效解决了污水处理的异味问题，大大提高了污水处理量和处理速度。生活污水经过污水渠，再到污水收集地，再流入污水处理站，对污水进行净化处理，使水质达到了污染物的排放一级标准，最终通过专门明渠灌溉农田，实现水资源的重复循环利用。厚田乡以生态宜居新农村建设为目标，大力建设示范村和精品村，对污染物和垃圾进行系统的优化与改造。厚田乡通过打造"低碳村"，实现了能源清洁化、生活绿色化，对 1.8 万平方米的河道进行改造，建立了 6 个绿色景观节点，农村人居环境得到显著改善。

　　二是防沙治沙，建立光伏发电项目。厚田乡因地制宜，在沙漠上建立了光伏生态园太阳能光伏电站，合力打造绿色低碳城市。厚田沙漠具有

---

　　① 赖永峰，刘兴. 南昌探索农业农村绿色发展：美丽乡村发力低碳经济 [N]. 经济日报，2022-09-04 (03).

得天独厚的沙漠资源禀赋，面积宽广、日照充足，具有发展光伏发电产业的天然优势。乡村通过发展光伏发电系统，具有节能环保、零废气、零废渣、零污水的优点，大大巩固了脱贫攻坚成果。厚田乡从20世纪80年代起，将防沙治沙作为重点民生工作，大量种植固沙植物，建立绿色低碳发展思路，在治沙工作基础上发展沙漠生态旅游，走出了沙漠的生态发展新道路。

三是构建区域种养平衡。厚田乡投资建设粪污处理设备和资源利用中心，集中处理粪便和污水。处理中心在农户养殖场安装粪污收集管网、自动刮粪机、节水饮水机，有效解决了异味问题。粪污在厌氧发酵罐进行降解，形成沼气、沼液和沼杂。沼液和沼杂经过再次发酵和固液分离后形成有机肥、水溶肥和液态肥，而沼气则可以用来发电。处理中心全过程实现了自动化管理和智能化监控，处理效率大大提高。厚田乡建立"N2N+"区域绿色生态循环农业发展模式，打造闭环的低碳生态循环系统，对"养猪—沼气—果林"进行转型升级。第一个N代表N个养殖企业，2代表有机肥处理中心和农业废弃物循环利用中心，第二个N代表N家种植农业企业和合作社。通过"N2N+"生态循环模式，厚田乡将上游养殖种植环节产生废弃物和下游产品生产充分有效连接起来，实现农业废弃物就近处理和循环使用和有机生态肥全覆盖供给、清洁能源全天候供应，维护了区域种养平衡，构建了低碳循环产业链条。

3 中国农业现代化进程的必然路径：绿色低碳发展

3.1 新发展理念下的农业高质量发展

3.1.1 新时代经济进程的主旋律：高质量发展

中国经济具有强大的韧性与潜力，是全球经济关键的增长引擎，对全球经济增长贡献比例达到 1/3，中国经济强劲的发展态势为全球经济复苏做出了巨大的贡献[①]。中国政府近年来采取了一系列政策和措施，以加强科技创新、促进知识产权保护、鼓励创业创新等，这些举措的成效显著。中国作为全球创新的重要力量，为全球经济发展注入了新的动力。同时，中国经济地位的提升也激励其他国家加大创新力度，促进世界范围内的技术合作和竞争。总之，中国的创新指数上升作为一个积极的信号，显示了中国经济正向着更加高效、高质量和可持续的发展方向迈进。

2023 年是党的二十大精神得到全面贯彻和落实的开局之年，全党全国各族人民紧密团结在以习近平同志为核心的党中央周围，克服国内国外重重困难，继续全面深化改革开放，防范化解风险、扩大内需、提振需求信心，经济持续向好，经济改革取得了突破性的成效。习近平总书记强调："现代化产业体系是现代化国家的物质技术基础，必须把发展经济的着力点放在实体经济上，为实现第二个百年奋斗目标提供坚强物质支撑。"

但也必须深刻认识到，中国经济在稳步发展的同时，也面临着诸多挑

---

① 赵龙跃. 协同推进高水平对外开放与高质量共建"一带一路" [J]. 当代世界，2023（9）：23-27.

战和困难。中国经济目前正处于产业优化升级和复苏回稳的关键期，有效需求不足，发展动力不强。在国内大循环方面，经济直接预期偏弱，部分行业产能过剩，亟须进行产能转换和改造，居民收入有待提高、社会有效需求欠缺，行业风险加大、风险隐患陡增，国内市场循环存在堵点，市场要素流通受限。习近平总书记指出，"在当前国际形势充满不稳定性不确定性的背景下，立足国内、依托国内大市场优势，充分挖掘内需潜力，有利于化解外部冲击和外需下降带来的影响，也有利于在极端情况下保证我国经济基本正常运行和社会大局总体稳定"。为实现经济向上健康发展，必须深化供给侧结构性改革，扩大社会有效需求，提升市场的供给能力和生产能力；必须坚持高质量发展的思路，全面、准确落实新发展理念；必须不断解放和发展生产力，推进高水平的开放和改革，增强发展内在动力；必须促进高水平安全，实现高质量发展和高水平安全的双向联动，增强经济发展的安全性；必须以中国式现代化为目标，以高质量发展作为经济建设的底色。新时代发展，必须坚持贯彻新发展理念，从"创新、协调、绿色、开放、共享"五个方面全方位把握新时代的发展要求。中国式现代化是符合中国现阶段发展国情和特色的，正如习近平总书记强调的那样，"这是我国现代化建设必须坚持的方向，要在我国发展的方针政策、战略战术、政策举措、工作部署中得到体现，推动全党全国各族人民共同为之努力"。我国正处于经济恢复和发展的关键阶段，中国式现代化是解决发展的挑战和难题的必要阶段，以中国式现代化推动经济质的快速提升和量的合理增长[①]。

在新时代下，要高举习近平新时代中国特色社会主义思想旗帜，以党的二十大和二十届二中全会的精神为指引，加快推进高质量发展，深化供给侧结构性改革，强化宏观调控力度，深化改革开放。习近平总书记指出："统筹发展和安全，增强忧患意识，做到居安思危，是我们党治国理政的一个重大原则。"2023 年年底召开的中央经济工作会议指出，必须统筹高质量发展和高水平安全，增强经济发展的持续力和韧性，着力防范化解风险，提升经济活力，实现经济质和量的全方位提升，保证社会稳定运行。

我国经济目前已经从高速增长阶段转向了高质量发展阶段。高质量发

---

① 黄明. 必须把推进中国式现代化作为最大的政治：深化新时代做好经济工作的规律性认识述评之五［N］. 新华日报，2023-12-23（08）.

展是新发展理念的有力践行，适应了人民对美好生活的需求。经济高质量发展是解决新形势下社会主要矛盾的关键，促进经济持续良好发展，也是实现中华民族伟大复兴的必然选择。通过深入理解高质量发展背后的概念和原则，可以更好地解决当前面临的各种经济问题，努力实现经济的可持续发展①。高质量发展作为我国经济改革的"总纲"，可以实现从"有没有"到"怎么样"、从"数量优势"到"质量优势"的转变，是应对我国经济发展面临难题的治本之策。

3.1.2 锚定高质量发展，扎实推进经济建设

中共中央政治局于2023年12月8日召开会议，研究商讨2024年经济工作，会议对2024年经济发展走向进行定调，并明确了"要坚持稳中求进、以进促稳、先立后破"，释放了重要的经济信号。会议强调，2024年要继续推动自立自强和科技创新，加大宏观调控力度，强化宏观经济政策的跨周期和逆周期调节，实施稳健的货币政策和积极的财政政策。首先，实施稳健的货币政策要保证货币精准灵活，保持充足的货币供应量。畅通融资渠道，扩大多元化融资方式和融资规模，与经济增长的货币需求量保持同步增长。降低社会融资成本，减税降负，让经济成果真正惠及人民，让人民共享经济发展成果。盘活货币存量，引导资金流向绿色金融、数字经济、技术创新等领域，优化资金配置和使用方向。维护人民币汇率稳定性，保证出口稳步增长。其次，积极的财政政策要提力增效。落实减税降费政策，为经营主体提供更多的利润空间。扩大政府专项债券发放力度，加大基础设施和民生工程建设。重点支持战略性新兴产业，鼓励自主创新。严肃财经纪律，抓紧"钱袋子"、过"紧日子"，严控一般性支出。最后，要保护宏观政策的连续性。协调货币、财政、科技、就业、产业等政策，将非经济性政策纳入宏观政策进行统一评估，形成政策合力和向心力，提升政策的稳定性。

（1）积极推动国内需求增长。习近平总书记指出，"内需是中国经济发展的基本动力，也是满足人民日益增长的美好生活需要的必然要求"。扩大内需要加大有效投资，扩大消费能力，促使消费和投资双向循环互动。2023年12月8日召开的中共中央政治局会议强调："要着力扩大国内

① 任保平. 我国高质量发展的目标要求和重点 [J]. 红旗文稿，2018（24）：21-23.

需求，形成消费和投资相互促进的良性循环。"推动国内需求增长，是党中央对国际国内形势深刻把握基础上所形成的正确决策。坚定实施内需扩大战略，能有效应对发展新形势和新格局，是推动中国经济发展的关键举措，能促使经济高质量发展稳步运行。

扩大内需要优化消费环境，扩大中等收入群体规模，增加城乡居民收入，激发全社会购买力和消费能力；加强培育和建设国际消费中心城市，建立县域商业体系和 15 分钟都市生活圈，打造高质量消费载体，提供消费便利，持续营造良好的消费环境①；进一步稳定传统消费需求，提振居民消费信心和热情。扩大消费容量，关键在于增加有效和高质量的供给；优化公共服务的供给，比如教育、医疗、养老等，释放家庭的消费潜力；挖掘新的消费增长点，扩大消费，抑制浪费铺张，支持智能家居、"潮品"国货、文娱体育等消费热点，以消费高质量发展推动供给侧结构性改革②；政府通过优化投资环境，吸引更多的国内外资本投入到基础设施建设、科技创新、环保产业等领域，激发社会资本的积极性，建立政府和社会资本的新型合作机制；充分发挥政府带动效应和优秀企业的示范效应，加强技术更新和改革，转换旧动能，牢固树立节能减排意识，建立资源节约型和环境友好型社会。扩大国内需求是一个复杂的系统工程，需要政府、企业和消费者共同努力合作，共同推动建立庞大的国内消费市场。

（2）高水平提高对外开放质量。高水平提高对外开放质量，需要制定和实施更加开放的贸易和投资政策，降低进入市场的壁垒，提供更多的市场准入机会；做大中间品贸易和跨境电子商务出口，提升外贸新动能，稳定外贸基本盘；优化营商环境，着力打造"投资中国"系列品牌，提高外商投资便利化水平③；放宽服务行业准入门槛，特别是金融、教育、文化、卫生等领域，提高与国际国贸规则的接入度，切实解决政府采购项目平等参与、数据传递等问题；有效解决外国来华人员办事、就学等方面的问题；抓好"八大行动"和"一带一路"政策的落实，着力推动标志性重大工程项目建设。

---

① 王珂，王云杉. 着力扩大国内需求［N］. 人民日报，2023-12-11（06）.
② 王厚明. 坚定信心 担当作为 扎实推动高质量发展 2023 年中央经济工作会议解读［J］. 经济，2024（1）：47-50.
③ 李连发. 全球通货膨胀分化：分析及中国对策［J］. 北京交通大学学报（社会科学版），2024，23（1）：63-72.

（3）坚持做好"三农"工作。做好"三农"工作，需要通过持续努力，实现农业强国的目标，推动农业发展和现代化。为此，需要重点关注乡村振兴，提升产业发展、建设和治理水平。农村农业发展的财富就是建设优良的生态环境，坚定树立绿色低碳发展的理念，推进农业绿色低碳生产转型，让优良的农业生态环境成为乡村振兴的重要底色①。同时，强化科技创新和改革以推动农业进步。做好"三农"工作，需要提高农民收入，促进农民增收，保证粮食供应和农产品安全，建立农产品安全供给机制；改革完善土地占补平衡制度以合理利用土地资源；提高农田建设的投入高标准水平，确保土地的可持续利用；根据粮食产销区间的利益分配，建立横向利益补偿机制以促进农产品流通和消费；建设宜居宜业的和美乡村，促使农业取得更大发展和进步，使农业成为现代化大产业，为实现农业强国的目标做出重大贡献。

（4）全面深化改革，为实现高质量发展注入新动力。首先，持续建设"两个毫不动摇"的体制机制，有效地激发经营主体的创业积极性，为其提供更多的发展机遇和空间。其次，深化国有企业改革，提升其核心能力和竞争力，从而推动整个国民经济的发展，同时，努力推动民营企业的健康发展，保障其市场准入和权益保护，保持市场经济健康发展。再次，促进中小企业的发展，着力推进全国统一市场的建设，解决市场分立和地区壁垒问题，实现全国范围内的市场公平与流通顺畅，降低流通成本，提高物流效率，为实现高质量发展提供更加便捷的条件。最后，改革财税和金融体制，深入研究和谋划新的改革举措，以提高整体经济效益，促进经济的长期稳定发展，深化重点领域改革，推动高质量发展和现代化建设，特别是在国有企业改革、保护民营企业权益、加速市场统一等方面的工作，有效地提升整体经济效益。

（5）坚持科技创新，推动现代化产业体系建设。第一，加强基础研究和应用研究，鼓励企业和研究机构进行基础研究和应用研究，提高科技成果转化率。第二，建立科技创新机制，增强知识产权保护，鼓励创新，保护创新成果。发展新的产业体系、采用新的运作模式和引入新的发展动能，提升产业链和供应链的韧性。第三，推动人工智能快速发展，迎接战略性新兴产业和未来产业的新机遇，为经济发展注入强大动力。第四，加

---

① 韩长赋. 关于实施乡村振兴战略的几个问题 [J]. 农村工作通讯，2019（18）：12-19.

强传统产业的转型升级，广泛应用智能技术和绿色技术来深化传统产业的发展。数字经济的发展、人工智能技术的应用以及战略性新兴产业的壮大都将在科技创新中起到至关重要的作用，有助于实现产业结构的优化升级，推动经济持续健康发展。

（6）防范重点行业重点领域的突出风险。第一，打击金融活动中的非法行为，牢固树立底线思维，严守金融风险底线，特别是地方债务和中小金融机构引发的系统性风险。第二，解决地方债务风险至关重要，经济大省要为稳定全国经济作出贡献。第三，推进城中村改造、保障房住房、公共基础设施等"三大工程"建设，以满足人民对于住房和城市建设的需求。第四，优化房地产发展思路，健全房地产相关制度。关注房地产行业风险点，解决不同所有制房地产的资金需求，为其提供必要的支持和帮助。因此，我们需要加强制度建设，综合施策，实现房地产市场平稳、健康的发展，确保经济的稳定和持续发展。

（7）落实新型城镇化和乡村全面振兴，推进城乡要素的双向流动。第一，提升城乡之间的交通和通信网络的通达度，优化重大生产力布局，改善农村基础设施，提供更多的就业机会和岗位，推动城乡融合发展。第二，加强对农村地区的教育和医疗资源的投入，以提高农村居民的生活质量和福利水平，建设智慧城市，打造宜居城市，利用信息和通信技术提高城市的管理和服务水平，按照主体功能定位构建新发展格局。第三，城市规划和发展要考虑到不同的功能要求，如产业发展、生态保护和社会服务，加强城市基础设施的建设，提高城市的抗灾能力和可持续发展水平。第四，加强对新兴产业和高新技术产业的支持和引导，促进经济发展的创新和升级。第五，加强国家战略腹地建设，加大对中西部地区的政策支持和投资，提高地区的发展水平和竞争力，实现区域协调发展。第六，加强对边远地区的开发和保护，促进区域间的良性竞争和合作。

推进经济建设，需要贯彻国家经济工作规划和总体要求，全面应对国际国内形势的变化和不确定性；认真协调好安全与发展、宏观经济表现与微观数据、质量与速度、民生改善与经济提升的多重关系，引领经济向上拉升[①]；提高政策评估的有效性，加强一揽子政策的系统协调性，优化政策的传导机制，扎实推动经济的高质量发展。

---

① 李后强. 把握经济政策的"冗余度"[J]. 当代县域经济，2024（2）：6-8.

3.1.3　中国式现代化的农业高质量发展

中国式现代化是实现中华民族复兴的必经之路，是我国持续奋斗的伟大征程①。高质量发展是推进中国式现代化的第一要务，是推进中国式现代化的新动能，有助于构建高质量发展体系和中国式现代化发展格局②。党的二十大报告指出，"中国式现代化是全体人民共同富裕的现代化"③。高质量发展是新时代不可或缺的要求，必须全面、准确、完整地贯彻新发展理念，提高经济发展的质量和效益，注重创新和协同发展。高质量发展是实现农村现代化的重要路径，是实现共同富裕的现实逻辑和基础④。而农业高质量发展可以显著促进共同富裕的实现，呈现出持续增强的动态特性⑤。高质量发展具有深厚的理论基础和渊源，代表着农业生产力水平的提高，是对农业产业结构的进一步优化，以及对农业生产关系的逐步完善⑥。

在新发展阶段，农业高质量发展具有重要作用。高质量发展是兴农、富农、强农的根本之道。高质量发展的系列阐述和理论为农业高质量发展提供了明确的方向和指引。首先，农业高质量发展是巩固和拓展脱贫攻坚成果的重要抓手。脱贫攻坚是我国的重大战略，而农业是贫困地区群众的重要收入来源⑦。因此，通过推进农业高质量发展，可以有效地提高贫困地区农民的收入水平，巩固和拓展脱贫攻坚成果。其次，农业高质量发展是推进乡村振兴和开创农业新局面的关键。乡村振兴是习近平总书记提出的重大战略，而农业是乡村经济的基础。通过农业高质量发展，可以推动农村经济的蓬勃发展，增加农民的收入，提升农村的基础设施和公共服务

---

① 纪玉山，代栓平，刘美平，等. 高质量发展与中国式现代化笔谈 [J]. 工业技术经济，2023，42（11）：3-25.

② 戚聿东，杜博. 数字经济、高质量发展与推进中国式现代化 [J]. 山东大学学报（哲学社会科学版），2024（1）：108-124.

③ 习近平. 高举中国特色社会主义伟大旗帜为全面建设社会主义现代化国家而团结奋斗：在中国共产党第二十次全国代表大会上的报告 [N]. 人民日报，2022-10-26（1）.

④ 宋才发. 在高质量发展中实现共同富裕目标 [J]. 北方民族大学学报，2023（6）：134-144.

⑤ 赵峰. 农业高质量发展赋能共同富裕的实证检验 [J]. 技术经济与管理研究，2023（10）：123-128.

⑥ 张合成. 推进新时代农业高质量发展 [J]. 中国党政干部论坛，2022（6）：6-13.

⑦ 马媛，王冰. 新发展阶段下河南省农业高质量发展研究 [J]. 农业经济，2023（12）：34-35.

水平，实现乡村振兴。习近平总书记强调了农业农村优先发展、巩固拓展脱贫攻坚成果以及建设农业强国的重要性，这表明农业高质量发展在实现国家发展目标中起到至关重要的作用。因此，我们必须将发展农业放在优先位置，加大投入和政策支持，推动农业实现更高质量的发展。农业高质量发展对于巩固脱贫攻坚成果和推动乡村振兴具有重要意义。将农业发展放在优先位置，加快建设农业强国，是未来农业发展的方向和目标。因此，我国需要深入实施农业高质量发展战略，促进农业产业升级和科技创新，提高农业生产水平和农民收入水平，为实现全面建设社会主义现代化国家作出积极贡献。

3.1.3.1 坚持把高质量发展作为现代农业体系的硬道理

发展是解决我国农业问题的关键和根本对策。习近平总书记强调："我们党领导人民治国理政，很重要的一个方面就是要回答好实现什么样的发展、怎样实现发展这个重大问题。"党的十八大以来，以习近平同志为核心的党中央在新的历史方位下进行了理论和实践上的探索和创新。在新的发展阶段，党中央坚决贯彻新发展理念，践行以人民为中心的发展思想，坚定创新、协调、绿色、开放、共享的发展理念[①]。党中央认识到经济发展的质量与速度、效益与规模之间的关系，提出了推动经济由高速增长阶段转向高质量发展阶段的重要理论观点。党中央积极推动经济转型升级，培育新的经济增长点，推动产业结构优化升级，在新的发展阶段建立了新的发展格局，即区域协调发展格局和城乡融合发展格局。新发展格局能有效解决发展中存在的不平衡问题，推动各个地区、各个领域的协同发展。党中央科学提出了高质量发展的重大问题，并通过探索和实践寻找到了适应当前发展阶段的路径和模式。这些为实现经济社会的持续健康发展提供了重要指导和支持。习近平总书记在二〇二四年新年贺词中指出："我们要坚定不移推进中国式现代化，完整、准确、全面贯彻新发展理念，加快构建新发展格局，着力推动高质量发展，统筹好发展和安全。"

新时代的农业工作必须坚持高质量发展，贯彻新发展理念。将科技创新作为农业发展的第一动力，将产业协调融合作为农业发展的结构要求，将绿色低碳作为农业发展的根本思路，将开放共享作为农业发展的必经之路和根本目标，是习近平新时代中国特色社会主义思想在农业改革中的重

---

① 陈毅生. 深刻认识和理解新时代中国社会主要矛盾的转化［J］. 理论与当代，2018（1）：8-10.

大实践。农业从"硬道理"到"现代化下的硬道理",从"发展"到"高质量发展",既是发展传承又是开拓创新、与时俱进。把农业高质量发展作为新时代的硬道理,具有深厚的现实逻辑和理论意义,对实现中国式现代化农业的美好愿景具有深刻价值。

从发展环境来看,农业发展必须坚持与时俱进。发展会随着环境的变化不断向纵深推进,环境不断发展变化,发展理念和思路也必须更替改变。当前,我国面临着世界百年未有之大变局,农业国际竞争加剧,农业供应链产业链不确定性和风险因素陡增,贸易保护主义、单边主义和不对等的经济制裁明显上升,农业发展面临动荡的环境和变革期。同时,农业新一轮的技术创新和产业经营模式变革使国际农业竞争更加激烈。因此,为了有力应对国际环境变化对我国农业发展的冲击,防范化解农业发展中面临的各项风险,我国必须走高质量发展的路子,"苦练内功",紧紧把握住农业发展的主动权,持续扩大自身优势,避免被"牵着鼻子走"。我国应坚决杜绝以牺牲生态环境为代价追求经济简单粗放式增长,坚决避免以农业生产值总额和增长率论成败,坚持走高质量发展的道路,将其作为一项长期的事业来看待和实现。我国还应把高质量发展作为新时代新形势下农业发展的根本路径,谋划农业发展新格局,增强农业发展的创新性和独立性,实现农业高水平安全发展①。

从发展的目的来看,必须将新时代新形势下人民对农产品日益增长的高需求作为农业高质量发展的内在要求。推动农业发展,本质就是为了满足人民日益增长的对农产品的高质量需求,是对以人民为中心的发展理念的深刻践行。高品质的农业产品离不开高质量发展,需要高质量发展的坚实支撑。农业高质量发展只有确立了以人民为中心的理念,发展才有了灵魂、意义和内在动力,才能提升农业发展的持久力和韧性。经过四十多年的改革开放,我国农业发展取得了丰硕的成果,吃饱穿暖的需求已经得到满足。在满足基本的生活需求后,人们更加注重高品质农产品的消费,新的消费理念和消费方式逐步形成。因此,要满足人民日益增长的对高品质农产品的需求,关键就在于高质量的农产品供给的形成,归根到底也就是要实现农业的高质量发展。只有将高质量发展作为新时代新形势下农业改革的根本路径,才能形成门类丰富、高效优质的产能体系,才能提供更为

---

① 任理轩. 必须把坚持高质量发展作为新时代的硬道理 [N]. 人民日报, 2024 - 01 - 08 (09).

多元、更为完善、更为优质的农产品。

从发展阶段和特征来看，高质量发展是我国农业在进入新发展阶段后的根本要求。我国农业发展呈阶梯式上升特性，必须尊重经济发展和产业结构高速发展的客观规律。我国农业经济规模位于全球前列，但农业产品结构、质量和效益还亟须提升。在新发展阶段，我国农业的配置效率、生产要素构成发生了重大变化，资源环境容忍空间逐步压缩，原有的农业生产投入产出模式难以为继，只有把高质量发展作为新时代农业发展的根本要求，才能推动农业在质和量方面的双重提升，才能增强农业的可持续发展能力。坚定农业高质量发展的硬道理，必须坚定战略定力和历史耐心，充分发挥"五个战略性有利条件"和"四大优势"，坚持农业高质量发展的思路毫不动摇；推动农业高质量发展，要有"十年磨一剑"的耐心，稳扎稳打，步步推进，既要干在当下，也要只争朝夕，既要放眼长远，也要拥有耐心。

3.1.3.2　坚持农业高质量发展和高水平安全"双管齐下"

习近平总书记指出："统筹发展和安全，增强忧患意识，做到居安思危，是我们党治国理政的一个重大原则。"① 国家安全和社会稳定是改革发展前提和基础，只有国家安全和社会稳定，改革发展才能持续推进②。推动创新发展、协调发展、绿色发展、开放发展、共享发展，前提和基础就是稳定和安全。坚持以农业高质量发展推动农业高水平安全，需要以农业高水平安全为农业高质量发展"保驾护航"，实现发展与安全相互促进、动态平衡。当今国际粮食市场形势严峻，国际粮食市场变动对各国粮食供应产生重大影响，保障粮食供应安全已成为国家安全战略的重要组成部分。维持粮食库存安全、价格平稳、市场调控及时有力，是我国粮食政策的主要内容。2023 年两会期间，习近平总书记在参加江苏省代表团审议时指出："要严守耕地红线，稳定粮食播种面积，加强高标准农田建设，切实保障粮食和重要农产品稳定安全供给。"2023 年 9 月，习近平总书记主持召开新时代推动东北全面振兴座谈会时强调："要始终把保障国家粮食安全摆在首位，加快实现农业农村现代化，提高粮食综合生产能力，确保平时产得出、供得足，极端情况下顶得上、靠得住。"农业生产要充分发

---

① 习近平. 在中央国家安全委员会第一次会议上的讲话［N］. 人民日报，2014 - 04 - 15
（01）.

② 习近平. 十八大以来重要文献选编（上）［M］. 北京：中央文献出版社，2014：506.

挥积极作为的精神，落实粮食安全责任，综合制策施策，牢牢把握住粮食底线和安全。

第一，加强农业防灾减灾，保障粮食产量稳定、争创丰收。2023年中央经济工作会议指出要毫不放松抓好粮食等重要农产品稳定安全供给。全球粮食供应链产业链仍不稳定，风险因素长期存在，粮食供求处于紧平衡状态，我国需要把提高农业产量和效率摆在更加重要的位置，统筹粮食生产区域布局，优化农业生产结构，完善主产区利益补偿机制，走中国特色的高安全农业发展道路。另外，我国还应采取各种措施以减轻灾害对农业生产的不利影响，例如，建立农业保险制度，能够为农民提供灾害损失的补偿，减轻灾害对农业生产的冲击；加强灌溉设施建设，提高农田排水能力，能够有效应对洪涝灾害，保护农作物免受水害；加强气象监测和预警系统，及时发布灾害风险提示，能够减少作物受灾的可能性和降低损失程度。通过深入落实农业防灾减灾工作，能够将农业生产受灾风险的损失降到最低，保障全年粮食产量的稳定和安全。

第二，制定惠农富农政策，充分调动农民进行农业生产的积极性。首先，建立现代化的农田灌溉排水设施，保障农业安全生产，降低自然气候对农业稳产增产的不利影响。其次，加大对粮食的一次性补贴，对主要粮食作物建立完全成本保险和种植收入保险制度，将制度落实到全国全部主要产粮区。最后，通过一系列政策支持和优惠，增加农业生产利润和收益，提高农民种粮热情，激发农民继续从事农业生产的动力和积极性。

第三，坚定落实藏粮于地、藏粮于技的路线，提高粮食生产能力和安全性。开发轮作项目，提高土地使用率，保持土地肥力；充分利用边角零散地块，化零为整，实现"小田变大田""小地变大地"，增加耕地面积；加大对农业种植结构和面积产量的权重考核，提高粮食种植面积，提高粮食生产的稳定性和可持续性；审定重要农作物新品种，加大发展种业"芯片"，保障种子安全；建立高标准农田，提升农田水利设施质量；提高农业产量，把大面积单产作为粮食生产的"头号工程"，充分发挥各地土地资源的优势，有效提高粮食生产的效益；加强技术创新和应用，提高农业生产的科学性和先进性，进一步提升粮食生产的水平和质量。

3.1.3.3 深化农业供给侧结构性改革，推动产业融合发展

第一，农业在国民经济体系中处于基础地位，高质量发展是现代农业发展的基本特征。农业高质量发展对促进乡村振兴、四化同步具有重要现

实意义。在新发展阶段，农业的发展需要以高质量为目标，以提高农产品产量和质量为核心，以增加农业效益和农民收入为导向。同时，农业高质量发展也是新发展阶段的重要任务，农业的发展需要注重优化农业结构、提高农业生产水平、加强农业科技创新，以增加农业现代化水平。此外，推进农业高质量发展还是新发展阶段的现实需求，农业的发展需要紧紧抓住当前农业发展面临的问题和挑战，寻求解决之道，以推动农业持续健康发展。因此，推进农业高质量发展对实现农业现代化和整个现代化具有基础性、关键性和紧迫性的意义。此外，推动农业高质量发展还能够符合人民需求，顺应市场需求，实现农业可持续发展。

第二，农业高质量发展是新发展格局的重要组成部分。农业的高质量发展是支撑国内大循环的重要环节，通过农业高质量发展，能够有效激发农村消费市场潜力，促进内需增长，满足市场需求，开拓农民增收渠道，增强农民消费能力，进一步巩固和扩大内需市场。此外，农业的高质量发展也是推动国内国际双循环的重要动力。农业产业需提升对外合作层次，主动融入新的发展格局。在当前的经济发展过程中，坚持高质量发展对农业至关重要，必须致力于提升农业产业的质量和效益。为此，我们需要构建国内国际双循环模式，实现农业的双重发展。一方面，通过提高农业的开放水平，吸引更多国际合作伙伴参与到我国的农业领域中来，引进先进的技术和管理经验，促进农业的发展与创新。另一方面，在国内市场中，我们需要提高农业产业的质量和效益，提升农产品的附加值和竞争力。通过以上方式，可以推动农业成为国内国际双循环的重要引擎，实现农业的可持续发展，促进农村地区的经济发展。因此，构建国内国际双循环的农业发展模式是符合我国国情和发展需求的重要路径，也是推动我国经济发展主动融入全球化格局，实现产业提质增效的重要路径。

第三，我国农业发展面临两个挑战：农业总量不足以及结构失衡。虽然我国农业产量在过去几十年有显著增长，但供需之间仍存在不平衡，供给矛盾是主要问题。因此，我们需要加强农业供给侧结构性改革以解决发展中的瓶颈问题；需要不断推进质量兴农、品牌强农行动，构建高质量的农产品供给体系，增加优质、绿色、安全的农产品供给，以满足不断升级的农产品消费需求；通过推动农业高质量发展，进一步提高农产品的竞争力和附加值，实现农业的可持续发展。在农业生产中，我们需要不断调整和完善农业生产结构，以适应市场需求和资源环境的变化；积极扩大紧缺农产品的生产，确保市场供应稳定和充足。对于供给过剩的农产品，我们应适度减量，避免资源浪费、降低环境压力。保护特定区域的农产品生产，加大农产品保护区建设力度，提供必要的支持和保障措施。健全农产品质量安全链条监管体系，严格把关产品质量和安全。鼓励和推动农业标准化生产发展，提高农产品质量和标准化程度。通过以上措施，增加绿色优质农产品供给，保证农产品安全和质量，打造安全放心的中国农产品知名品牌，创建特色区域品牌和公共品牌，建设"品牌中国"。

3.1.3.4　合理评价农业高质量发展水平

（1）农业高质量发展的科学内涵是高质高效，强调绿色兴农、质量兴农，推进农业绿色化、特色化、产业化的高效发展，持续提升农业的竞争力，主要是做到"六高"：①提高农业经济效益和经济附加值，构建现代化的农业产业经营体系，实现农业与其他产业的深度融合，发挥产业协调和产业互补机制，优化优化农业功能，推进农业向更高业态、更加多元方向发展；②提高农业生产效率和资源利用率，由粗放型增长方式向集约型生产方式转变，实施技术创新战略，构建资源节约型、环境友好型的农业发展模式，实现农业绿色低碳发展；③提高农业产品质量，保障农业产品安全供给，提高农业产品质量、口感、营养、品类，满足消费者多元化、健康化、生态化的消费需求；④提高农业产值和农民收入，让农业改革和发展的成果惠及更多的农民，让农民充分参与、组织建立新型农业经营主体，构建农户利益联结机制，提高农民农业合作的积极性，探索利润提成、保底分红、资产入股等多元化的利益分享方式；⑤提高农业经营者经营能力和水平，鼓励拥有丰富的组织经营经验、先进的生产技术的人员参与农业生产，培养一批现代化的新型农业从业者，加强农业技术培训，加强多级农业服务组织建设；⑥提高我国农业国际竞争能力，立足国际农业发展态势，提高农产品质量，根据区域情况发展适宜本地特色的农产品，建设中国农业品牌，建立农业强国①。这"六高"从不同角度、不同方面反映农业高质量发展的要求，有利于推进乡村振兴工作，实现中国式的现代化农业建设和发展。

（2）农业高质量发展的目标是实现农业现代化。未来农业发展的方向就是要实现农业现代化和农业的高质量发展，即"两位一体"，利用农业

---

① 韩长赋. 大力推进质量兴农绿色兴农　加快实现农业高质量发展 [N]. 农民日报，2018-02-27（01）.

技术创新和制度改革提升农业生产水平。就当前我国农业发展情况来讲，主要是从以下五个方面进行。①提升农业的绿色低碳水平。绿色低碳发展是农业高质量发展和现代化建设的重要目标，需要平衡短期和长期目标，提高农业绿色低碳技术的可行性及经济性。②提高农业机械化水平。我国农业机械使用存在着区域分布差异的特点，如南方丘陵和山区受限于地形条件，农业机械使用率还比较低。因此，应根据地形地貌条件进行田地改造，建立标准化农田及设施，提高农业机械综合化率。③构建农业发展成果共享机制。基于农业全产业链角度，针对农业产业链不同环节的农业经营主体建立公平的利益分配机制，尤其是向农业产业链低端的从业者进行适当的倾斜，提高农业生产经营的积极性。④深度融合农业与数字化经营。现代农业的高质量发展，需要利用最新的大数据、人工智能、物联网等信息技术，提升农业的数字化及智能化水平，通过数字农业的广泛实践，降低化肥、农药、薄膜等生产要素在农业生产中的使用比例，实现农业的高质量发展。⑤丰富农业价值及功能定位。农业价值不限于农产品本身的有限价值，更在于农业与其他产业的有效融合，以形成更具现代意义和人文理念的乡村价值。乡村价值的提升是解决"三农"问题的关键，对农业价值及功能定位进行了延伸和扩展，合力解决农业生产方式、机制建设及生产技术的系统性问题[①]。

（3）正确认识农业发展短板是突破农业高质量发展瓶颈的关键所在。

第一，我国农业的科技自主创新能力还比较薄弱。目前，我国农业科技整体水平已接近世界前列，农业科技进步贡献率达62.4%（相较于2012年的54.5%已增加近8%），作物良种覆盖率超过96%，品种单产贡献率达45%，畜禽、水产核心种源自给率分别超过75%和85%，农作物耕种收综合机械化率达到73%，科技在农业生产效率提升中的贡献比重逐步加大，为我国农业发展提供了强有力的基础性和战略性支撑[②]。而相比发达国家的科技进步贡献率而言（70%~80%），我国仍然存在一定的差距。我国每年有6 000~7 000项农业科技成果，但是成果转化率仅为30%~40%，而日本、美国的农业科技成果转化率达到70%~80%，英国、德国、法国的农业科技成果转化率甚至达到了90%，我国农业的科技成果转化和市场化运

① 杜志雄，陈文胜，陆福兴，等.全面推进乡村振兴：解读中央一号文件（笔谈）[J].湖南师范大学社会科学学报，2022，51（3）：10-26.
② 孙眉.科研创新成果显著 科技支撑力度强劲 [N].农民日报，2023-12-23（08）.

用存在较大的发展潜力和空间。因此，建立现代农业科技创新体系，提高农业科技整体水平，顺应农业科技发展潮流，打造现代农业科学中心、创新高地和人才集聚中心，是提高我国农业科技创新水平的目标定位。

第二，正确认识农业环境的资源限制。经过农业的供给侧结构性改革，我国生态环境质量得到显著提高，环境污染得到明显改观，农药、化肥等资源投入明显减少。第三次全国国土调查主要数据公报显示，我国耕地面积持续减少，生态建设、耕地保护、集约节约用地等方面存在较大压力，严格落实耕地保护制度和责任迫在眉睫。玉米、水稻、小麦等主粮的农药化肥使用率低于西方先进水平。因此，我国需要严格管控"非粮化"，坚决遏制耕地"非农化"现象，严格控制耕地转化为其他性质的用地，提高土地开发效率，坚持土地集约节约开发利用，推动节地模式，加强农业生态建设。

第三，正确认识农户农业生产增收稳定性不足的问题。目前，我国农业绿色品牌的申请数、认证数呈现持续增长的趋势，但绿色农业产品的单位价格持续降低，农业绿色品牌效应发挥还不明显，产品附加值还比较低，消费者对绿色品牌认可度还不够高，与普通农业品牌的宣传推广理念没有明显的差异，没有建立起显著的比较优势。初级农产品收益较低，存在着农产品质量与价格不对等、销售渠道受限等问题。传统农户由于生产经营的分散性，抗市场系统性风险能力和自然变化风险的能力还比较薄弱，农民收入稳定性不足，导致优质农产品生产的主动性和积极性较低。

第四，正确认识农业生产品种的结构性失衡问题。当前我国农产品存在着供给需求的结构性落差，农产品的季节性波动、周期性波动、区域性波动仍大量存在，不利于维护农业生产经营的稳定性。从农业投入要素方面来看，资本、技术、人才等生产要素流动到农业领域的驱动力仍然不足，农业技术革新、农业生产经营规模、农业资金来源存在较大限制。从区域结构方面来看，全国农产品产量分布结构不平衡，农业产品主产区供给压力巨大，南北地区的种粮、蔬菜运输距离过大，加大了运输成本和自产区的供给压力。从品质结构方面来看，中低端农产品需求得到较好的满足，但高端优质农产品的需求还存在着较大的缺口。

（4）建立农业高质量发展水平的评价体系。一是确立农业供给侧结构性改革方向。农业高质量发展要对接农产品最急切、矛盾最广泛的市场需求，建立现代化的农业生产体系和经营体系，适应消费者多元化、多层次、高阶性的消费需求。二是坚持效益与质量并举的评价原则。农业高质量发展需要摒弃以往单纯追求高产量的目标，坚持绿色兴农、低碳兴农、生态兴农，提高农业的综合竞争力。三是聚焦农业优先发展。为推动农业的高质量发展，需要在技术、人力、资本等生产要素方面"大做文章"，提高资源利用效率，建立产业融合协调发展机制，实现农业生产要素的合理配置和有序流动。四是重点关注农业科技贡献率和成果转化率。农业高质量发展要重视农业全要素生产率的提高，从能源资源依赖路径转化到科学技术驱动战略，既有效提高农业生产效率和产值，又能推进农业生态文明建设。五是评估政策组合工具的有效性。农业高质量发展离不开金融、技术、环保等政策的支持，因此，需要考虑农业宏观政策和微观政策的协调平衡，构建富有活力、公平透明的市场机制，充分发挥政府宏观调控和市场资源配置的双重作用，努力确保农业生产和供给的稳定性和持续性①。

3.2 生态文明视域下的农业现代化

3.2.1 生态文明的要义是建设人与自然的生命共同体

进化论认为，人类由古猿进化而来。进化论的观点充分揭示了人类与自然的密切联系，人类演化与自然密不可分，相互交融，两者相互影响。人类的一切生产活动资源都来自自然，受到自然资源的限制，人类的活动也在影响着自然环境。因此，人们必须深刻意识到自身与自然之间的相互依赖关系，采取必要的措施和行动维护生态平衡、保护自然资源，确保人类社会能够持续繁荣发展。

马克思理论中，人与自然的和谐共生的观点极其重要。马克思指出，"人靠自然界生活""人是自然界的一部分"。人类的生产、生活都离不开自然环境的支持，人类不能违背自然规律，否则会受到自然的惩罚，带来严重的后果和灾难。对希腊、美索不达米亚平原所发生的破坏自然的现象，恩格斯认为，"我们不要过分陶醉于我们人类对自然界的胜利。对于每一次这样的胜利，自然界都对我们进行报复"。马克思和恩格斯的思想深刻地揭示了人与自然的依存关系，人类的发展源泉来自自然，如果不尊

---

① 张合成. 推进新时代农业高质量发展［J］. 中国党政干部论坛，2022（6）：6-13.

重和保护自然，同样也会受到自然的惩罚和淘汰。辩证唯物主义自然观提出"社会是人同自然界的完成了的本质的统一"①，为习近平生态文明思想提供了坚实的哲学基础。

正如威尔·杜兰在其著作《世界文明史》中所说，"人类历史不过是生物发展史上的一个片断。人是世界上无数生物中的一种，和其他生物一样，人类也在不断地为生存而斗争，为适者生存而竞赛。所有的心理学、哲学、政治策略和乌托邦的幻想都必须遵循生物法则"。一部人类农业文明史，实质上就是人与自然关系的发展史。在原始农业阶段，人们主要依靠手工采摘、渔猎获取生存物资。进入农业文明时代后，人类开始利用自然、改造自然，主动从自然获取资源以保障农业生产的稳定性，以满足自身的生存需要，催生了灿烂的传统农耕文明。而人类在进入石油农业后，开始无节制地向自然索取资源，萌生了征服自然、超越自然、凌驾于自然之上的理念，人类的农业生产在产量得到极大提高的同时，也对自然环境造成了极大的破坏，生态环境逐步失衡。这一系列问题出现后，人类开始意识到保护自然环境的重要性，把生态环境重构纳入人类社会活动中的重要议题中，开始注意修复生态环境的创伤，保护环境，维护生态平衡。人类对人与自然关系进行了重新的思考，人与自然的关系进入了崭新的时代。

如今，生态环境的保护已成为人类需要共同解决的急迫问题。进入工业革命以后，工业化进程对农业生产方式和经营方式带来了深刻的影响，农业环境污染严重，农业生产过度依赖机械设备，化肥、农药在农业生产过程中大量使用。农业生产中的温室气体效应日益显著，气候变化、大气污染、酸雨降临、生物多样性锐减等生态问题给人类的生活、生存和生产环境带来了严重的挑战。如果农业生产方式不加以转变，人类继续采取竭泽而渔、不计后果的方式，将会产生更加严重和恶劣的生态环境问题。人类与自然建立的生命共同体是一荣俱荣、一损俱损的关系，没有任何人能够独善其身，游离于自然环境之外。世界各国唯有同舟共济、携手前进，共同治愈生态环境创伤，构建人与自然和谐共生的生命共同体，才能够共建人类美好家园，让生态文明之路行稳致远，让农业文明更加绚烂璀璨②。

① 马克思，恩格斯. 马克思恩格斯文集：第 1 卷 [M]. 中共中央马克思恩格斯列宁斯大林著作编译局，译. 北京：人民出版社，2009：187.

② 生态兴则文明兴：中国是怎样走上绿色发展之路的？[N]. 人民日报，2019-08-09（08）.

我国古代的许多先贤曾提出众多关于人与自然关系营建的朴素理论，充分关注人类生产活动对自然环境产生的影响。如老子提出"人法地，地法天，天法道，道法自然"，主张人类活动要尊重自然规律；孟子提出"不违农时，谷物不可胜食也"的思想主张，提倡人类活动要"天人合一"；道家提出"道行之而成，物谓之而然，有自也而不然"的思想，主张人类活动要回归自然，适应自然。古人与自然的关系复杂而深刻，不仅提出了对生存和生命的依托，更是形成了文化和精神的源泉。古人深入观察、辨析和认知气候、自然、动植物等自然要素，感知自然、尊重自然、融入自然，与自然和谐共处，体现了人类对自然的一种深厚的哲学思考和处世方式。在现代农业社会，人类面临着气候变化、资源枯竭、环境破坏等一系列严峻问题和挑战，需要人类认真地重新审视其与自然的关系。尽管现代科技飞速发展，社会变化日新月异，我们仍然可以从古人那里汲取营养和智慧，充分尊重自然，构建人与自然的和谐共生关系，建立尊重自然和保护自然的世界观和价值观，实现人与自然的持续健康发展。

当前我国生态文明建设面临着新的形势和任务。在战略环境方面，我国生态环境保护面临巨大变化，产业结构转型和能源利用发展任务艰巨。在战略任务方面，我们要全面建设社会主义现代化强国，就要尊重自然、保护自然、顺应自然，建设人与自然和谐共处的现代化。在战略要求方面，党的二十大明确提出高质量发展是实现中国式现代化的首要任务，推动经济社会发展绿色化、低碳化是实现高质量发展的关键环节，我们需要通过环境保护、污染治理、产业优化有效应对气候变化，促进人与自然和谐共生，坚持生态优先、集约创新发展。在战略机遇方面，我国现代化建设为进一步推进生态文明建设提供了充足的物质基础和经验积累，新一轮生态产业革命呼之欲出。推动生态文明建设是大势所趋、人心所向，在战略过程方面，我国生态文明建设已经全面进入了生态环境质的改善、绿色转型的关键期，处在减污降碳、节能增效的攻坚阶段[①]。

在中国式现代化发展的新阶段，我国生态文明建设具有理论、战略、制度、文化、空间和机遇等方面的综合优势（见图3-1）。理论优势方面，习近平生态文明思想与马克思主义生态思想具有内在的一致性，是马克思主义生态思想在中国特殊国情下的逻辑演进，尊重人与自然的关系的价值

---

① 孙金龙. 深入学习贯彻习近平生态文明思想 努力建设人与自然和谐共生的现代化 [N]. 光明日报，2022-12-27（11）.

统一。战略优势方面，我国将生态文明建设纳入国家长远发展规划，在
"五位一体"的总体布局下稳步持续推进，增强生态文明建设的历史使命
感和实践性。制度优势方面，党中央集中统一领导有力加强了生态文明建
设的高效性，制度优势显著提升了治理效能，制度与治理具有高质量的转
化效率。文化优势方面，我国具有深厚的传统生态思想，构成了强有力的
自我文化认同感，积淀了绿色发展、勤俭节约的生态文化基因。空间优势
方面，中国式现代化的生态文明建设，构建了区域联动发展、城乡二元平
衡发展的协调空间优势，防范治理风险的韧性空间优势，人与自然"天人
合一"的绿色空间优势，承载了生态文明建设的治理现代化和空间载体。
后发优势方面，中国式现代化的生态文明建设充分发挥学习性优势、机遇
性优势和动力性优势，坚持绿色技术创新，努力推动生态文明建设的新
征程。

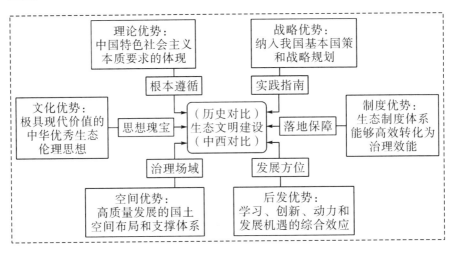

图 3-1　中国生态文明建设发展的比较优势①

　　根据我国生态文明建设所面临的新形势和新任务，结合我国生态文明
建设的比较优势，需要深刻理解习近平生态文明思想，以全新视角进行理
论探索和实践创新。习近平生态文明思想具有深厚的生态情怀、人民情
怀、文化情怀、天下情怀和民族情怀，主张坚持生态发展，建立社会主义
生态价值观念体系，改进生态环境质量，共同应对全球环境问题，加强生

---

　　① 陆卫明，冯晔. 论新发展阶段生态文明建设的中国优势［J］. 西安交通大学学报（社会科
学版），2021，41（4）：76-87.

78　现代农业绿色低碳发展：实践、路径与政策研究

态环境保护交流与合作，共建优美生态环境。坚持习近平生态文明思想，加强人与自然和谐共处，合力推进建设美丽新中国，需要维护生态多样性和稳定性，完善生态产品价值实现机制，加强生态评估、修复和保护；扎实推进污染防治攻坚，加强生态治理和污染治理，开展污染源防控行动；牢守美丽新中国安全底线，加强生态安全风险评估、监测和处理，推动安全高质量发展；开展生态文明建设全民行动，弘扬生态文化和文明健康的生活方式与消费方式；加快绿色转型发展，开展降碳减污创新行动，大力发展战略性新兴产业和绿色环保产业；加强生态环保保障体系建设，改革生态文明体制，严格落实和执行生态环境治理制度，构建数字化环保治理体系，建设洁净美丽新世界①。深刻把握习近平生态文明思想，要求坚持党的全面领导，坚持人与自然的和谐共生，坚持生态兴则文明兴，坚持绿色发展观的深刻理论，坚持绿水青山就是金山银山的理念，坚持以良好生态环境为民众谋福祉，坚持落实生态环境保护制度，推动建立现代化的生态环境治理体系和治理能力，把建设美丽新中国作为全体人民的共同行动，走生态文明建设的发展道路②。走中国式现代化的生态文明建设道路，需要充分落实生态文明建设的政治担当，推动绿色低碳发展转型，加大生态环境保护和修复力度，保护生态环境，推动生态环境现代化治理水平，描绘生态文明建设的新蓝图③。

3.2.2 生态文明建设是农业现代化的科学内涵

现代农业的产生是人与自然的关系不断得到完善和提升的结果。与原始农业和传统农业相比，现代农业的生产手段和生产方式显著不同，科学技术和经营理念更是具有明显差异。现代农业突破农业生产的时间和空间限制，形成了"生产—加工—销售"一体化的完整产业链。现代农业通过"生产—加工—销售"的产业链体系，有效融合产业资源，以现代经营模式为理念指导，以现代科学为技术支撑，形成了一二三产业链深度融合发展新格局。生态文明作为处理人与自然关系的准则，是继农耕文明、工业

---

① 孙金龙，黄润秋. 全面推进美丽中国建设 加快推进人与自然和谐共生的现代化 [N]. 人民日报，2024-01-16 (14).

② 习近平生态文明思想研究中心. 深入学习贯彻习近平生态文明思想 [N]. 人民日报，2022-08-19 (01).

③ 习近平. 以美丽中国建设全面推进人与自然和谐共生的现代化 [J]. 求是，2023 (15)：1.

文明之后出现的全新文明形态。生态文明深刻地反映了生态政治制度、生态文明意识、生态文明理念、生态产业融合、生态生活方式、生态经营模式、生态环境保护等内容，是对政治文明、社会文明、物质文明和精神文明的集中体现和总体凝练。工业农业过分依赖化石能源，农业生产过程中化石能源投入比重过高，产生了严重的环境污染和生态破坏。目前，工业农业生产所产生的环境污染越来越严重，资源消耗所带来的环境治理成本和生态恢复代价越来越高。因此，发展现代农业必须深度融合生态文明理念，建设现代农业生态文明，大力发展现代生态农业。当现代生态农业得到有效发展，才能真正完成以农业增农民收入、以农业促农村建设的目标，实现农业长期健康持续发展[①]。

我国现代农业与西方生态农业和现代农业有着明显的区别和差异。我国的现代农业重视"不违农时，谷不可胜食也；数罟不入洿池，鱼鳖不可胜食也；斧斤以时入山林，材木不可胜用也""天人合一"等思想，强调农业生产活动应尊重自然，保护自然，与我国在新时代新形势下所提倡的人与自然和谐共处的理念具有内在一致性。西方现代农业更注重提高农业劳动生产率、资本效益和经济价值的实现，提倡规模化种植和大农业劳作方式；西方国家的生态农业是根据农作物的自然生长规律发展有机农业，构建环境友好型农业。与之相对比的是，我国现代农业强调农业科技与传统种植方式的联结，即充分运用现代农业科技，同时还要保持传统农业生产特色，做到农业的现代化与生态化的相互联结和统一。农业的现代化建设必须依赖生态发展道路，农业生态化发展是建立中国式现代化农业的应有之义和客观要求。因此，我国独具特色的现代农业是现代化农业与生态化农业的兼而有之，是完全适应我国特殊国情的农业发展理念和路径[②]。

生态文明视角下的现代农业发展，是要深入阐述和集中解决人与自然如何实现和谐共处发展，实现农业的可持续发展。生态文明理念实质上就是对人与自然和谐关系构建的科学概括，现代农业发展的重大议题就是研究人与自然和谐共处和农业可持续发展的双向促进。农业生产需要在自然环境中实现，同时也对自然环境产生反向作用。农业生产的本质就是人类生产活动对自然生态环境的利用和改造，人与自然和谐共处是农业现代化

① 曹林奎，黄国勤. 现代农业与生态文明［M］. 北京：科学出版社，2017：10.
② 赵桂慎. 中国生态农业现代化：内涵、任务与路径［J］. 中国生态农业学报，2023，31（8）：1171-1177.

和农业发展的基础与核心。因此，现代农业发展必须践行生态文明理念，认真落实生态文明建设。生态文明建设，要优化配置农业农村各项资源，发展现代农业的多元化功能，转变粗放型农业增长方式，以生态文明理念指导现代农业的集约化转型发展。人与自然和谐共处的现代生态农业建设，必须保护生态环境与自然资源，降低农业生产过程中的污染物和有害物排放，践行现代农业生态文明精神，赋予农业发展更为广阔的空间和发展潜力[①]。

3.2.3 生态文明建设是农业现代化的科学道路

中国式的现代农业，是要实现人与自然的和谐共处。根据我国农业发展现状和中国特色社会主义道路建设的新要求，需要着力解决以下问题：传承和弘扬中华优秀传统文化，保护粮食安全维护生态安全。农耕文化是我国农业文明的重要色彩和标志，生态农耕文明急迫需要被挖掘、保护和传承，以提高农业发展的"软实力"，提供更为丰富、更高质量、更具生态特性的农业产品，满足人们对农业产品消费的精神寄托和文化感悟。保护粮食安全是现代农业生态建设的基本要求，生态农业不仅可以实现农业生产和有机农业的统一，还可以大力提高农业产量，尊重农业的区域化特征和环境属性，推广宣传行之有效的农业发展模式，对提高农业生产量、维护粮食安全和保障至关重要。维护生态安全，可以减少农业生产过程中人为活动对农业生态系统的不利影响，减少化石能源在农业投入中的比重和使用范围，切实解决日益脆弱的生态环境和生物多样性锐减的现实难题，提炼农业在社会价值、经济价值和生态价值最大化解析式下的最优值，落实生态安全行动和文明倡导行为。因此，中国式现代化农业的生态文明建设，可以从以下方面进行落实。

一是着力提升农业生态价值链功能发挥。农业生态价值链的发挥必须通过产业链来完成，只有实行农业生产的产业化才能有效提升农业产业的竞争力和运营力。农业生态价值产业链运营主体包括政府组织、生态资料资源企业、生态农产品生产主体（农业合作社、农业企业、农户）、生态农产品加工企业、生态农产品服务机构（技术提供商、农机提供商）、销售机构（流通企业、电商、直营平台）和生态旅游休闲康养综合体产业，

---

① 林卿，张俊飚. 生态文明视域中的农业绿色发展 [M]. 北京：中国财政经济出版社，2012：5.

实现了一二三产业的有机结合，充分发挥产业整体优势。同时，在大数据、云计算、区块链、人工智能等背景下，还应该大力实行农业生态链的业态创新和业态融合，对农业链构建体系进行颠覆性变革，提高产业联结度和耦合度，打通产业链连接渠道，大力提升农业产业链的生态属性。

二是加强生态农业设备更新开发和投入。根据生态农业的发展特点，充分融合农业机械设备、大数据管理平台、智能决策管理系统，是高效、优质完成农业转型升级并实现生态农业现代化的关键所在①。生态农业现代化的物质基础是现代农业设备的研发和更新，因此，我们应该替换以往高耗能、生产效率低下、环境负担沉重的传统老旧设备，加强农业设备改造和更替。现代化的生态农业要求建立自动化、智能化的管理模式，对农作物生产进行全天候、无差别的精准化监管和控制，降低生产资料的投入，在减少生产成本的同时，也能够有效保护农业生态系统，维护生态系统的平衡。现代化的生态农业还要求加强生态农业技术平台构建，如开发废弃物综合循环使用技术、太空优质育种技术、生态农业垂直循环平台等，优先发展智能云脑技术、智能管控技术和物联网控制系统等，提高生态农业的技术装备水平和运营能力。

三是构建现代农业生态补偿机制。现代生态农业发展的重要方向是要深度提炼现代农业产品的生态功能并予以发挥。现代农业不仅是提供农业产品，更重要的是提供生态产品。相关数据显示，农业生态价值是农业经济价值的 10 余倍，大致相当于 GDP 总量②。我国建立了较为成熟的农产品生态价值含量估测模型，但关于生态价值利用和转换还需进一步加强，需要深入研究农业产品生态价值挖掘、利用及转化。现代农业生态价值转换，需要考虑土壤保护、农业生产供给、碳排放权、碳交易、气候调节等问题，在考虑生态价值目标基础上构建农业生态建设体系，开展生态品牌建设、生态功能扩充、生态价值认证等管理体系的建设，构建多层次的现代农业生态价值补偿体系，提高农产品生态价值含量，引导现代农业生态价值理念的形成与推广。

四是转变乡村生产方式，优化乡村产业结构。乡村振兴的重要途径是

---

① 刘成良，林洪振，李彦明，等. 农业装备智能控制技术研究现状与发展趋势分析 [J]. 农业机械学报，2020，51（1）：1-18.

② 刘二阳，胡韵菲，王雪婷，等. 中国农业生态价值测算及时空聚类特征 [J]. 中国农业资源与区划，2020，41（3）：196-202.

产业振兴，实现乡村产业的高质量发展。首先，必须推进生态产业化和乡村产业生态化。其次，积极构建"数字+生态""文化+生态""产业+生态"等"生态+"新型发展模式，合理布局农业生产力，优化农村生态产业结构，重构乡村产业链，因地制宜开展集中集约化生产，丰富农村生态产品品种结构。再次，加强农业现代化技术创新与更迭，推动农业技术升级与改造，构建新型农业生产经营主体，提高农业资源利用效率，用活农业生产要素，将资源优势转化为产业优势和生态优势。最后，塑造生态文化底蕴，推动美丽乡村建设，改善农村人居环境，全面推进农业农村现代化与生态文明建设①。

3.3 绿色低碳理念引领农业现代化发展

3.3.1 农业绿色低碳发展的探索与新时代理念

20 世纪五六十年代，我国经济发展还比较滞后，生态破坏问题还不突出，环境保护意识尚处于起步阶段。20 世纪 70 年代以来，随着我国经济快速发展，环境破坏和生态保护问题日益严重，开始受到关注。1973 年 8 月 5 日至 20 日，我国召开了第一次全国环境保护会议，审议通过了"全面规划、合理布局、综合利用、化害为利、依靠群众、大家动手、保护环境、造福人民"的 32 字环境保护方针，出台了第一个环境保护的专门文件——《关于保护和改善环境的若干规定（试行草案）》。这次会议揭开了我国环境保护工作的序幕，确立了环境保护的基本方针和政策，我国环境保护事业迈出关键的一步。从此，我国建立了涵盖中央、省、市的"三级一体"环境保护组织体系，污染防治工作正式开启。

改革开放以后，我国环境保护事业稳步推进，制定了一系列环保举措。1978 年通过的《中华人民共和国宪法》第一次将"国家保护环境和自然资源，防治污染和其他公害"载入其中，为环境保护的制度建设提供了法律基础。"六五"期间，国民经济和社会发展规划首次纳入了环境保护。"七五"期间，我国制定了专门的五年环境规划——《"七五"时期国家环境保护计划》。"八五"期间，《环境与发展十大对策》明确提出了

---

① 边晓杰. 协同推进生态文明建设与乡村振兴 [N]. 广西日报，2023-08-29（3）.

我国必须坚定不移地走可持续发展道路。"九五"期间，我国环保事业进入了快速发展期，颁布了《关于环境保护若干问题的决定》等一系列制度和政策。"十五"期间，科学发展观提出了构建社会主义和谐社会的重大战略。"十一五"期间，我国提出要加强生态环境保护，努力构建资源节约型、环境友好型社会，发展循环经济。"十二五"期间，习近平生态文明思想形成，生态文明建设纳入了"五位一体"的总体战略布局，生态文明内涵科学界定，坚持绿水青山就是金山银山的绿色发展观、人与自然和谐共生的科学自然观成为共识。"十三五"期间，我国在污染防治、生态环境改善方面取得了重要成就，为"绿色底色"打下了坚实基础。"十四五"规划要对"十三五"的"绿色底色"进行落实，取得生态文明建设的切实成果。党的十九大对打好污染防治工作、加强生态环境保护做出了明确规划，以建设生态文明社会和美丽新中国①。我国生态环境保护理念不断深化发展，污染防治工作取得了一系列成效，生态文明建设进入了新的发展期，面临新的历史发展机遇。

新时代下的绿色低碳发展观是生态文明建设在新时期的重大实践。坚持绿水青山就是金山银山的绿色发展观，必须贯彻绿色低碳的发展理念，倡导绿色低碳的生产方式、生活方式，建立绿色低碳的产业结构总体布局，将绿色低碳作为持续发展的底色。坚持"山水林田湖草沙是生命共同体"的系统观，必须认识到农业是生态系统的重要组成部分，全方位开展农业生态文明建设，建立人类命运共同体。坚持"生态兴则文明兴"的历史观，必须认识到绿色低碳发展是适应我国现代化建设和生态文明社会建设的重要途径，为现代化农业发展打下生态文明根基。坚持"良好生态环境是最普惠的民生福祉"的民生观，需要充分认识到现代农业的绿色低碳发展，实质上是为了民生需求，为人民谋福祉，创造美好的生态环境。"坚持人与自然和谐共生"的自然观，必须尊重绿色低碳发展在农业现代化建设中的指导引领作用，践行节约优先、生态优先的战略思路。坚持"建设美丽中国全民行动"的共治观，必须将绿色低碳的生产和生活方式以实际行动落实在现代化农业建设中，加强生态文明宣传，提高全民的绿色低碳意识。坚持"共谋全球生态文明建设"的全球观，必须建立农业绿

---

① 统计局. 环境保护效果持续显现 生态文明建设日益加强：新中国成立70周年经济社会发展成就系列报告之五［EB/OL］.（2019-07-18）［2024-03-08］.https://www.gov.cn/xinwen/2019-07/18/content_5410785.htm.

色低碳发展的全球视野和总体格局，全球各方力量共同推动现代农业的生态文明建设，共同应对全球气候变化，保护人类共同家园①。

现代农业绿色低碳发展是基于"绿水青山就是金山银山"的理念，探索农业资源集约化使用、废弃物循环利用、投入生产资源节约化的新道路，秉承起点缩量、中端管控、尾端开发的新思路，以建设"绿色化""低碳化"的现代化生态农业②。现代农业绿化低碳发展注重从"数量兴农"到"绿色低碳"的思维转变，由高污染、高排放、高能耗向低污染、低排放、低能耗演化，由资源依赖型向资源集约节约型递进，具有以下显著特点。一是生产效率显著提升。现代农业绿色低碳发展不仅要求提高农业经济效益和经济价值，更重要的是实现由资源依赖型的粗放经济增长模式向资源集约型模式的顺利转变，提高资源优化配置效率，解决资源错配所导致的生产效率降低问题。二是降低对农药、化肥、薄膜等生化材料的使用频率。化肥使用量减少是指将化肥使用范围进行严格控制，提高镁、锌等微量元素的使用量，减少钾、磷等富营养化元素的使用量。农药使用量的减少是指谨慎使用高残留、高毒害、低效的农药品，转而使用低残害、无公害、高效的生态化农药品，加强病虫害的防治和农业产量稳产增产工作。减少农膜使用可以有效降低"白色污染"对环境所带来的危害。三是降低农业碳排放量。农业兼具碳排放和碳汇的双重功能。现代农业绿色低碳发展是在保障农业基本生产量和安全供给的前提下，抓牢碳达峰、碳中和的双重目标，在降低碳排放量的同时增强碳汇功能。提高农业生产过程中减排降碳效用，促进碳达峰、碳中和的目标的实现，既能效降低碳排放总量，又能减弱碳排放的范围和强度。四是实现农业现代生产方式转型。现代农业绿色低碳发展要摒弃单纯依靠能源、土地、劳动等传统资源的线性粗放型增长模式，转向智能化、数字化、信息化的现代化生产方式，推进农业科学技术创新，实施创新驱动发展战略，建立农业产业创新高地，推动农业的可持续发展和高质量发展③。

① 生态兴则文明兴：中国是怎样走上绿色发展之路的 [N]. 人民日报，2019-08-09 (08).

② 郑玉雨，葛察忠，于法稳. 低碳视角下农业集约化、绿色化与资源再生化的实现机制研究 [J]. 华中农业大学学报（社会科学版），2022（1）：32-44.

③ 郭海红，盖凌云. 山东省农业绿色低碳转型评价及驱动因素分析 [J]. 中国生态农业学报，2024（1）：240-251.

3.3.2 绿色低碳发展理念是现代农业建设的重要引领力

当前，我国农业经济正走向高质量发展阶段，绿色低碳发展理念引领农业现代化发展，改变了传统农业经营模式，我国农业现代化建设进入了新的征程。

3.3.2.1 绿色低碳发展是农业现代化建设的必然选择

党的二十大报告指出，要坚持绿水青山就是金山银山的理念，全过程、全方面、全领域加强环境保护，建立更加健全的生态文明制度体系，坚定地向绿色、低碳发展，力争生态环境保护取得根本性、全局性的成果。中国式现代化就是要实现人与自然和谐共处，走保护自然和生态环境的文明发展道路[①]。中国式现代化与西方国家的现代化截然不同。西方国家通过将高耗能、高污染、高排放的低端产业转移到他国实现现代化，占据产业链顶端。而中国式现代化是以全人类共同福祉为考量，走不以环境破坏为代价的现代化道路，坚持绿色低碳的发展观，倡导生态环保的生产方式和消费方式，绿色低碳产品成为主流消费倾向和需求。

温室气体大量排放对生态系统平衡带来极大的危害，节能降碳、绿色发展已成为人类发展的必选项和共同目标，人类正从高碳时代走向绿色低碳时代。农业生产活动对自然环境和生态系统具有直接影响，石油农业、化学农业对环境的承载压力逐步加大，改善农业生态环境迫在眉睫[②]。农业为人们提供基本的物质生活保障，在国民经济体系中占据至关重要的地位。因此，绿色低碳发展是我国农业现代化的必然选择和要求[③]。

现代农业的绿色发展与低碳发展具有目标的契合性。现代农业的绿色发展理念是要促进农业产品生产的安全性和生态性，旨在提高农业生产社会效益、经济效益和综合效益，以及标准化农业生产过程和流程，实现农业全面、可持续的发展，走农业现代化的道路。首先，绿色农业可以增强土壤汇碳固碳能力。土壤作为天然的巨大储存碳库，可以汇集、吸引大量

---

① 习近平. 高举中国特色社会主义伟大旗帜 为全面建设社会主义现代化国家而团结奋斗：在中国共产党第二十次全国代表大会上的报告［EB/OL］.（2022−10−25）［2024−03−08］. https://www.gov.cn/xinwen/2022−10/25/content_5721685.htm.

② 李晓燕，王彬彬. 四川发展低碳农业的必然性和途径［J］. 西南民族大学学报（人文社会科学版），2010（1）：103−106.

③ 罗莉容. 绿色低碳发展理念引领农业农村现代化建设研究［J］. 智慧农业导刊，2023（21）：72−75.

的温室气体。绿色农业通过提高土地绿化率和植被覆盖范围，提高土壤肥力和固碳汇碳能力。其次，绿色农业强调减少对化肥、农药的使用。绿色农业主张少使用或不使用高污染、高残留、含毒性的化肥、农药，提倡使用有机肥或者循环肥料。而化肥、农药是农业温室气体的主要排放源，因此，绿色农业减少对化肥、农药的使用，遵循农业的低碳生产方式，可以实现农业的低碳化发展，降低农业生产过程中的温室气体排放量，有效应对气候变化①。再次，绿色农业与低碳农业通过发展先进的低碳技术和循环经济，提高现代农业的绿色化、生态化属性，更好地尊重自然、利用自然、保护自然，在实现人与自然和谐共生的目标方面具有天然的一致性。现代农业的绿色低碳发展，首先，要降低农业发展对能源资源的依赖程度，降低碳排放强度，修复农业生态环境，保护脆弱的农业生态系统；其次，要把资源综合利用与环境保护纳入农业发展的统筹考虑，实现农业经济发展与生态环境保护的协调统一发展；最后，坚持走低耗能、低排放、低污染、高效益的现代化发展道路，构建资源节约型、环境友好型的现代农业发展体系②。

坚持绿色低碳发展理念与农业现代化建设具有内在一致性。现代农业的绿色低碳发展，就是将工农业生产中对自然的超额使用、挑战理念转变为人与自然和谐相处的生态文明理念。农业生产方式和经营方式的优化调整，要求在保护自然生态环境基础上，确保农业稳产增产、农民稳步增收、农村稳定安宁，发挥好开新局、应变局、稳大局的"压舱石"作用，确保粮食和农副产品的安全供给③。加快农业农村现代化，全面推进乡村振兴，是新发展阶段"三农"工作的重要问题，农村生态文明建设需要以"钉钉子"的精神加强防治农业面源污染，推进对水土流失、土壤污染等生态破坏问题的修复和治理④。农业是生态系统的重要环节，近年来，我国农村生态环境得到一定改善，绿色低碳发展成效显著，但农业面源污染等生态环境问题仍亟须解决，要在白色污染治理、农药化肥减量、能源资

---

① 陈丽琳，喻法金.绿色农业低碳化发展现状与对策 [J].农产品质量与安全，2011（2）：39-42.

② 张利平.绿色发展理念下我国农业低碳化路径创新 [J].学习论坛，2016（5）：38-41.

③ 确保农业稳产增产、农民稳步增收、农村稳定安宁 [N].人民日报，2021-12-27（08）.

④ 坚持把解决好"三农"问题作为全党工作重中之重 促进农业高质高效乡村宜居宜业农民富裕富足 [EB/OL].（2020-12-29）[2024-03-08].2021 年中央农村工作会议，https://www.12371.cn/2020/12/29/ARTI1609249266814817.shtml.

源节约等方面狠抓落实。草原、森林、沙漠等地治理要考虑当地特殊情况，做好深度控水节水工作，提高农业用水效率，大力发展节水农业，实现农业农村固碳减排[①]。

目前，绿色低碳转型正在成为新一轮全球产业竞争的重要阵地，绿色低碳转型的全球格局正在逐步形成，基于此的全球产业分工和产业链融合深刻影响着经济走势和社会发展。我们应明确农业绿色低碳发展的作用机理，积极主动融入全球农业绿色低碳的现代化转型，紧抓现代化农业转型发展的机遇，迎接转型所带来的挑战。我们还应致力于全球气候变化治理，加快现代农业绿色低碳转型发展，建立现代农业绿色低碳机制和制度体系，推动"双碳"目标的顺利实现。农业绿色低碳发展在服务于"双碳"目标的同时，还要着力于国家经济社会发展的大局，树立大局意识，承担更多的降碳减排责任和任务，为交通设施、电力行业、工业制造行业预留更多的降碳减排空间，降低降碳减排压力。农业系统是一个庞大的碳汇池，应充分发挥林地、草地、森林、湿地等农业生态系统的固碳汇碳功效，坚定不移地执行退耕还林、退耕还草、保护湿地的农业政策，通过植树造林扩大农业生态系统面积，促进现代农业的绿色低碳转型，提高农业的固碳汇碳的持续能力[②]。

3.3.2.2 中国式的农业现代化需要牢固树立绿色低碳发展理念

新发展理念下农业绿色低碳发展具有巨大的潜力。我国农业发展还存在着碳排放量高、面源污染排放大等一系列问题，因此，降低农业碳排放强度，稀释农业污染物，还具有巨大的潜力和实践空间。当前，农业生产经营主体尤其是较为分散的农户绿色低碳意识较为薄弱，农业生产过程中肆意使用化肥、农药、薄膜，生产资料使用大幅度增加，进入土壤后难以有效分解，土壤碳化加剧，环境污染问题加剧；牲畜家禽粪便随意排放堆积，秸秆焚烧屡见不鲜，严重破坏农田土壤生态系统平衡，导致土壤中微生物群体被烧死，土壤有机质、腐殖质矿化，土壤板结，农田质量严重下滑，焚烧所产生的大量二氧化硫、二氧化碳和烟尘也会极大影响空气质

---

① 习近平. 坚持把解决好"三农"问题作为全党工作重中之重 举全党全社会之力推动乡村振兴 [EB/OL]. (2022-03-31) [2024-03-08]. https://www.12371.cn/2022/03/31/ARTI1648714506421324.shtml.

② 喻智健，龚亚珍，郑适. 中国农业农村碳中和：理论逻辑、实践路径与政策取向 [J]. 经济体制改革，2022 (6)：74-81.

量。我国应充分发挥农业生产的天然固碳、汇碳、减碳作用，实现现代农业的绿色低碳转型和演变。因此，在农业现代化的新形势新阶段下，农业绿色低碳发展大有可为。

走低碳生态农业之路要深刻把握现代农业生态文明建设的"四个重大转变"，坚持生态是现代农业的底盘、绿色是现代农业的底色，走绿色低碳的发展道路。走低碳生态农业之路还要坚持绿色兴农、产业兴农、质量兴农，务实培育绿色低碳农业产业①。农业涉及人们衣食住行等日常生活消费各个领域，农业产品和服务提供应充分融入绿色低碳理念，倡导绿色低碳生产和消费方式，建立绿色保障机制，推进绿色、低碳的环保理念深入到农业的各个领域。乡村规划也需要充分融入绿色低碳发展理念，科学明晰规划农村农业开发边界，以绿色乡村、低碳产业为发展目标，树立坚定的绿色低碳发展观和可持续发展观。走低碳生态农业之路还要大力发展绿色低碳农业，构建乡村生活、农业生产、农村建设良性生态循环，转变大水大肥、涸泽而渔、焚林而田的旧路子，努力建设资源节约型、环境友好型社会，营建绿水青山，使低碳乡村和绿色农业成为可能②。

3.3.2.3　绿色低碳发展理念是解决农业环境问题的治本之策

绿色是大自然和生态环境的底色，是生命的根本象征。绿色低碳发展，其实就是要遵循人与自然和谐共生。党的十八大以来，习近平总书记强调"推动经济社会发展绿色化、低碳化是实现高质量发展的关键环节"，在绿色低碳转型中寻求质和量的双重发展，推动绿色发展转型，绿色低碳发展的内涵得到科学阐释，为全社会绿色低碳发展提供了明晰指导。绿色低碳发展作为解决农业发展问题的根本对策，要求提升农业发展的绿色低碳底色，形成农业绿色低碳生活方式和生产方式。

从"吃老本"的线性发展模式到吃"利息"的绿色低碳模式的转变，是中国式现代化生态文明建设的必然路径。改革开放以来，我国经济规模快速增长，但主要是以耗费资源的"吃老本"的不可持续增长模式，极度攫取消耗能源资源，能源短缺、资源枯竭、环境破坏问题日益严重，导致土地贫瘠、水资源富营养化、水土流失、生物多样性锐减等一系列生态系

---

① 中央农村工作会议在京召开 习近平对"三农"工作作出重要指示[EB/OL].（2023-12-20）[2024-03-08].https://www.12371.cn/2023/12/20/ARTI1703066880818188.shtml.

② 习近平.加快建设农业强国 推进农业农村现代化[EB/OL].（2023-03-15）[2024-03-08］.https://www.12371.cn/2023/03/15/ARTI1678868053940695.shtml.

统退化现象。绿色低碳发展模式则注重发展的平衡性，践行生态价值观，旨在创造优美生态环境。因此，绿色低碳发展是一种长期、持续、全面的发展理念，其强调生态平衡，强调人与自然和谐共处。绿水青山就是金山银山，生态环境保护实质上就是发展先进、优质生产力。绿色低碳发展是实现生态文明建设的重要举措，对绿色低碳发展的全面评价，应站在全社会的视角上，以环境保护为出发点，建立社会效益、经济效益、生态效益三位一体的评价机制。

加快农业产业绿色低碳转型。首先，有效融合农业绿色低碳化与农业产业智能化，提高现代农业的绿色低碳水平，提高农业资源综合利用效率和循环利用水平。其次，优化农业产业空间布局，完善功能区制度，明确农业发展突破功能边界，建立农业生态环境分级分区管控体系，建立农业绿色低碳和集约化发展。再次，建立农业绿色低碳发展高地，立足区域发展特色和产业规划，根据农业高质量发展要求，加强区域农业绿色低碳发展合作，以生态环保、环境宜人为导向，建立现代化生态农业，打造绿色低碳示范农业带和农业区。最后，建立农产品绿色消费方式，大力倡导绿色低碳、文明节约的农产品消费理念，在需求侧解决农业高质量发展问题，倒逼农业发展的绿色低碳转型。

3.3.3　现代农业绿色低碳发展是实现碳达峰碳中和目标的关键力量

2024 年 1 月 11 日，《中共中央 国务院关于全面推进美丽中国建设的意见》提出，"当前，我国经济社会发展已进入加快绿色化、低碳化的高质量发展阶段，生态文明建设仍处于压力叠加、负重前行的关键期，生态环境保护结构性、根源性、趋势性压力尚未根本缓解，经济社会发展绿色转型内生动力不足，生态环境质量稳中向好的基础还不牢固，部分区域生态系统退化趋势尚未根本扭转，美丽中国建设任务依然艰巨。新征程上，必须把美丽中国建设摆在强国建设、民族复兴的突出位置，保持加强生态文明建设的战略定力，坚定不移走生产发展、生活富裕、生态良好的文明发展道路，共建天蓝、地绿、水清的美好家园"。

根据美丽新中国的建设目标，农业需要进行深刻的产业革命，扎实推进绿色低碳转型发展，撬动绿色科技创新，有效对接碳达峰碳中和工作，推动农业生态系统的降碳减污的创新协同试点。"双碳"目标作为应对全球气候变化的重要举措，能有效解决环境保护和资源限制约束问题，是我国现代化农业建设的内在要求，也是实现农业高质量发展的必然路径。农业"双碳"目标的达成要具备一体化思维，从"提高农业碳汇水平"和"降低碳排放"两个维度同时进行，缺一不可。另外，还应加强对脆弱的农业生态系统的整体保护和治理，提高农业生态系统的整体稳定性、安全性和质量，全力提升农业碳汇能力。

第一，推动农业固碳减排工作与农业绿色低碳发展的政策制定的有效衔接。在现阶段，农业发展仍然存在着依赖能源资源消耗的经营模式和生产方式，绿色低碳农业技术革新较为滞后，农业面源污染问题突出，农业生产的碳排放和环境污染困扰着农业的可持续发展[①]。因此，提高农业资源综合利用效率，纵深推进固碳减排工作，维护农业生态系统平衡，推动农业绿色低碳的现代化发展，是建立农业生态文明建设的"生态屏障"和根本要求。2022 年，农业农村部、国家发展改革委颁布了《农业农村减排固碳实施方案》，提出了碳排放量在 2030 年前达到峰值，在 2060 年前努力达到碳中和，将碳达峰碳中和目标纳入生态文明建设的总体布局中，以农业绿色低碳发展为关键抓手，提高农业固碳能力，降低温室气体的排放强度，为全国全领域实现碳达峰碳中和贡献积极力量。《农业农村减排固碳实施方案》提出：2025 年农业绿色低碳取得积极成效，基本形成农业固碳减排与农业现代化、乡村振兴战略的协调发展大局；2030 年农业绿色低碳取得明显成效，农业固碳减排与农业现代化、乡村振兴战略的协调发展继续加深推进。为完成 2025 年和 2030 年农业固碳减排任务，需要将"双碳"目标纳入农业绿色低碳政策的框架体系中，将农业绿色低碳发展政策与固碳减排任务充分结合起来，以更好地落实"双碳"目标实现过程中的农业固碳减排工作。

第二，创新市场化体制机制，促进农业农村的减排固碳工作。首先，改革当前单一补偿模式的不利影响，持续推动农业的固碳、汇碳能力。其次，积极探索市场化试点，为全国提供改革经验和示范。再次，构建多元化的减排固碳补偿机制，以满足不同区域和农业类型的需求。最后，在建立农业领域的碳交易体系方面，探索碳排放交易配额的试点，为碳减排提供经济激励，建立管理和政策体系。同时，还需探索和应用工业反哺农业的碳核算技术，创造条件积极探索市场化机制改革。

---

① 白雪. 六项任务十大行动推进农业绿色低碳发展［N］. 中国经济导报，2022－08－04（06）.

第三，积极开展以生态固碳增汇机制和价值实现途径为重点的农业生态固碳增汇工作。首先，探索生态碳储量估算、碳汇价值估算方法、碳交易及碳汇管理等内容，开展"目标性"研究。其次，探索农田固碳增汇途径，开展"农田废料—制取生物炭—生物炭还田"的循环研究，提高农田固碳量的碳稳定性，形成科学的增汇固碳机制。最后，开展促进农田、湿地等生态空间转变为高质量生态碳汇的技术研究和示范性实践，有效提升区域生态碳汇能力，实现地区碳源向碳汇的合理调控①。

第四，加强生态法治建设，为农业固碳减排提供法治保障和依据。首先，要落实农业领域的碳达峰碳中和目标，以农业生态市场领航，以法治建设护航市场稳定运行。其次，现有农业领域绿色低碳的相关法律和制度受限于立法目的、原则和动机，固碳减排工作缺乏对"双碳"目标的综合考虑和统筹安排，必须充分厘清现有法律法规有关绿色低碳发展的具体内容和条款，充分挖掘法律法规进一步完善的潜力和可改进的空间，通过重新制定、修改完善、废止终结等措施促进法律法规有效对接"双碳"目标的实现，在现有法律法规具体条款、内容中增加更多关于农业绿色低碳转型发展的元素和考量。最后，加强农业与工业、服务业的绿色低碳化的产业协调，完善"双碳"的法律法规体系建设，健全农业固碳减排的标准体系，探索农业固碳减排的实施路径，提升农业生态系统的固碳、碳汇能力，确保"双碳"目标如期完成，落实生态文明建设，实现美丽新中国。

---

① 宋青. 以农业绿色发展为美丽中国筑基 [N]. 人民政协报，2024-01-16（02）.

4 中国现代农业绿色低碳发展状况

4.1 农业经济生产运行形势向好

4.1.1 农业经济平稳发展，实现"提产增效"

2004 年以来，全国粮食产量维持了平稳增长。2022 年，中国农业生产克服疫情和国际经济周期波动的影响，粮食产量连续 8 年保持在 1.3 万亿斤（1 斤＝0.5 千克）以上，粮食产量大幅提升，有效地维护了国家粮食安全和粮食供应的稳定性，主要农产品价格维持在合理波动范围，畜禽产量持续稳定发展，农业生产从整体上来看运行平衡有序，为稳定国家宏观经济大盘、落实国家粮食战略安全提供了坚实的基础和保障，有力地应对了国际国内环境的复杂性和局势的变动性。

2022 年全国粮食总产量、种植面积和单位产量都实现了增长，全年新增耕地灌溉面积 78 万公顷（1 公顷＝10 000 平方米），新增高效节水灌溉面积 161 万公顷，为我国宏观经济平稳运行和农业生产稳定提供了有利条件。国家统计数据显示，2033 年我国农业生产取得了显著成效。

第一，全年粮食种植面积 11 833 万公顷，比上年增加 70 万公顷。其中，稻谷种植面积 2 945 万公顷，比上年减少 47 万公顷；小麦种植面积 2 352 万公顷，比上年减少 5 万公顷；玉米种植面积 4 307 万公顷，比上年减少 25 万公顷；大豆种植面积 1 024 万公顷，比上年增加 183 万公顷；棉花种植面积 300 万公顷，比上年减少 3 万公顷；油料作物种植面积 1 314 万公顷，比上年增加 4 万公顷；糖料作物种植面积 147 万公顷，比上年增加 1 万公顷。

第二，2022 年粮食产量 68 652.8 万吨，比上年增加 368.1 万吨，增产约 0.5%。其中，夏粮产量 14 740 万吨，增产 1.0%；早稻产量为 2 812 万吨，增产 0.4%；秋粮产量约 51 100 万吨，增产 0.4%。全年谷物产量 62 341 万吨，比上年增产 0.1%。其中，稻谷产量 20 849 万吨，减产 2.0%；小麦产量 13 772 万吨，增产 0.6%；玉米产量 27 720 万吨，增产 1.7%。大豆产量 2 028 万吨，增产 23.7%。2004—2022 年全国粮食产量走势见图 4-1。

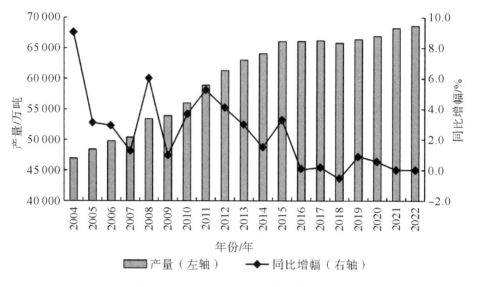

图 4-1   2004—2022 年全国粮食产量走势
（资料来源：《2022 年国民经济和社会发展统计公报》，国家统计局《2022 年中国统计年鉴》）

第三，农业经济作物产量持续增长。2022 年棉花产量 598 万吨，比上年增产 4.3%。油料作物产量 3 654.2 万吨，比上年增产 1.1%。糖料作物产量 11 236.5 万吨，比上年减产 1.9%。茶叶产量 335 万吨，比上年增产 5.7%。

第四，养殖业持续发力。全年猪牛羊禽肉产量 9 227 万吨，比上年增长 3.8%。其中，猪肉产量 5 541 万吨，比上年增长 4.6%；牛肉产量 718 万吨，比上年增长 3.0%；羊肉产量 525 万吨，比上年增长 2.0%；禽肉产量 2 443 万吨，比上年增长 2.6%。禽蛋产量 3 456.4 万吨，比上年增长 1.4%。牛奶产量 3 932 万吨，比上年增长 6.8%。2022 年年末生猪存栏 45 256 万头，比上年末增长 0.7%；全年生猪出栏 69 995 万头，比上年增长 4.3%。全年水产品产量 6 865.9 万吨，比上年增长 2.7%。其中，养殖水产品产量 5 568 万吨，比上年增长 3.2%；捕捞水产品产量 1 297.9 万吨，比上年增长 0.4%。2015—2022 年主要农产品产量见表 4-1。2015—2022 年主要农产品进出口量见表 4-2。

表 4-1　2015—2022 年主要农产品产量　　　单位：万吨

产量	年份				
	2015 年	2019 年	2020 年	2021 年	2022 年
粮食	66 060.3	66 384.3	66 949.2	68 284.7	68 652.8
棉花	590.7	588.9	591.0	573.1	598.0
油料	3 390.5	3 493.0	3 586.4	3 613.2	3 654.2
糖料	11 215.2	12 169.1	12 014.0	11 454.4	11 236.5
黄红麻	4.8	2.9	1.9	1.6	1.5
烤烟	249.5	202.1	202.2	202.1	208.0
猪牛羊肉	6 702.2	5 410.1	5 278.1	6 507.5	6 784.0
牛奶	3 179.8	3 201.2	3 440.1	3 682.7	3 931.6
禽蛋	3 046.1	3 309.0	3 467.8	3 408.8	3 456.4
水产品	6 211.0	6 480.4	6 549.0	6 690.3	6 865.9
水果	24 524.6	27 400.8	28 692.4	29 970.2	31 296.2

资料来源：《中国农村统计年鉴 2023》。

表 4-2　2015—2022 年主要农产品进出口量　　　单位：万吨

年份	粮食		食用植物油		棉花		糖料	
	进口量	出口量	进口量	出口量	进口量	出口量	进口量	出口量
2015 年	12 477	164	676.0	13.5	147.0	2.9	485.0	7.5
2016 年	11 468	190	553.0	11.4	90.0	0.8	306.0	14.9
2017 年	13 062	280	577.0	20.0	116.0	1.7	229.0	15.8
2018 年	11 555	366	629.0	29.5	157.0	4.7	280.0	19.6
2019 年	11 144	434	953.0	26.7	185.0	5.2	339.0	18.6
2020 年	14 255	355	983.0	—	216.0	—	527.0	—
2021 年	16 454	331	1 039.0	—	215.0	—	567.0	—
2022 年	14 687	322	648.1	17.0	193.6	3.4	527.4	18.0

资料来源：《中国农村统计年鉴 2023》。

注："—"代表数据缺失。

由表 4-1 和表 4-2 可知，2015—2022 年，我国主要农产品产量都实现了较大幅度的增长，农业生产连年丰收。我国农产品结构优、产量增、储备足，有效满足了农产品的市场需求。第一，人均粮食拥有量在 490 千克以上，明显高于人均 400 千克的国际粮食安全标准线。第二，粮食库存充足，粮食库存消费比大大超过联合国粮农组织所提出的 17%~18% 的安全范围①。第三，农业产品品种结构持续优化。优质小麦、水稻供给稳定增加，玉米产量供需形势较为乐观，"把饭碗牢牢端在自己手中"的目标基本实现。经济作物产量稳中有升，有效满足了民众多元化和多层次的农产品需求。第四，深度参与了国际农产品市场竞争。农产品有进有出，农产品出口规模居于世界第五，水果、水产品、蔬菜等优质农产品在国际市场广受欢迎，具有强劲的国际市场竞争力；农产品进口规模位于世界首位，是世界上最大的农产品消费市场，对优质农产品的消费需求潜力巨大②。具体来看，2022 年大米国际市场价格在低位摆动，与玉米、小麦国际市场价格相比较而言增长幅度较小，通过进口大米能获得高额利润，进口量显著增加。2022 年玉米进口量和大豆进口量同比降低，原因在于：2022 年国内畜牧养殖业加速推进玉米豆粕减量的替代方案，全面推广低蛋白口粮技术，配合使用合成氨基酸等饲料添加剂，采用精细加工流程和精准配方方案，减少饲料蛋白消耗，有效降低了豆粕的使用量，目前饲料配方中豆粕占比降低到 13%，相当于减少消耗 900 万吨左右大豆③。美元持续升值，国际粮价整体上涨，粮食进口相比国内而言推动价格优势；受俄乌紧张局势影响，传统农业出口大国乌克兰出口受阻，乌克兰农业出口同比严重下滑 15%④，乌克兰曾是我国油菜籽、大麦和玉米的主要进口来源国。

4.1.2 农业政策持续加力，政策正向效应显现

4.1.2.1 党的二十大报告为新时代农业发展确立基本方向和目标

2022 年 10 月，党的二十大报告对农业发展做出全面部署和总体规划，提出了"农业强国"战略，为全面推进乡村振兴战略和新时代"三农"工

① 顾雨霏. 今年将全链推进乡村产业发展 [N]. 中国食品报，2024-01-24 (08).
② 农业农村部. 我国粮食产量增、结构优、储备足 粮食安全有保障[EB/OL]. (2024-01-23) [2024-03-08]. http://finance.people.com.cn/n1/2024/0123/c1004-40164836.html.
③ 农业农村部. 2023 年我国饲用豆粕减量替代成效明显，减少 900 万吨左右大豆消耗[EB/OL]. (2024-01-23) [2024-03-08]. https://finance.eastmoney.com/a/202401232969810235.html.
④ 刘佳. 2022 年中国粮食市场综述 [N]. 粮油市场报，2023-02-14.

作提供了根本指引。我们要打通城乡生产要素流动堵点，提高城乡一体化建设和深度融合发展；积极开展农业基础设施建设，建立大食物观，提高食物的多元化供给；提高乡村公共服务发展水平，优化、美化农民居住环境、建立和美乡村；强化农业安全战略，紧守十八亿亩耕地红线，对基本农田进行高标准改造，提高农田质量和生产效率，推进种业振兴，健全农业生产利益分配机制和保障机制，维护粮食供给稳定性和安全性；建立新型农业经营组织，改革农业经营组织制度，为现代化农业发展提供经营组织保障，将各经营主体有效连接起来；根据实际情况因地制宜发展特色农业，打造知名农业品牌，提高农民收入和致富渠道；深化农村土地制度改革，推动农村土地有序流动和转让，提高农村土地经营收益和规模效益，完善土地和农民权益保护制度。党的二十大报告为现代化农业建设的目标、发展方向、任务、重点工作提出明确要求，为农业发展指明了科学的发展道路和阶段任务。

4.1.2.2　中央一号文件关注"三农"问题，护航农业稳定发展

新时期社会主义现代化国家的建设，任务最繁重、行动最艰巨的地方在农村。我国正面临着百年未有之大变局，机遇与风险并存，不确定性因素增加，"三农"基本盘对稳定国内经济环境至关重要。党中央顺应国际国内发展形势，对农业发展形势进行科学研判，坚持把"三农"问题作为全党工作的重中之重，持续推进乡村振兴战略，加快实现农业的现代化。

为推进农业高质量发展，我们应主要从以下几个方面努力。一是优化农业产业布局。我们应培育县域富农产业，完善乡村农业产业布局，将农业发展工作进行下沉，建设专业化的农业科技园区，统筹县域农业产业发展。另外，我们还应为县域农业产业提供优质配套建设和服务，引导农业经营企业入驻产业园区，发挥产业集聚效应，增强重点镇集聚功效，发挥产业集群的联动效应。二是发挥农业产业特色。农业产业发展的关键在于用好本地的优势资源，走出发展的"土路子"。我们应深耕本地农业文化传统，充分利用田园风光，遵循农业产业发展的独特韵味，发展特色农业产品。另外，我们还应挖掘农业多元化功能及价值，依托农业特色资源，对接市场需求变化，找准农业发展瓶颈，将农业资源优势、文体优势转化成产业优势，增强农业发展的核心竞争力。三是巩固联农带农机制。农业发展的目标是要让农业成果惠及更多的农民，让农民充分享受农业改革带来的实惠。一方面，我们应鼓励社会资本投入到农业领域，鼓励资本下

乡，加强对资本的注入、使用、退出的监管，引导社会资本有序合理投资；另一方面，我们应发挥农业企业的主体作用，带动农民参与农业生产经营，建立农业发展利益联结机制和分配机制，服务农业产业优势互补、合作大局。四是加强农业产业融合。我们应充分全产业融合的乘数效应，强龙头、扩链条、促品牌，融合农业与乡村文化休闲旅游业的融合，发展现代农业服务业，建立体育、休闲、文化、旅游、品牌推介、产品展示等服务，发展新型农业居间服务业，实现农业转型升级发展。另外，我们还应加强农业产业链的纵向建设，做强农业种植业、加工制造业、商品流通业和增值服务业，提升农业产业经营的规范化水平和标准化水平，提高农业产品附加值和经济效益。五是在农村土地制度改革上继续发力，加强农村土地综合性改革，扎实推进土地承包期限延长改革试点[①]。我们应由点及面，逐步扩大改革范围，保证农民土地承包权的顺利延期；针对部分地区出现的碎片化土地问题，探索集中整理、化零为整的整合利用方式，解决土地碎片化、分散化导致的生产效益低下问题。在农村宅基地方面，我们应稳步推进宅基地试点改革，盘活闲置宅基地，用活用好现有宅基地，治理脏、乱、差等违建用地，保障基本居住用地需求，探索农村土地权利配置新形式。另外，我们还应推动农村集体经营性用地流入市场改革，探索多主体土地收益实现及分配机制，坚持土地增值收益的效率优先、兼顾公平的原则。六是推动农业人才队伍建设。富农、兴农、强农离不开人才的支持，农业人才要坚持培养与引进并重机制。我们应实施农业人才"归雁"计划，引导大学毕业生回乡、归乡、返乡，鼓励企业家入乡，提高农业基层人才服务管理水平。我们还应加强培养乡村本土人才，实施农民素质提升计划，加强农民对农业技术及管理的继续教育培训，完善职业教育体系，完善人才服务乡村的激励机制，为人才创业、服务乡村建设提供良好的环境和氛围，推动人才长期扎根于乡村[②]。

4.1.2.3　农业财政支出持续加大

2022 年中央财政继续加大了对粮食生产的支持。在生产补贴方面，2022 年中央向种粮农民发放了 400 亿元的财政补贴，相较于 2021 年增加

---

① 牛震. 开局之年的"任务清单"：国新办就 2023 年全面推进乡村振兴重点工作举行发布会 [J]. 农村工作通讯，2023（5）：12-15.

② 国务院新闻办公室. 2023 年全面推进乡村振兴重点工作新闻发布会 [EB/OL]. (2023-02-14) [2024-03-08]. www.moa.gov.cn/hd/zbft_ news/qmtjxczx/.

了一倍。2022 年国家在东北等粮食主产区实施对大豆和玉米的补贴，扩大了粮食生产补贴支持范围，对稻谷培育中心加大了金融财政扶持力度。2022 年，国家在稻谷和小麦的主要种植区执行最低收购价格政策，平稳了粮食价格。2022 年生产的粳稻、早中晚籼稻、小麦等粮食收购价相较于 2021 年都有不同程度的提高。同时，中央财政还对主要粮油作物提供保险保费补贴，2022 年对东北地区和中西部地区的农作物提供了高达 45% 的保险保费财政补贴，中央财政政策对农业增产增收提供了坚实的资金保障，对粮食生产释放了积极信号，充分调动了农民参加农业生产的积极性[①]。2015—2022 年国家财政用于农林水等各项支出见表 4-3。

表 4-3 2015—2022 年国家财政用于农林水等各项支出

单位：亿元

年份	农业	林业	水利	巩固脱贫衔接乡村振兴	农村综合改革
2015	6 436.2	1 613.4	4 807.9	1 227.2	1 418.8
2016	6 458.6	1 696.6	4 433.7	2 285.9	1 508.8
2017	6 194.6	1 724.9	4 424.8	3 249.6	1 486.9
2018	6 156.1	1 931.3	4 523.0	4 863.8	1 530.3
2019	6 554.7	2 007.7	4 584.4	5 561.5	1 644.3
2020	7 514.4	2 035.1	4 543.2	5 621.6	1 822.4
2021	7 363.9	1 771.5	4 371.6	4 310.0	1 719.6
2022	7 983.5	1 788.3	4 402.3	4 431.0	1 719.5

资料来源：《中国农村统计年鉴 2023》。

4.1.3 农作物价格趋势平缓，物价缓慢增长

2022 年，国际粮价持续上涨，农药、化肥等生产资料价格高企，正向拉升了国内粮食价格，国内粮食价格普遍呈现上涨趋势。在集贸市场价格方面，粮食价格均出现了上涨；在生产者价格方面，谷物生产价格指数比 2021 年上涨了 4.3%。

---

① 刘佳. 2022 年中国粮食市场综述 [N]. 粮油市场报，2023-02-14 (07).

（1）稻谷价格变动情况。

2021—2022 年籼稻集贸市场价格见图 4-2。

2021—2022 年粳稻集贸市场价格见图 4-3。

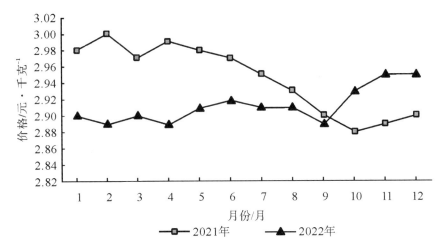

图 4-2　2021—2022 年籼稻集贸市场价格

（资料来源：《中国农产品价格调查年鉴 2023》）

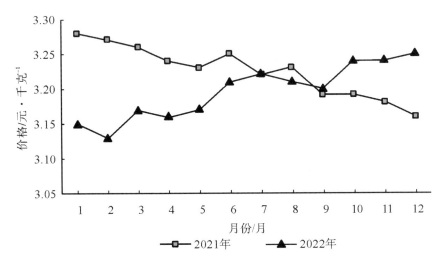

图 4-3　2021—2022 年粳稻集贸市场价格

（资料来源：《中国农产品价格调查年鉴 2023》）

近年来，稻谷生产连年增长，价格稳中有降，稻谷供应量大盘保持持续稳定。从集贸市场价格月变动情况来看，2022 年 1~9 月籼稻集贸市场价格较 2021 年同比下降，10~12 月份上涨至 2.95 元/千克，出现小幅上升。粳稻集贸市场价格在 2022 年总体呈上涨趋势，涨幅约为 3.2%，但总体上低于 2021 的平均价格水平。

（2）小麦价格变动情况。

2021—2022 年小麦集贸市场价格见图 4-4。

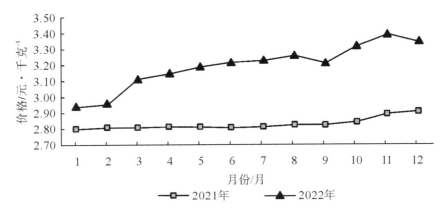

图 4-4　2021—2022 年小麦集贸市场价格

（资料来源：《中国农产品价格调查年鉴 2023》）

小麦价格持续增长。从集贸市场月度价格变动情况来看，2022 年小麦集贸市场平均价格达到 3.19 元/千克，相较于 2021 年均价上涨了 12.7%，上涨幅度较大。2022 年小麦集贸市场价格整体上呈上涨趋势，价格稳定在合理范围内的压力不断加大。

（3）玉米价格变动情况。

2021—2022 年玉米集贸市场价格见图 4-5。

2022 年玉米价格走势与小麦同样呈持续上涨态势。从集贸市场月度价格变动情况来看，1~6 月份玉米快速攀升，7~10 月份维持在高位区间，11 月份出现上涨。2022 年全年玉米月均价达到 2.86 元/千克，相较于2021 年均价上涨约 2.7%。

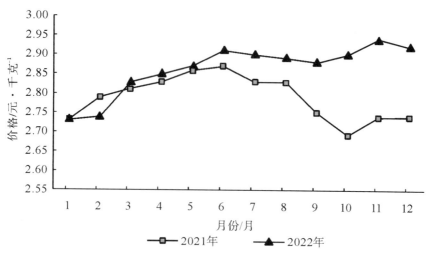

图 4-5　2021—2022 年玉米集贸市场价格

（资料来源：《中国农产品价格调查年鉴 2023》）

（4）大豆价格变动情况。

2021—2022 年大豆集贸市场价格见图 4-6。

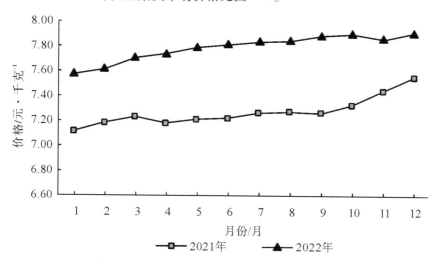

图 4-6　2021—2022 年大豆集贸市场价格

（资料来源：《中国农产品价格调查年鉴 2023》）

2022 年大豆价格持续高位运行，从集贸市场月度价格变动情况来看，2022 年全年呈现连续增长，从 1 月份的 7.58 元/千克上涨到 12 月份 7.9

元/千克。2022 年大豆平均市场价格比 2021 年上涨 7.1%。

（5）棉花价格变动情况。

2022 年棉花价格变动幅度较大。从集贸市场月度价格变动情况来看，2022 年 1~9 月棉花价格在 8.14~8.45 元/千克的区间上下波动，10 月份快速跌落至 7.90 元/千克，而 11~12 月份又回升至 7.82 元/千克。2022 年棉花市场平均价格较 2021 年上涨 10.8%，上涨幅度较为明显。2021—2022 年棉花集贸市场价格见图 4-7。

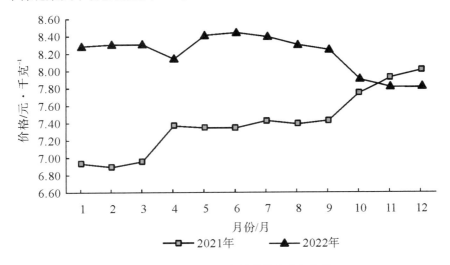

图 4-7　2021—2022 年棉花集贸市场价格

（资料来源：《中国农产品价格调查年鉴 2023》）

（6）糖料价格变动情况。

2022 年糖料生产者价格比 2021 年上涨 4.5%，第一、二、四季度分别有不同幅度的增长。从品种来看，甜菜生产者价格比上年上涨 10.9%，甘蔗生产者价格比上年上涨 3.9%，甜菜比甘蔗上涨的幅度更为明显。

（7）油料价格变动情况。

2021—2022 年花生仁集贸市场价格见图 4-8。

2021—2022 年油菜籽集贸市场价格见图 4-9。

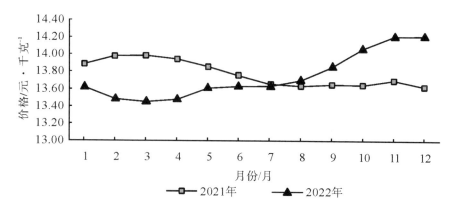

图 4-8 2021—2022 年花生仁集贸市场价格

（资料来源：《中国农产品价格调查年鉴 2023》）

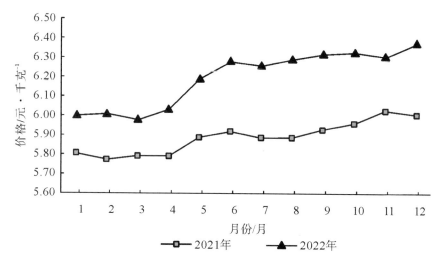

图 4-9 2021—2022 年油菜籽集贸市场价格

（资料来源：《中国农产品价格调查年鉴 2023》）

从集贸市场月度价格变动情况看，2022 年，主要油菜作物花生仁和油菜籽的集贸市场价格均呈现上涨趋势。花生仁的集贸市场价格从 1 月份的 13.62 元/千克上涨到 12 月份的 14.21 元/千克，上涨幅度为 4.3%。油菜籽 2022 年各月份的集贸市场价格均要高于 2021 年同期水平，由 1 月份的 6.00 元/千克上涨至 12 月份 6.38 元/千克，上涨幅度为 6.33%。

（8）生猪价格变动情况。

2022 年，生猪供应从整体上来讲较为充足，猪肉消费较以前有一定的下降，市场价格从整体上出现了回落现象。从集贸市场价格变动情况来看，2022 年生猪价格变动幅度较大，从 3 月份开始一直上涨到 10 月份，而后随着疫情减弱消费需求，11~12 月份又出现了价格回落，下降至 19.6 元/千克。2022 年生猪集贸市场平均价格为 19.0 元/千克，较 2021 年下降了 8.3%。2021—2022 年生猪集贸市场价格见图 4-10。

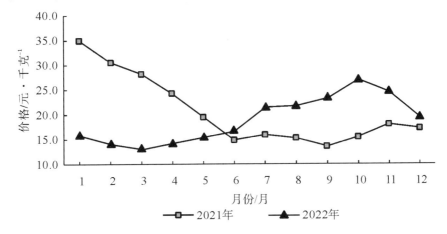

图 4-10　2021—2022 年生猪集贸市场价格

（资料来源：《中国农产品价格调查年鉴 2023》）

（9）牛羊价格变动情况。

2021—2022 年活牛集贸市场价格见图 4-11。

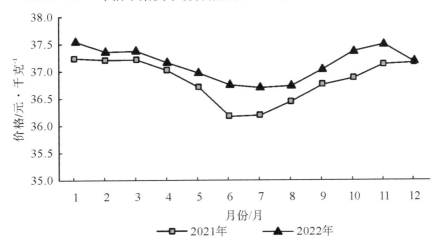

图 4-11　2021—2022 年活牛集贸市场价格

（资料来源：《中国农产品价格调查年鉴 2023》）

2021—2022 年活羊集贸市场价格见图 4-12。

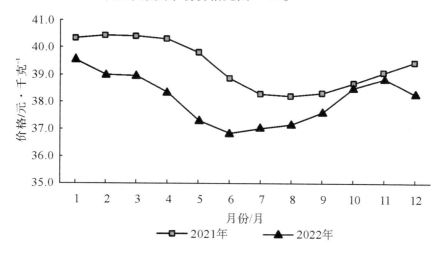

图 4-12 2021—2022 年活羊集贸市场价格

（资料来源：《中国农产品价格调查年鉴 2023》）

活牛的集贸市场价格呈现先降后升的"U"形趋势，2022 年活牛的集贸市场价格出现下降趋势，8~11 月份又出现了价格回弹，12 月份略微有下降，全年市场平均价格为 37.1 元/千克，比 2021 年轻微上涨 0.8%，两年价格差异性较小。活羊的集贸市场价格与活牛类似，呈现先降后升趋势，2022 年的前半年活羊集贸市场价格连续下跌，后半年又出现持续上涨的态势，2022 年的各月的市集贸市场价格较 2021 年同期都较低，市场均价较 2021 年下降了 3.1%。

（10）家禽价格变动情况。

作为家禽的重要种类活鸡，2022 年集贸市场价格 1~3 月份呈现下降走势，4~10 月份逐月上涨，11~12 月份又开始回落。2022 年活鸡的集贸市场平均价格为 21.8 元/千克，较 2021 年上涨了 4.2%。2021—2022 年活鸡集贸市场价格见图 4-13。

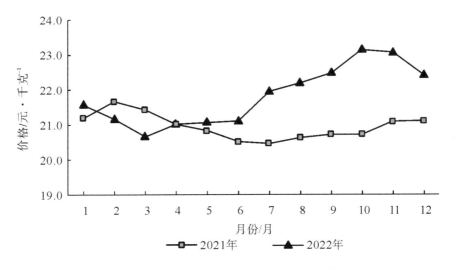

图 4-13 2021—2022 年活鸡集贸市场价格

（资料来源：《中国农产品价格调查年鉴 2023》）

（11）水产品价格变动情况。

2022 年，水产品价格从整体上保持较为平稳的状态。从类别上来看，海水捕捞产品平均价格上涨 2.3%，海水养殖产品上涨 1.1%，淡水养殖产品下降 0.7%。从季度上来看，第一、三、四季度均出现小幅度的上涨，第二季度趋势相反，出现了下降的态势。

从整体上来讲，农产品包括粮食、经济作物、禽畜、水产品等，出现了价格上涨趋势，与居民消费者价格指数（CPI）保持同步增长，增长幅度维持在合理的范围内，价格运行保障安全有效。

4.2 绿色低碳农业政策体系不断健全

近年来，我国出台了一系列政策及法规，不断夯实政策体系，优化农业绿色结构，提高农业绿色含量，促进农业的现代化、绿色低碳转型发展。我国农业政策以"双碳"为战略目标，通过建立农业绿色低碳循环发展体系，为现代农业绿色低碳发展提供实践指导，培育良好的发展环境。

现代农业绿色低碳转型发展法律法规及政策见表 4-4。

表 4-4　现代农业绿色低碳转型发展法律法规及政策

颁布时间	政策及法律法规
2015 年 5 月 20 日	《全国农业可持续发展规划（2015—2030 年）》
2016 年 4 月 26 日	《关于全面推开农业"三项补贴"改革工作的通知》
2016 年 5 月 28 日	《国务院关于印发土壤污染防治行动计划的通知》
2016 年 6 月 23 日	《农业支持保护补贴资金管理办法》
2016 年 6 月 29 日	《探索实行耕地轮作休耕制度试点方案》
2016 年 11 月 1 日	《建立以绿色生态为导向的农业补贴制度改革方案》
2016 年 12 月 12 日	《湿地保护修复制度方案》
2017 年 4 月 28 日	《农业资源及生态保护补助资金管理办法》
2017 年 9 月 30 日	《关于创新体制机制推进农业绿色发展的意见》
2018 年 1 月 20 日	《农业生态环境保护项目资金管理办法》
2018 年 7 月 2 日	《农业绿色发展技术导则（2018—2030 年）》
2019 年 4 月 3 日	《关于进一步做好受污染耕地安全利用工作的通知》
2021 年 6 月 1 日	《农村环境整治资金管理办法》
2021 年 8 月 23 日	《"十四五"全国农业绿色发展规划》
2021 年 9 月 22 日	《中共中央 国务院关于完整准确全面贯彻新发展理念做好碳达峰碳中和工作的意见》
2021 年 10 月 21 日	《关于推动城乡建设绿色发展的意见》
2021 年 10 月 24 日	《2030 年前碳达峰行动方案》
2021 年 11 月 12 日	《"十四五"推进农业农村现代化规划》
2021 年 12 月 29 日	《"十四五"全国种植业发展规划》
2022 年 1 月 4 日	《中共中央 国务院关于做好 2022 年全面推进乡村振兴重点工作的意见》
2022 年 5 月 7 日	《农业农村减排固碳实施方案》
2022 年 9 月 28 日	《建设国家农业绿色发展先行区 促进农业现代化示范区全面绿色转型实施方案》
2022 年 11 月 18 日	《到 2025 年化学农药减量化行动方案》
2022 年 11 月 18 日	《到 2025 年化肥减量化行动方案》
2023 年 4 月 21 日	《关于做好 2023 年农村综合性改革试点试验有关工作的通知》
2023 年 12 月 27 日	《中共中央 国务院关于全面推进美丽中国建设的意见》

农业绿色低碳发展是农业现代化建设的根本方向，是落实新时代新发展理念的重要举措。对农业资源的过度开发和使用会导致生态环境污染和

生态系统破坏，对农业生产安全带来极大的挑战，农业发展的可持续性受到严重威胁[①]。切实解决农业资源约束条件，实现农业的高质量和可持续发展是农业政策制定的依据和出发点。虽然我国全面推动农业绿色低碳发展的政策制度出台起步较晚，但为后续农业绿色低碳发展政策和制度完善提供了必要的基础。因此，通过完善政策体系，有利于引导农业绿色低碳发展，解决食品安全存疑、农业面源污染加重、农业收入不稳定等一系列农业发展问题。总结我国现有农业绿色低碳发展方面的相关政策和制度，探寻政策制度的演变进程，可以找到农业政策和制度需要完善和优化之处，提高政策制度对农业绿色低碳发展的引导效应和支持效应。我国农业绿色低碳发展的政策体系建设充分体现了我国农业经济发展的历史变迁和阶段特征。

从新中国成立到21世纪初的半个世纪中，我国农业政策主要侧重于改革土地经营制度以激发农民生产积极性，环境保护的理念尚处于萌芽阶段。进入21世纪，环境保护问题日益受到重视，安全、生态、优质的农业政策和制度陆续密集出台，这些政策和制度在保证经济效益的基础上，更注重农业发展的安全和质量。随后，绿色化、低碳化、生态化的农业支持政策体系建设不断推进。总之，从新中国成立至今，农业政策从以提高农业经济效益和生产力的阶段，演化到以强调农业发展的安全和质量为主的阶段，再深化到强调生态化、绿色化、低碳化发展的阶段，体现了我国农业政策从注重产量到追求质量，再到追求生态绿色的高阶演变特征。

随着生态保护、环境污染治理、全球气候变化应对成为全球发展的重要议题，环境保护、维护农业生态系统平衡成为我国农业发展的根本方向。2016年起，农业绿色低碳发展开始成为中央一号文件的重要部分。2016年的中央一号文件提出要建立绿色发展理念，摆脱透支环境和资源的传统发展模式，确立了绿色农业是保护环境和生态的重要观念，形成生态系统平衡、环境友好、资源高效利用的农业发展新格局，加强退耕还林还草，退出对生态环境承载压力巨大的生产能力，实现农业发展转型[②]，着力降低农业成本，减少对农药、化肥的不合理使用，实现节本增效。2017年的中央一号文件更加注重农业绿色发展，深入推进农业供给侧结构性改

---

① 于法稳. 中国农业绿色转型发展的生态补偿政策研究 [J]. 生态经济, 2017, 33 (3): 14 -18, 23.

② 朱泽. 用发展新理念破解"三农"新难题 [N]. 农民日报, 2016-02-15 (15).

革，满足对绿水青山的绿色化生态化的高品质需求①。因此，我们应坚持农业的绿色发展导向，提升有机绿色农产品的国际影响力和权威性，加强环境源头保护，治理农药残留、打击超量使用农药添加剂等行为。此外，我们还应制定一系列具体措施推行农业绿色生产方式，增强农业的可持续发展能力。2018年的中央一号文件将农业发展置于国家乡村振兴战略背景下，推进乡村绿色发展，建立人与自然和谐共生的新发展格局。文件从构建良好农村生态环境出发，顺应自然、保护自然、尊重自然，更加重视对农村突出环境问题的治理和生态保护②，建立环境友好型的农业生态系统。2019年的中央一号文件聚焦"三农"问题，坚持农业农村优先发展，深化农业供给侧结构性改革，将打赢脱贫攻坚战作为全面建设小康社会的最大的硬任务，加大深度贫困地区的脱贫攻坚力度，有效对接脱贫攻坚与乡村振兴战略的统筹推进。改善农村人居环境是完成硬任务的重要组成部分，2019年中央一号文件强调要加大对农村污染治理的力度和生态环境的保护③。2020年的中央一号文件指出要全面建设小康社会，必须补齐"三农"领域还存在的短板④，全面建成小康社会最突出的短板就在"三农"⑤，正确认识短板和不足能转化为机遇和发展潜力⑥。2020年中央一号文件强调，农村人居环境和农业生态环境的短板必须补齐，加快推进环境整治，以落实全面建设小康社会的任务目标⑦。2021年的中央一号文件对农业农村现代化提出了明确目标，要求大力推动农业农村绿色转型，降低对农药化肥的依赖，显著改善农村生态环境。2021年中央一号文件强调要推动农业绿色发展与实现农业现代化有效衔接起来，在乡村振兴和农业农

---

① 李国祥. 解读2017年中央一号文件：深化农业供给侧改革 推进农业转型升级［N］. 中国青年报，2017-02-13（2）.

② 朱隽. 中央农办负责人解读2018年中央一号文件［N］. 人民日报，2018-02-07（08）.

③ 于文静，董峻. 集中力量攻坚"三农"硬任务：中央农办主任、农业农村部部长韩长赋解读2019年中央一号文件精神［EB/OL］.（2019-02-20）［2024-03-08］.https://www.gov.cn/xinwen/2019/02/20/content_5367277.htm.

④ 王立彬. 稳住压舱石 打赢攻坚战［EB/OL］.（2020-02-07）［2024-03-08］.http://www.moa.gov.cn/ztzl/jj2020zyyhwj/zxgz/202002/t20200207_6336717.htm.

⑤ 奋力抓好"三农"工作 确保如期实现全面小康［N］. 人民日报，2020-02-06（04）.

⑥ 李宁. 中央一号文件再聚焦：补齐"三农"短板 挖掘发展潜力［N］. 经济日报，2020-02-07（08）.

⑦ 抓好"三农"领域重点工作确保如期实现全面小康：中央农办主任、农业农村部部长韩长赋就2020年中央一号文件答记者问［EB/OL］.（2020-02-05）［2024-03-16］.http://www.moa.gov.cn/ztzl/jj2020zyyhwj/zxgz/202002/t20200205_6336613.htm.

村现代化关键领域有新思路，在农业绿色发展等关键环节"出实招"①。随着城镇居民对优质绿色农产品需求不断增加，我国农业已形成需求牵引供给的良性发展格局②。2022 年中央一号文件聚焦产业促进农业农村绿色发展，推动农业农村迈出新步伐，深入推进废弃物资源化利用、农业投入资源减量行动，全面推进乡村振兴取得新进展、新成果。2023 年中央一号文件提出要推动农业绿色发展，必须加大先进设备和科技的支撑作用。农业作为重要的碳排放源，同时还是巨大的碳汇系统，在保障农产品供给稳定性的前提下，推进高质量的乡村振兴工作，落实"双碳"目标，就必然要求发展绿色低碳农业，加强节能农产品的认证和低碳农产品的供给；推进绿色金融、绿色低碳标准化生产和绿色供应链的构建；加强农业绿色低碳产业培育，发展农业绿色低碳循环为新的增长点，实现一二三产业联动的绿色低碳产业循环体系；建立绿色低碳农产品品牌，形成绿色低碳农产品品牌链③。2024 年中央一号文件提出以科技改革双轮驱动，推进农业农村现代化建设；推进种养循环模式和化肥农药增效减量，推进县域面源污染治理，加强农产品质量控制和安全监管，强化抗菌药减量使用，维护生态环境平稳④。从历年的中央一号文件可以看出，农业绿色连续成为中央一号文件的重要内容，是农业转型和优化升级的根本方向。

第一，顶层设计农业绿色低碳发展政策体系。2015 年 5 月，农业部、国家发展改革委等七部门联合印发了《全国农业可持续发展规划（2015—2030年）》，要求建立"五位一体"的战略布局，为确保生态安全，维护农产品质量安全提供坚实保障，明确 2020 年和 2030 年实现农业长期可持续发展的目标，指导建立绿色生态循环农业的区域布局和发展格局。2021 年 8 月，农业农村部、国家发展改革委等六部门颁布了《"十四五"全国农业绿色发展规划》，以绿色农业发展为目标，落实具体措施方案；创新机制，建立多层次的、多元化的发展格局；推动农业生产要素资源向农业绿色发展的重点区

---

① 下大气力全面推进乡村振兴 [N]. 经济日报，2021-02-22（01）.

② 吴宏耀. 准确把握新发展阶段"三农"工作的历史方位和战略定位 [N]. 农民日报，2021-02-24（03）.

③ 刘静. 吹响科技强农集结号 农业专家解读 2023 年中央一号文件 [N]. 科技日报，2023-02-16（05）.

④ 中共中央 国务院关于学习运用"千村示范、万村整治"工程经验有力有效推进乡村全面振兴的意见 [EB/OL].（2024-02-03）[2024-03-08]. http://www.news.cn/politics/20240203/c547f9a0f71944b1a0ad475954dc3c5d/c.html.

域和领域集聚，实现资源同聚，发挥资源的规模效应与集聚效应。《"十四五"全国农业绿色发展规划》对"十四五"时期的农业全面绿色转型，实现人与自然和谐共生，构建资源节约型、环境友好型农业具有重要指导意义。2021年9月，《中共中央 国务院关于完整准确全面贯彻新发展理念做好碳达峰碳中和工作的意见》将"双碳"目标纳入社会经济发展体系，要求以绿色低碳发展为抓手，以全面绿色转型为引领，走绿色低碳的高质量发展道路，以实现"双碳"目标。该意见首次明确了以绿色低碳发展为规划，形成绿色低碳发展布局，将绿色低碳双重目标有效衔接起来。该意见也描绘了2025年、2030年、2060年绿色低碳发展应取得的成效，为绿色低碳农业阶段性目标提出了指导和全局规划。2021年10月，中共中央办公厅、国务院办公厅印发《关于推动城乡建设绿色发展的意见》，坚持生态优先，落实碳达峰、碳中和的"双碳"目标，推动农业绿色转型发展和生态文明建设。该意见明确了2025年和2035年农业绿色发展、碳减排的总体目标，要求转变城乡建设方式，建立高品质绿色建筑，推行绿色生活方式，实行绿色工程建造。2021年11月，国务院颁布了《"十四五"推进农业农村现代化规划》，将"三农"工作重心转向全面推进乡村振兴，以加快中国农业现代化建设，将农村生态环境质量提升到新的高度，实现农村生产生活方式绿色低碳转型发展。该规划将绿化低碳内容作为农业农村现代化指标体系的重要二级指标，将绿色高质高效行动纳入重要农产品安全保障工程，加强清洁能源建设，夯实基础设施水平，推进污染治理，提升农村人居环境。加强生态文明建设，推进绿色兴农、质量兴农，加强面源污染治理，保护农村生态系统。该规划强调以农业农村现代化建设引领绿色低碳转型发展，推动农业发展进入新的时代。2021年12月，农业农村部颁布了《"十四五"全国种植业发展规划》，总结了"十三五"时期的种植业发展成效，明确了"十四五"期间我国种植业的发展规划、重点任务和目标方向，以推进种植业高质量发展。该规划制定了7个主要产业的重点区域、发展目标和措施路径，科学规划了种植业区域发展布局，明确了七大任务和23项重点工作措施，推动种植业全面绿色转型发展，提高种植业的竞争力和产业效益[①]。2022年2月颁布的《中共中央 国务院关于做好2022年全面推进乡村振兴重点工作的意见》以全面实现乡村振兴战略为目标，推进农业农村绿色发展，展开农业绿色发展

---

① 王田. 农业农村部印发《"十四五"全国种植业发展规划》［N］. 农民日报，2022-01-13 (13).

行动，研发增汇减碳型农业技术，建立碳汇产品价值实现机制，推进乡村振兴迈入新阶段、农业农村现代建设取得新成果。2023年12月，《中共中央国务院关于全面推进美丽中国建设的意见》提出要全面建设美丽中国，现代化建设要充分贯彻人与自然和谐共生的理念。该意见将生态文明建设作为全局工作的突出内容，从"三全"方面加强生态环境保护，走生态良好的文明发展道路，建立地绿、天蓝、水清的美好家园。该意见围绕实现双碳承诺，统筹推进扩绿、降碳，以高品质生态环境作为高质量发展的重要特征，提出了2027年和2035年的绿色低碳目标，推进碳达峰碳中和，加强重点领域的绿色低碳发展。践行绿色低碳生活方式。该意见增加了农业绿色低碳发展的战略定力，牢固树立和有力践行了绿水青山就是金山银山的现代发展理念。

第二，农业绿色低碳发展的体制机制不断完善。农业绿色发展，是实现农业现代化和可持续发展的重要举措，要从根本上改变粗放型经营方式，必须加强生态产品和绿色产品的供给，健全农业绿色发展的保障制度，完善体制机制建设。2017年9月，中共中央办公厅、国务院办公厅印发了《关于创新体制机制推进农业绿色发展的意见》。该意见要求从体制机制建设方面促进农业绿色发展，优化农业区域布局与主体功能，强化环境保护和污染防治，加强资源节约利用和保护，平衡农业生态系统，完善激励约束机制，实施创新驱动发展战略，推行农业绿色生产方式，推进人与自然的和谐共生。该意见明确了2020年的生态系统、资源利用、绿色供给与生态环境实现的目标与任务，深刻践行"两山"理论。

第三，农业污染防治和生态环境保护财政支持政策不断健全。2017年4月，财政部、农业部修订了《农业资源及生态保护补助资金管理办法》，统筹资金使用制度，提升耕地质量、修复草原生态、奖励草畜平衡、补助草原禁牧等；明确资金下达分配，资金使用管理，绩效评价和监督检查等工作。2018年1月，农业部颁布了《农业生态环境保护项目资金管理办法》。为提高项目资金使用效益，该办法规范农业生态环境保护的各项项目支出，明确项目资金和使用管理的承担责任主体，明确项目资金监督检查和预算管理的主体单位；明确资金的开支方向和使用范围；制定具体措施落实项目实施和资金使用管理；加强对资金的绩效评价和监督检查。2019年4月颁布的《农业农村部、生态环境部关于进一步做好受污染耕地安全利用工作的通知》提出，为遏制耕地污染持续加重、资金途径受限的问题，加强资金筹集和资金扶持强度，统筹各地区涉农资金，建立以绿色为导向的农业补贴制度，设立土地污染防治专项基金，基金使用要向受污染耕地和集中推进区倾斜。2021年6月，财政部印发的《农村环境整治资金管理办法》明确了资金整治管理使用的原则、资金整治支持范围方向以及预算绩效管理工作，以提高资金的使用效益、规范农村环境整治资金管理。

第四，完善了农业补贴制度，推进农业绿色低碳发展。2016年4月颁布的《财政部、农业部关于全面推开农业"三项补贴"改革工作的通知》提出，加强对种粮大户试点补贴和"三项补贴"的资金支持，完善信贷担保体系和农业支持保护补贴制度，促进农村金融快速发展和粮食种植规模适度经营。2016年5月颁布的《国务院土壤污染防治行动计划的通知》，对污染防治和绿色环境保护的责任主体进行了界定和明确。2016年11月，财政部、农业部联合印发的《建立以绿色生态为导向的农业补贴制度改革方案》，要求牢固树立绿色发展理念，确立以绿色生态为导向、加强生态环境保护的农业补贴及激励制度的五年目标。该方案精准规定了农业补贴政策，破解制约农业可持续发展的重点领域和关键环节；提高补贴资金使用率，创新补贴方式，开展"三项补贴"改革。该方案还要求严格落实最严格的耕地保护制度，保障绿色生态农业投入及绩效评价改革。2017年4月，财政部、农业部印发《农业支持保护补贴资金管理办法》，规定了农业支持保护补贴以绿色生态为导向，加强耕地质量保护，减少农药化肥的使用，提高农作物秸秆的利用水平及效益。

第五，完善农业绿色低碳发展的技术配套，提供技术支持和服务。2018年7月，农业农村部印发了《农业绿色发展技术导则（2018—2030年）》，有效贯彻《关于创新体制机制推进农业绿色发展的意见》，促进农业现代化建设与绿色发展，为2030年建立农业绿色技术体系明确了具体目标。发展绿色农业技术体系，要充分实现三个方面的"转变"：从单要素生产率转变为全要素生产率，从生产功能转变为生态生产并行功能，从数量为主转变为数量质量并重。我们要通过发展农业绿色技术体系，提高农业全要素生产率和资源综合利用率，走绿色低碳、生态友好的现代化建设道路。我们还要完善农业绿色发展技术体系，实现资源投入的绿色化，创新绿色低碳技术模式与种养结构，扩大农业绿色基础研究，开创绿色综合发展技术模式，实施绿色加工增值技术，完善绿色生产标准流程，并为农业绿色低碳发展提供充足的资金、政策、机制、应用转化方面的保障。

第六，将农业绿色发展与低碳发展充分结合起来，以实现全领域的

"双碳"目标。2021 年 10 月，国务院制定了《2030 年前碳达峰行动方案》，为实现 2030 年的碳达峰目标，分解任务到各地区、各行业和相关领域。该方案要求实施农业绿色低碳转型行动，将碳达峰贯穿于农业现代化发展的各个方面、各个过程和各个阶段。该方案还要求大力实施农业节能增效降低行动，推动农业能源绿色革命，推进农村建设和农业生产用能低碳转型行动，充分发挥农业的巨大碳汇潜能，培育农业绿色发展动能。2022 年 5 月，农业农村部、国家发展改革委颁布了《农业农村减排固碳实施方案》，以推进农业绿色低碳发展，按时完成碳达峰、碳中和的"双碳"目标。推进农村固碳减排工作，是推进乡村振兴的重要举措，是农业农村实现现代化的必经之路，也是农业生态文明建设的应有之义。把碳达峰碳中和纳入生态文明建设的总体布局，要以农业绿色低碳发展为重点，降低温室效应对气候变化的不利影响，大力实施降碳减污。《农业农村、减排固碳实施方案》进一步明确 2025 年、2030 年农业农村固碳减排的目标，以推动农业农村全面绿色低碳转型。为达成目标，该方案规定了在种植业、渔业、畜牧业、农用机械、农田、可再生能源方面的重点任务；实施相应的重大行动；为完成重点任务和重大行动，应加强组织、政策、产业、宣传方面的保障措施。

第七，加强农业投入资源和生产要素的改进创新工作。2016 年 12 月，国务院办公厅印发了《湿地保护修复制度方案》。湿地在气候调节、农业生产、涵养水源、旱涝治理、水质维护和保护生物多样性方面具有不可替代的功效，湿地保护是生态文明建设的重要内容，关系生态系统的平衡和国家生态战略的安全。由于湿地保护产生问题仍然突出，湿地生态功能退化现象严重，湿地保护要切实落实目标责任制，制定湿地分级管理体系，完善湿地退化治理手段，健全湿地修复保护保障制度，加强湿地用途转换管理和监督管理，强化湿地的评价监测机制。因此，通过将湿地生态系统与其他自然生态系统充分联结起来，建立统一、相互协调、运行有效的大自然生态系统，可以有效发挥湿地生态系统的生态保护平衡功能。2022 年11 月，农业农村部印发了《到 2025 年化学农药减量化行动方案》和《到 2025 年化肥减量行动方案》。两方案提出，降低农业生产过程中的化肥农药投入，提高生产要素的生产率，是推动农业全面绿色低碳转型的关键，能稳固农业发展的根基，落实粮食安全战略，加强生态文明建设的进程。《到 2025 年化学农药减量化行动方案》明确了化学农药使用的基本原则，却坚持数量质量、节本增效、生态生产、减药稳产并举的原则；明确了病虫害统防统治和绿色防控，要求降低化学农药在农业生产中所占比重的目标任务；实施"精、综、替、统"的技术方案，要求加强分类治理和综合治理；规定了化学农药减量行动的重点任务，要求加强病虫害绿色防控、监测评估、普及推广、监测预报、专业防治和监督管理等行动。为落实技术方案和重点任务，《到2025年化学农药减量化行动方案》还提出应加强组织、科技、政策、宣传方面的保障措施，提高化学农药减量行动的可实现性和可操作性。《到2025年化肥减量行动方案》明确了化肥的使用的基本原则，即坚持创新引领、政府引导、尊重实情、创新模式的原则；规定了"一减三提"的目标任务，要减少化肥的施用总量，提高化肥施用效率、测土配方施肥覆盖率和有机肥资源还田量；制定了"精、改、调、管"的技术路径；制定了华北地区、东北地区、华南地区、长江中下游地区、西北地区和西南地区的区域方案。《到2025年化肥减量行动方案》要求落实"三新"集成配套，开展化肥施用效果评价行动方案，有机化肥替代行动方案，宣传培训，测土配方施肥行动方案。为完成目标任务、技术路径和行动方案，《到2025年化肥减量行动方案》提出应加强法制、政策、组织、科技、责任等方面的保障措施。

第八，加强农业绿色低碳转型的改革试点工作。2016年6月，农业部等十部委办局联合印发了《探索实行耕地轮作休耕制度试点方案》，以提高农民的收入、解决粮食供求矛盾、减轻财政负担，实现农业的可持续发展。该方案明确了基本原则和3~5年的区域耕地轮耕的主要目标。该方案要求在试点区域实施耕地轮作休耕的技术方案，明确补助方式和标准，制定相应的保障措施。该方案还要求对试点区域的经验进行总结，引进第三方评估机制，对优秀的经验和做法进行宣传推广，扩大技术方案的应用范围。2022年9月，农业农村部等5部门发布了《建设国家农业绿色发展先行区 促进农业现代化示范区全面绿色转型实施方案》，旨在促进农业全面绿色转型发展，以绿色低碳循环发展理念引领农业现代化，建立绿色低碳循环农业，建设美丽中国。该方案坚持创新改革、协力推进，政企联动、相互协调，生态优先、高质发展，明确因地制宜、多层次发展的原则；明确了培育绿色农业主体、完善绿色发展机制、应用绿色低碳技术、构建扶持政策的重点任务；制定了平台互动、市场助推、协调配合、技术革新的具体措施。该方案的有效落实为建设农业绿色发展先行实验区和试点，推进现代化农业的示范区创建，发挥了示范效应和推广效应。2023 年 4 月，财政部下发了《关于做好 2023 年农村综合性改革试点试验有关工作的通知》，推动中央财政继续支持并开启新的农村改革综合试点，打造示范样板，加快农业农村的现代化建设。该方案要求制定重要任务，做到"四个创新"，创新人才培养机制，创新产业振兴农业发展机制，创新乡村治理机制，创新数字融合农业机制。该方案还要求从试点管理、组织领导、评价考核、资金管理四个方面明确具体工作要求，由县级编制试点方案，由省级进行审核，最后再由中央财政择优进行支持，以此建立试点区域先行、做优做强、样板示范的"由点及面"的逐步推广机制。

4.3 农业绿色发展水平不断提升

4.3.1 农业绿色发展整体水平持续提高

农业绿色发展指数变化趋势见图 4-14。

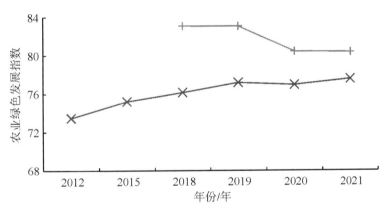

图 4-14 农业绿色发展指数变化趋势

（数据来源：《中国农业绿色发展报告》）

全国农业绿色发展指数主要用以衡量我国农业绿色发展水平，评价监测指标主要包括农业生态修复、资源节约利用、绿色技术发展、绿色产业支撑、产地环境改善五个一级指标，以及 19 项二级指标（见表 4-5）。2012 年、2015 年、2018—2021 年农业绿色发展指数分别为 73.46、75.19、

76.12、77.14、76.91、77.53。以 2012 年为计算基数，2015 年、2018—2021 年农业绿色发展指数分别增加 1.73、2.66、3.68、3.45、4.07，增长率分别为 2.36%、3.62%、5.00%、4.70%、5.54%，全国农业绿色发展水平持续提高。在农业生态保护和修复方面，通过实施草原补贴政策、产权制度改革等工作，草原生态功能得到改善；通过渔业休养保护与水产生产养殖保护等工作，有效遏制了水产生物断产断代问题；通过废弃物有效回收、农业资源循环综合利用等工作，农业环境保护取得一定成绩。在资源节约利用方面，通过大力发展节水农业，兴建农田水利和灌溉基础设施，提升耕地质量，保护生物多样性，有效提高了农业资源利用效率。在产地环境治理方面，通过加强化学农药投入减量、禽畜粪污循环使用等工作，初步遏制了农业环境破坏问题，农业资源投入增质增效[1]。

表 4-5　农业绿色发展水平评价指数体系

	一级指标	指标含义	二级指标
农业绿色发展水平评价指数	农业生态修复	反映农业生态系统的保护和修复情况	村庄绿化覆盖率
			受污染耕地安全利用率
			草原综合植被盖度
			森林覆盖率
			水土保持率
	资源节约利用	反映农业资源投入和利用水平	耕地保有率
			农田灌溉水有效利用系数
			耕地质量等级提升
	绿色技术发展	反映绿色技术农业发展的贡献情况	农作物耕种综合机械化率
			农业科技进步贡献率

---

① 蒋建科. 我国农业绿色发展指数提高 [N]. 人民日报，2020-06-06 (08).

表4-5(续)

	一级指标	指标含义	二级指标
农业绿色发展水平评价指数	绿色产业支撑	反映绿色低碳农业发展水平和质量效益	绿色优质农产品生产规模占食用农产品比重
			单位农业增加值能耗
			农村居民人均可支配收入
			农产品质量安全例行监测总体合格率
	产地环境改善	反映农业生产地环境治理情况	化肥利用率
			秸秆综合利用率
			农药使用强度
			农膜处置率
			畜禽粪污综合利用率

资料来源:《农业绿色发展水平监测评价办法（试行）》，农业农村部。

国家农业绿色发展先行区是在充分结合当地特色农业资源、先天条件和产业基础等条件下，探索具有区域特色、重点突出、优势明显、生态优先的绿色发展模式，打造先行先试的综合试验平台。国家农业绿色发展先行区对其他地区农业绿色发展形成示范效应和带动效应。国家农业绿色发展先行区创建情况见图4-15。

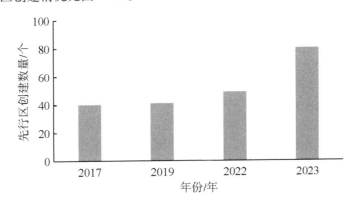

图4-15 国家农业绿色发展先行区创建情况

由图4-15可知，2017年，国家农业绿色发展先行区为40个；2019

年，国家农业绿色发展先行区为 41 个；2022 年，国家农业绿色发展先行区为 49 个；2023 年，国家农业绿色发展先行区为 80 个。截至 2023 年年底，国家农业绿色发展先行区累计共创建 210 个，每批先行区创建数量保持增长态势，2023 年第四批先行区试点范围扩大最为明显，比第三批增加 31 个。国家农业绿色发展先行区发挥自身特色和优势，努力推进农业绿色转型发展，通过试点初步实现"以点及面、点面结合"的绿色发展布局。2018—2021 年国家农业绿色发展先行区绿色发展指数依次为 83.05、83.03、80.38、80.32。国家农业绿色发展先行区的绿色发展指数一直领跑全国，远高于当年全国农业绿色发展平均水平。当然，国家农业绿色发展先行区的绿色发展水平也存在差异和不平衡。在 2021 年，有 5 个国家农业绿色发展先行区绿色发展指数高于 85，绿色发展水平处于领先地位；有 63 个国家农业绿色发展先行区绿色发展指数在 80~85，处于国内先进水平；另外 60 个国家农业绿色发展先行区绿色发展指数位于 73~80，在全国处于较高水平。

案例 4-1　北京顺义打造"三元双向"循环农业

2023 年，北京市顺义区被认定为国家农业绿色发展先行区。顺义区是北京市重要的蔬菜生产供应基地，全区蔬菜生产量在北京市位于第三位。2022 年，顺义区农林牧渔业总产值为 44 亿元，位于北京市首位。2023 年，顺义区进入国家现代农业产业园的创建名单，是北京市农业绿色发展的成功典范。顺义区积极发展绿色循环农业，推动农业全面绿色转型，打造绿色循环生态的农业产业链，积极促进农业高质量发展。

第一，制定创新政策，加强科技创新。顺义区颁布了《顺义区农业绿色发展先行先试支撑体系建设方案（2020—2022 年）》，制定政策防治农业面源污染，推动绿色农业技术示范和规划研究。顺义区加强与北京农学院、中国农业科学院的科技合作，加强科技创新，共同开展绿色农业的技术创新和发展模式，为农业绿色发展提供技术保障。顺义区累计投入 300 余万元建立农业绿色测评观测站，加强绿色农业的日常监控。

第二，加强农业废弃物资源化利用。顺义区建立了"经营主体分堆摆放+村镇尾菜回收+专业机构集中处理"的体系，打造政府主导、农户参与、市场保障的农业废弃物处理模式，推动资源绿色循环流动。顺义区以村为基本单位，在蔬菜生产区建立废弃物收纳站，农户按照蔬菜废弃物类型分拣归集到相应的站点。农业合作社将蔬菜废弃物统一运输到肥料加工厂；肥料加工厂利用发酵工艺，将蔬菜废弃物转换成有机肥并返回农田施肥。顺义区还在部分村镇投入财政资金进行试点，2017年起每年投入1 200万元的财政资金，在全区推广使用该模式，对相应企业给予财政补贴和支持。通过5年的实施，顺义区杜绝了原有的蔬菜烧毁、随意乱放、丢弃等现象，累计回收57万吨蔬菜废弃物，有效减少了农业面源污染和温室气体排放，提高了农业固碳水平。农业废弃物成为有机肥的重要原料，低成本生产出了大量有机肥料，降低面源污染的治理成本和难度，实现了资源的循环利用。同时，顺义区还将该模式成功运用到禽畜粪污的治理和资源化利用体系中。

第三，构建绿色农业产业链，推动建立产业合作机制。顺义区创新农业发展模式，提高农民收入水平，建立"农户+合作社+企业"的合作经营机制，深度融合绿色农业与特色产业，延长产业链深度，带动农户与合作社协同发展。顺义区建立"云种养"的智慧农业，引入云数据提高农业产业链价值与经济效益[①]。顺义区加强绿色农业供应链建设，加强农产品标准生产和管理，提高农产品质量，加强对绿色农产品的宣传和推广，增强农业绿色竞争力。

4.3.2 农业绿色产品供给持续增长

中国农业绿色发展研究会与中国农业科学院农业资源与农业区划研究所联合发布的《中国农业绿色发展报告2022》指出，要推进农产品"三品一标"（地理、有机、绿色标志和合格达标农产品）四大行动，推动农业生产"三品一标"（品牌建立、品质保障、品种优化和标准化生产流程），打造农业绿色知名品牌，建立绿色农业生产基地，保障农业绿色品质和质量，引导农业绿色消费，创建农业绿色标准化生产流程，推动农业产品绿色供给能力持续提升。2013—2022年绿色食品发展情况变化趋势见图4-16。

---

① 芦晓春. 北京市顺义区全力推进农业绿色先行区高质量发展[EB/OL].（2023-12-07）[2024-03-15].http://www.moa.gov.cn/xw/qg/202312/t20231207_6442241.htm.

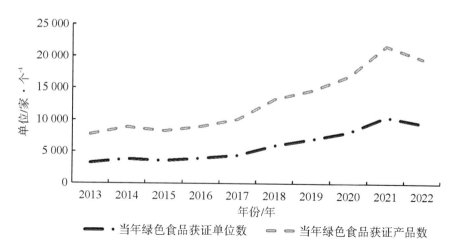

图 4-16 2013—2022 年绿色食品发展情况变化趋势

（数据来源：《绿色食品统计年报》）

粮食安全是农业发展的重要目标，农业绿色发展必须保障餐桌安全，农产品绿色品质和供给能力是农业绿色全面转型发展的重点。农业绿色产品能有效保障农产品供给质量与安全[1]。从农业绿色食品发展情况来看，2013—2022 年全国农业绿色食品获证单位数持续增长，从 2013 年的 3 229 家增长到 2022 年的 9 460 家，增长 6 231 家，增长率达 193%。2013—2022 年全国农业绿色食品获证产品数与获证单位数保持同步增长，从 2013 年的 7 696 个增长到 2022 年的 19 612 个，增长 11 916 个，增长率达 155%。从地域所属情况来看，绿色食品获证单位及获证产品主要集中在东部地区，中西部地区单位及产品数量分布较少。2013—2022 年有效用标单位和产品数量变化趋势见图 4-17。

---

① 李学敏，巩前文. 新中国成立以来农业绿色发展支持政策演变及优化进路 [J]. 世界农业，2020（4）：40-50.

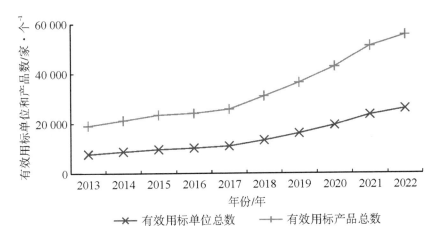

图 4-17 2013—2022 年有效用标单位和产品数量变化趋势

（数据来源：《绿色食品统计年报》）

　　从绿色食品有效用标单位数量来看，2013—2022 年全国绿色食品有效用标单位数量持续增长，从 2013 年的 7 696 家增长到 2022 年的 25 928 家，增长 18 232 家，增长率达 237%。从绿色食品有效用标产品数量来看，2013—2022 年绿色食品有效用标产品数与单位数保持同步增长，从 2013 年的 19 076 个增长到 2022 年的 55 482 个，增长 36 406 个，增长率达 191%。从地域分布上来看，绿色食品有效用标单位和有效用标产品主要集中在东部地区，中西部地区有效用标单位及有效用标产品数量分布较少。2013—2022 年绿色食品国内年销售额及出口额变化趋势见图 4-18。

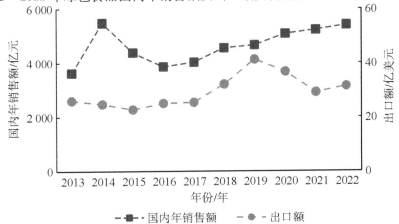

图 4-18 2013—2022 年绿色食品国内年销售额及出口额变化趋势

（数据来源：《绿色食品统计年报》）

从绿色食品销售情况来看，2013—2022 年绿色食品国内销售额和出口额呈阶段性增长态势。绿色食品国内销售额从 2013 年的 3 625.2 亿元增长到 2022 年的 5 397.97 亿元，增长 1 772.77 亿元，增长率为 48.90%，绿色食品国内销售保持稳步增长。绿色食品出口额从 2013 年的 26.04 亿美元增长到 2022 年的 31.41 亿美元，增长 5.37 亿美元，增长率为 20.62%，受国际疫情和经济环境影响，2019—2021 年绿色食品出口额出现小幅度的下滑，2022 年开始出现反弹。

从绿色食品产品结构来看，2022 年绿色食品产品数共有 55 482 个，同比增长 8.64%。其中，农林及加工产品为 44 963 个，占比 81.04%，同比增长 9.00%；饮品类产品为 6 149 个，占比为 11.08%，同比增长 12.77%；畜禽类产品为 1 988 个，占比为 3.58%，同比增长 8.22%；水产类产品为 668 个，占比为 1.20%，同比下降 4.98%；其他产品为 1 714 个，占比为 3.09%，同比下降 5.09%。绿色食品主要分布在农林及加工产品领域，畜禽及水产类占比较低。绿色食品产品数增长的主要原因是农林及加工领域绿色食品产品数提高。

从绿色食品产地环境监测面积来看，2022 年监测面积共有 15 559.04 万亩（1 亩≈667 平方米，下同），同比增长 5.44%。其中，农作物种植监测面积为 7 798.58 万亩，占比 58.53%，同比下降 9.70%；果园监测面积为 1 530.65 万亩，占比为 9.84%，同比增长 37.97%；茶园监测面积为 623.59 万亩，占比为 4.01%，同比增长 18.75%；林地监测面积为 496.26 万亩，占比为 3.19%，同比增长 5.17%；草场监测面积为 3 145.12 万亩，占比为 20.21%，同比增长 194.75%；水产养殖监测面积为 569.39 万亩，占比为 3.66%，同比下降 2.80%；其他监测面积为 1 395.45 万亩，占比为 8.97%，同比下降 40.89%。绿色食品产地监测面积上升主要是由草地监测面积大幅度增加所引起的。

2013—2022 年绿色食品原料标准化生产基地建设变化趋势见图 4-19。

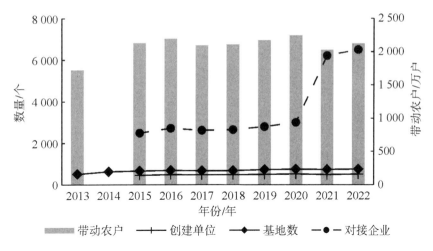

图4-19 2013—2022年绿色食品原料标准化生产基地建设变化趋势

（数据来源：《绿色食品统计年报》）

全国绿色食品原料标准生产基地建设情况持续向好。创建单位从2015年的460个增长到2022年的508个，增长48个，增长率为10.43%，年均增长6个，实现平稳增长。基地数从2013年的511个增长到2022年的748个，增长237个，增长率为46.38%，年均增长34个，增长数量较为明显。对接企业从2015年2 488家增长到2022年的6 500家，增长4 012家，增长率为161.25%，年均增长573家，其中2021年增长较为明显，从2020年的2 994家增长到2022年的6 206家，增长数量实现了质的突破。带动农户从2013年的1 722.8万户增长到2022年的2 126.57万户，增长403.77万户，增长率为23.44%，年均增长58万户，增长数量较为显著。2022年种植面积为1.74亿亩，相较于2021年1.68亿亩增长0.06亿亩，增长率为3.57%。从产品类别上来看，绿色食品原料标准化生产基地的农作物主要为粮食作物；从地区上来看，绿色食品原料标准生产基地主要分布在全国粮食作物主产区。2017—2022年绿色食品生产资料获证企业变化趋势见图4-20。

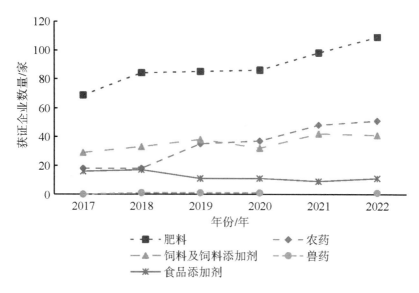

图 4-20　2017—2022 年绿色食品生产资料获证企业变化趋势

（数据来源：《绿色食品统计年报》）

全国绿色食品生产资料获证企业数量持续增长。2022 年获证企业数量为 213 家，相较于 2017 年增加 81 家，增长率为 61.36%。其中，肥料企业从 2017 年的 69 家增长到 2022 年的 109 家，增加 40 家，增长率 57.97%；农药企业从 2017 年的 18 家增长到 2022 年的 51 家，增加 33 家，增长率为 183.33%；饲料及饲料添加剂企业从 2017 年的 29 家增长到 2022 年的 41 家，增加 12 家，增长率为 41.38%；兽药企业从 2017 年的 0 家增长到 2022 年的 1 家；食品添加剂企业从 2017 年的 16 家减少到 2022 年 11 家，减少 5 家。

肥料生产企业在获取绿色食品生产证书方面快速增长。2017—2022 年绿色食品生产资料获证产品变化趋势见图 4-21。

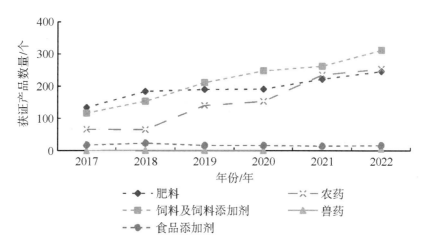

图 4-21　2017—2022 年绿色食品生产资料获证产品变化趋势

（数据来源：《绿色食品统计年报》）

全国绿色食品生产资料获证产品数量快速增长。2022 年获证产品数量为 834 个，相较于 2017 年增加 502 个，增长率为 151.20%。其中，肥料获证产品从 2017 年的 133 个增长到 2022 年的 246 个，增加 113 个，增长率为 84.96%；农药获证产品从 2017 年的 66 个增长到 2022 年的 254 个，增加 188 家，增长率为 284.85%；饲料及饲料添加剂获证产品从 2017 年的 116 个增长到 2022 年的 312 个，增加 196 个，增长率为 168.97%；兽药获证产品从 2017 年的 0 家增长到 2022 年的 6 个；食品添加剂获证产品从 2017 年的 17 家减少到 2022 年 16 个，减少 1 个。肥料、农药、饲料及饲料添加剂获证产品数量增长较快，兽药在绿色获证方面有了明显提升。《中国农业绿色发展报告 2022》披露，2022 年有 2 971 家农业经营主体被纳入名录管理，累计已有 9 083 家主体被纳入名单管理；有 1 012 个农产品登录全国名新优特榜单，累计有 3 234 个农产品登录；建成 41 个农业产业园区，实现绿色农业产业与其他产业的深度融合发展。

4.3.3　农业产地环境保护和治理取得显著成效

农药、化肥、薄膜和农用机械等是农业生产要素的重要组成部分，对农业增产增收、维护粮食安全具有直接的影响。分析以上生产要素的投入变化，可以较好地评估农业产地环境保护和治理情况，以分析农业绿色低碳发展的程度和状况。

4.3.3.1　农药减量使用取得成效

中国农业科学院和中国农业绿色发展研究会共同发布的《中国农业绿色发展报告 2020》显示，2020 年全国水稻、玉米、小麦三大粮食作物化肥利用率和农药利用率分别达到 40.2% 和 40.6%，较 2015 年分别提高了 5 个百分点和 4 个百分点，化肥和农药用量连年降低；2022 年全国秸秆综合利用率达到 86.72%，畜禽粪污综合利用率达到 75% 以上，地膜覆盖面积和使用量实现了负增长，农膜回收率达到 80%，重点地区"白色污染"得到有效防控。

近 30 年来，随着农业经济发展，对农业病虫害防治及防治技术提出了更高的需求。但是即便现代农业技术得到大量推广和应用，并未大量减少或淘汰使用农药，农药使用量仍然处于上升态势。农药在提高农业产量方面具有至关重要的作用，在一定条件下，农业产量与农药使用及农药技术发展具有正相关关系。随着气候变化和温室效应不断加剧，空气中的二氧化碳浓度升高、更大降水量与更高气温可能导致杂草生长更加迅速，从而导致农药使用量在未来较长时间内保护增长。"一喷多促、一喷三防"的应急性和预防性用药，是防范重大病虫害事故的主要措施。因此，正确科学地使用农药，能有效地解放劳动生产力，提高耕地的有效使用面积，提升农产品品质和商业价值。

农药在预防公共卫生事件，防治疾病传染及流行方面具有重要作用。农药的合理使用，可以有效预防和减少生活环境恶化带来的蛀虫、老鼠、蟑螂、蚊虫、苍蝇等物种滋生，减少传染媒介所带来的疾病蔓延风险和负担。同时，也能抵御红火蚁等外来物种的入侵破坏，防治白蚁、杂草生长等对铁路轨道交通和堤坝的侵蚀。

农药作为重要的农业生产资料，对稳定农业产量具有重要作用。农药是防治病虫害的刚性需求，在农业增产增收中具有不可替代的作用。使用农药是"虫口取粮"的主要方式，农药能有效保证农作物生产的稳定性。我国以占世界 7% 的耕地养育世界上 22% 的人口，粮食安全具有重要的战略意义，农药的使用有效控制了病虫害对农业产量的影响，能挽回 20%~40% 的农业减产。普通型的农药的投入产出比在 1∶4 以上，而近些年出现的许多高效、新型、低毒、低公害的农药的投入产出比甚至能达到 1∶10 以上，农药的投入产出具有明显的产值效益和经济效益。但防病虫害的化学农药使用增加，导致病虫产生耐药性和抗药性，进入农药越用越多、病虫越来越难防治的恶性循环。同时，随着耕地面积越来越紧张，对单位耕地面积的农业产量提出了更高的要求，使用农药防治病虫害变得极为重要。因此，科学合理使用农药，提高农药的产出效率，是保障农产品产量的有效举措。

农药的巨大作用不可忽略和轻视，但也必须清楚认识到农药可能带来的负面作用和影响。农药分为杀虫剂、除草剂和杀菌剂，其中杀虫剂应用最为广泛。农药使用可能带来生态环境问题，农药残留物会污染土壤和水源，导致土壤贫瘠化和水源无法饮用，影响农作物的生长环境。农药含有的化学有毒成分，会残留和附着在农作物表面，对食品安全带来严峻挑战，对人类和动物健康带来危害。农药也使得易暴露人员如农民、农业技术员、农业生产管理员等，更易产生疾病健康风险，罹患感染类疾病和炎症。

2000—2021 年农药使用量及使用强度变化趋势见图 4-22。

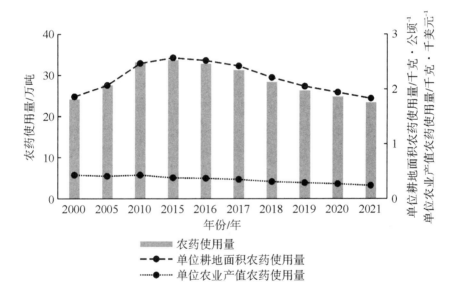

图 4-22　2000—2021 年农药使用量及使用强度变化趋势

（注：农药使用量以折百量计算，单位耕地面积农药使用量＝农药使用量÷农业耕地面积，单位农业产值农药使用量＝农药使用量÷农业产值）

（数据来源：联合国粮食及农业组织官网，https://www.fao.org/faostat/en/#data/RP）

中国是农药使用大国，FAO（联合国粮食及农业组织）数据显示，近20 年我国农药使用量变化分为两个阶段：2000—2015 年，农药使用逐年增长，从 2000 年的 24.15 万吨上升到 2015 年的 33.66 万吨，2015 年的农药使用量达到峰值；2016—2021 年，农药使用量逐渐减少，从 2016 年的 32.85 万吨降低至 2021 年的 23.39 万吨，农药使用连续六年保持负增长。从农药使用强度来看，我国单位耕地面积农药使用量与农药使用量具有相同的表现特征，从 2000 年的 1.86 千克/公顷增长到 2015 年的 2.57 千克/公顷，2015 年达到最高值，此后逐年降低，直至达到 2021 年的 1.83 千克/公顷；单位农业产值农药使用量从 2000 年的 0.43 千克/千美元，开始每年下降，到 2021 年降至 0.24 千克/千美元，表明农药对农业产量的贡献和产生的经济效益在逐年提升。总体来看，农药使用量和单位耕地面积农药使用量呈"倒 U 形"的变化特征，单位农业产值农药使用量变化曲线斜率为负值，微毒低毒农药占比为 85%，受污染耕地安全利用率超过 90%。农业农村部数据显示，截至 2023 年年底，我国主要农作物病虫害绿色防控覆盖率为 54%，三大粮食作物统防统治面积覆盖率达 45%[①]。农药利用效率逐年提高：2019 年，农药平均利用率为 39.8%，比 2013 年上升 4.8 个百分点；2020 年，农药利用率上升至 40.6%；2021 年农药利用率与 2020 年基本持平；2022 年农药利用率超过 41%。

在第一阶段，随着农业经济发展，农业生产规模逐步扩大，农药使用量一直持续增长，农业产量也同步快速增长，农药对农业产量的提高产生了积极的作用。在第二阶段，为加强农业污染治理和环境保护，我国开始实施农药化肥的"双减"行动，农药使用量得到有效控制，农药使用效率得到显著提升。2015 年 3 月，农业部颁发了《到 2020 年农药使用量零增长行动方案》，大力推动农药增效减量，探索农药控害。该方案经过 5 年的实施，到 2020 年年底农药增效减量取得了阶段性目标，农药使用量明显减少。经测算，2020 年三大粮食作物（水稻、玉米、小麦）的农药使用率已接近 41%，比 2015 年提高近 4 个百分点。2021 年修订的《中华人民共和国食品安全法》要求对农药实行严格的使用制度，加快高残留、高毒、剧毒、高害农药的退出，推动使用低残留、低公害、低毒的农药替代技术和方案，对一系列登记目录的农药原药、农药制剂禁止生产、使用和销

---

① 农业农村部. 农业绿色发展取得积极进展［EB/OL］.（2023-12-22）［2024-03-06］.http://www.moa.gov.cn/xw/zwdt/202312/t20231222_6443326.htm.

售。2022年修订的《农药管理条例》对农药市场中的搭载套餐行为、捆绑销售行为进行严格整治，对农药产品建立"一品一证"制度，以减少市场乱象和"内卷"。2023年实施的《食品安全国家标准 食品中2,4-滴丁酸钠盐等112种农药最大残留限量》要求减少农作物的农药残留量。2024年，新版《产业结构调整指导目录》对农药增补了大量限制类项目，包括环境和质量安全影响较大的农药原药，如氧果乐、杀扑磷、百草枯、阿维菌素等，遏制产能过剩，推进农药绿色高质量发展，提高农药核心竞争力[①]。同时，我国还不断加强农药调制技术创新，加大低毒低害农药的研发与生产。据中国工业协会统计，我国农药行业的生产集约化水平不断提高，全产业链和全产品线覆盖持续增强；智能化制造、自动化水平不断提升；上市公司的研发投入资金占营业收入比重达到3%；生物技术创新和转基因的市场应用，提高了农作物的耐药性，显著减少了重大环境污染事故和生产问题的发生，污染整治取得明显成效[②]。

4.3.3.2 化肥增效减量取得成效

化肥是粮食的"粮食"，是农作物生长发育所必需的养分物质，能显著提高土地肥力和性能，能有效提高农作物产量和质量。化肥起源于欧洲，是工业革命在农业生产中的运用。化肥主要有氮肥（Nutrient nitrogen N）、磷肥（Nutrient phosphate P_2O_5）和钾肥（Nutrient potash K_2O）等。氮肥的原料来自大气，磷肥和钾肥的原料主要来源于矿产。化肥能降低农作物生产周期，提高农业生产效率。化肥中的营养养分在土壤和大气层中进行循环，被微生物分解和利用。化肥的养分浓度较高，是传统有机肥的10倍以上，养分含量高达40%，化肥的使用能大大提高劳动生产率，减少对劳动力的投入和依赖。化肥营养物质易被农作物吸收，化肥属于无机物质，不需要微生物的降解就能通过土壤被农作物吸收。另外，化肥的科学喷洒方式大大提高了营养物质的吸收效率。化肥产业链流程见图4-23。

---

① 郁红. 农药行业：推动产业绿色转型升级［N］. 中国化工报，2024-01-31（08）.

② 左彬彬. 总结2023、展望2024! 中国农药市场保持平稳发展的同时不确定因素增加［EB/OL］.（2023-12-27）［2024-03-16］. http://www.ccpia.com.cn/info.asp? classid=L010209&newsid=L312271724101885.

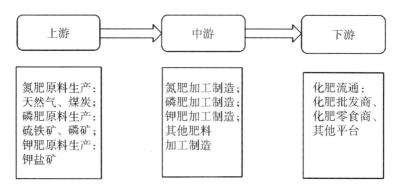

图 4-23　化肥产业链流程

（资料来源：智研咨询）

我国化肥的发展方向是提高资源利用效率、加强环保和增强可持续性，发展农业新型生物技术、精准施肥技术和生态良好型肥料。新型农业生物技术能改良农作物基因，提高农作物的自适应性，降低对化肥的需求和依赖。精准施肥技术利用决策智能系统、远程遥感可以分析土壤肥力现状，提高施肥效率，降低施肥成本和施肥总量。应用有机肥、生物降解肥等生态型肥料能够增强土壤肥力和有机质含量，减少氮、磷、钾等有机质含量的流失。

但同时也必须科学、正确、理性地认识过量施用化肥所带来的危害。一是化肥过量施用可能会导致土壤肥力降低、营养结构失调、土壤酸化进而加重有害物质的活性，使得部分营养物质溶解丢失，降低土壤的生产力[1]。二是过量施用化肥会导致农业投入成本过高，降低农业生产的经济效益。长期过量施用单一化肥会导致农作物营养失衡，降低农作物产量，导致需要投入更多的化肥来保障农业产量的稳定。三是过量施用化肥会带来环境污染和生态破坏问题。化肥的过量施用使得土壤的养分流入地下水循环系统，引起水源污染和富营养化，破坏水资源生态系统的平衡。四是过量施用化肥会导致农产品质量降低。化肥中的化学物质容易被土壤封存，引起土壤盐碱化，营养物质不易被吸收和转化，导致农作物缺乏综合性的营养养分。2000—2021 年化肥施用量及施用强度变化趋势见图 4-24。

---

① 苏建党. 探讨过量施用化肥的危害及应对措施［J］. 农业与技术，2016，36（6）：49.

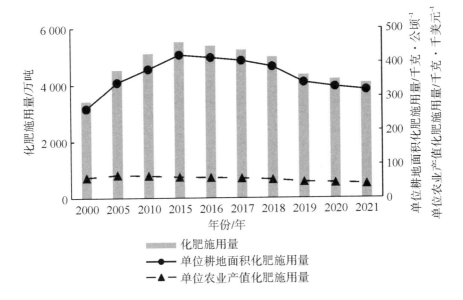

图 4-24 2000—2021 年化肥施用量及施用强度变化趋势

（注：单位耕地面积化肥施用量=化肥施用量÷农业耕地面积，

单位农业产值化肥施用量=化肥施用量÷农业产值）

（数据来源：联合国粮食及农业组织官网，https://www.fao.org/faostat/en/#data/RFN）

中国是化肥施用量大国，FAO 数据显示，近 20 年中国化肥施用量变化分为两个阶段：2000—2015 年，化肥施用量逐年增加，从 2000 年的 3 421.79 万吨上升到 2015 年的 5 516.58 万吨，增长 61.22%，2015 年的化肥施用量达到最高值；2016—2021 年，化肥施用量逐步降低，从 2016 年的 5 381.24 万吨降低至 2021 年的 4 080.20 万吨，减少 24.18%，化肥施用连续六年保持负增长。从化肥施用强度来看，单位耕地面积化肥施用量与化肥施用量曲线形状较为类似，从 2000 年的 263.14 千克/公顷增长到 2015 年的 421.53 千克/公顷，2015 年达到峰值，此后逐渐降低，2021 年为 319.11 千克/公顷；单位农业产值化肥使用量从 2000 年的 60.49 千克/千美元增长到 2010 年的 65.48 千克/千美元，此后开始每年下降，到 2021 年降至 42.39 千克/千美元。总体来看，化肥使用量、单位耕地面积化肥使用量与单位农业产值化肥使用量均呈"倒 U 形"的两段式特征。

在第一阶段，随着农业经济的逐步发展和人民对粮食产量需求的提高，我国化肥施用量逐年增加，对提高农业产量起了重要的作用。1979 年开始的第二次土壤普查数据显示，土壤磷的平均含量仅为 7.4 毫克/千克，低于粮食需要的最低养分含量。通过施用化肥，近三十年来我国土壤磷的有效含量上升到了 23 毫克/千克，提高了 3 倍。化肥有效提高了土壤营养物质含量，从而增加了农作物产量，提高了土壤表面覆盖率，减少了土地流失。但过量施用化肥带来了环境污染和生态破坏等一系列问题。在第二阶段，为推动化肥行业的稳步发展，实行化肥施用零增长行动，我国颁布了一系列的政策及制度文件，减少了农业生产中的化肥施用，降低了化肥施用强度。2015 年农业部印发了《到 2020 年化肥使用量零增长行动方案》，改进施肥方式，采用机械施肥方式和水肥一体化技术；减少化肥的不合理投入，提高化肥利用率，保障农业生产的安全供给和稳定性；实现主要粮食化肥施用量零增长，进一步优化施肥结构，使土壤中的矿物质和微量元素比例趋于平衡，加大对有机肥的使用；采用并加大推广测土配方施肥技术，提高农作物秸秆还田率和禽畜粪便循环使用率。2021 年，国家发展改革委发布了《关于做好今后一段时间国内化肥保供稳价工作的通知》，鼓励企业通过生态修复方式对磷石膏进行无害化处理和使用，根据环保要求进行储存；大力推进化肥增效减量工作，推动肥料统配统施，提高施肥的集约化、规模化水平；加大对水溶性肥料、缓控缓释肥料的施用比重；推进水肥一体化、机械化操作、测土配方等先进施肥技术，提高施肥效率；鼓励生物有机肥替代化肥方案，宣传农业肥料绿色发展。2022 年，农业农村部颁布了《到 2025 年化肥减量化行动方案》，要求提高有机肥资源还田率，加大推广使用生物有机肥，到 2025 年有机肥的施用面积增长 5%；减少化肥在农业中的施用，使土壤中的氮、磷、钾等微量元素结构趋于平衡；进一步提高化肥利用率，增加秸秆还田、生物有机肥、新型肥料生产技术的应用；平衡化肥施用和农业产量增长，积极制定政策和投入资金，探索化肥施用的绿色科学模式和发展机制。1990—2022 年氮肥、磷肥、钾肥、复合肥比重变化趋势见图 4-25。

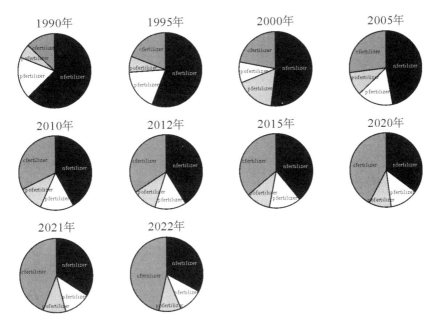

图 4-25　1990—2022 年氮肥、磷肥、钾肥、复合肥比重变化趋势

（注：nfertilizer 为氮肥，pfertilizer 为磷肥，pofertilizer 为钾肥，cfertilizer 为复合肥）

（数据来源：《中国农村统计年鉴 2023》）

由图 4-25 可知，化肥施用结构不断优化。氮肥 1990 年施用占比为 63%，经过三十年持续降低，2022 年占比仅为 33%，下降了 30 个百分点；磷肥 1990 年施用占比为 18%，同样在三十年间逐年减少，2022 年占比为 11%，下降 7 个百分点；钾肥 1990 年施用占比为 6%，与氮肥和钾肥变化趋势相反，近三十年逐年上升，2022 年占比为 47%；而复合肥的施用变化最为明显，从 1990 年的 13%上升到 2022 年的 47%，增加 34 个百分点。氮肥和磷肥在化肥施用结构中重要性逐步降低，钾肥和复合肥得到了更多的使用，复合肥成为第一大化肥来源。2019 年，稻米、小麦、玉米三大主粮的化肥利用率为 37.8%，比 2013 年增加了 6.2 个百分点；2020 年，三大粮食作物化肥利用率攀升至 40.2%，比 2019 年增加了 2.4 个百分点；2021 年，三大粮食作物化肥利用率微升至 40.6%；2022 年三大主粮化肥利用率达到 41.3%。化肥利用效率不断提高，导致化肥施用量和化肥施用强度持续下降。

4.3.3.3　农用塑料薄膜使用稳中有降

塑料薄膜在农作物种植中起着保温保湿的作用，可以降低大棚内湿度，在预防病虫害和防止杂草生长方面具有显著意义，有效提高了农业产量和生产稳定性。但塑料薄膜的过度使用，会产生难以降解的化学有害物质，影响人类和动植物的生存环境。若塑料薄膜得不到及时清理，薄膜碎片使得农作物难以吸引土壤养分，产生物理隔离，对农业产量提升产生不利影响。1990—2022 年农用薄膜使用量及使用强度变化趋势见图 4-26。

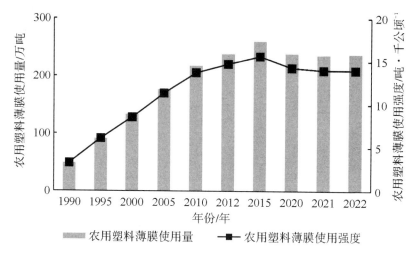

图 4-26　1990—2022 年农用薄膜使用量及使用强度变化趋势
（数据来源：《中国农村统计年鉴 2023》）

由图 4-26 可知，1990—2022 年我国农用塑料薄膜使用量呈现先上升后下降的趋势。1990—2015 年，农用塑料薄膜使用量快速增长，1990 年为48.2 万吨，2015 年为 260.4 万吨，2015 年相较于 1990 年提升了 4.4 倍，保持了二十余年的持续增长。2015 年后开始持续下降，2022 年农用塑料薄膜使用量为 237.5 万吨，2022 年相较于 2015 年下降了 8.79%。农用塑料薄膜使用强度与农用塑料薄膜使用量两者的变化趋势较为一致。1990—2015 年，农用塑料薄膜使用强度快速增长，1990 年为 3.25 吨/千公顷，2015 年增至 15.61 吨/千公顷，2015 年相较于 1990 年增长了 3.8 倍。2015年后开始持续下降，2022 年农用塑料薄膜使用强度为 13.97 吨/千公顷，2022 年相较于 2015 年减少了 10.51%。1990—2022 年，我国农用塑料薄膜回收率稳定在 80% 以上，地膜使用量和覆盖面积双双保持负增长。

农用塑料薄膜是继种子、化肥、农药后的第四大农业生产资料。在第一阶段，随着耕地面积的增长和农业经济的快速发展，农用塑料薄膜使用量经历了快速增长阶段。农用塑料薄膜中包含了重要的添加剂——塑化剂，在使用后会产生化学污染和塑料残渣、碎片，严重影响农业生态系统和农业环境。在第二阶段，为了保护农业生态环境，推广农业环保意识，农用塑料薄膜使用量逐年下降。2021 年，国家发展改革委、生态环境部印发了《"十四五"塑料污染治理行动方案》，要求到 2025 年农用塑料薄膜回收率达到 85%，全国地膜残留量实现零增长；加强农膜塑料制品的绿色理念设计，逐步减少农用塑料薄膜使用量。2022 年，农业农村部、财政部印发了《关于开展地膜科学使用回收试点工作的通知》，要求加强地膜回收循环利用，应用地膜生物降解技术，推广高强度加厚地膜使用，推动技术创新和科学使用，提高地膜使用效率。同年，农业农村部颁布了《关于开展第三批国家农业绿色发展先行区创建工作的通知》，要求加强治理白色污染，推进农用塑料薄膜科学回收和再利用，健全农用塑料薄膜使用体系。

4.3.3.4 农业机械化水平不断提升

1990—2000 年，中国农业生产的机械化程度取得了一定的进展，机械生产代替了部分劳动力，使得农村劳动力得到了一定的解放。1990 年，我国农业机械总动力仅为 28 707.7 万千瓦，2000 年农业机械总动力达到了 52 485.5 万千瓦，增长了 82.83%。其中，1995 年，柴油发动机动力为 24 176.3 万千瓦，而 2000 年增长到 39 140 万千瓦，增加了 14 963.7 万千瓦；1995 年汽油发动机动力为 3 433.9 万千瓦，2000 年缓慢下降至 3 128.9 万千瓦，基本保持不变；1995 年电动机动力为 8 443.7 万千瓦，2000 年有所上升，增长到 10 126.7 万千瓦。从中可以看出，柴油发动机动力增长较为明显，是农业机械总动力变化的主要原因，而其他机械动力基本维持在一个较为稳定的区间内。总体来看，在此阶段中国农业机械化虽然有了一定程度的提高，但速度较为缓慢。2000 年，农业从业人员在全社会劳动力中的比重仍然占据 50%，农业机械取代人力劳动和畜力仍存在着较大的发展空间，农业机械化水平尚处于初步发展阶段。1990—2022 年农业机械动力变化趋势见图 4-27。

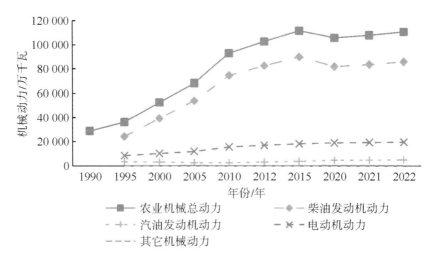

图 4-27 1990—2022 年农业机械动力变化趋势

（数据来源：《中国农村统计年鉴 2023》）

2000—2015 年，中国机械化农业进入了发展的快车道。2001 年，《国务院关于进一步做好农村税费改革试点工作的通知》颁布，要求减轻农业生产环节和农业从业人员的税费负担，激发农业生产的积极性与活力。2004 年颁布的《中华人民共和国农业机械化促进法》鼓励使用先进农业机械设备，提高农业机械化水平，对农业机械的研究设计、广泛运用、质量保障、优化服务和政策支持等方面进行具体规定。2005 年颁布的《农业机械购置补贴专项资金使用管理暂行办法》，要求提高农产品集中区的机械装备水平及结构，加强农业机械的推广应用，提高农业机械的使用普及率，促进农业生产的技术水平。中国农业机械化水平进入快速发展的时期①。2015 年，我国农业机械总动力为 111 728.1 万千瓦，相较于 2000 年农业机械总动力增加了 59 242.6 万千瓦，增长了 112.87%。其中，2015 柴油发动机动力为 89 783.8 万千瓦，相较于 2000 年增加了 50 643.8 万千瓦，增长了 129.39%；2015 年汽油发动机动力为 3 669.8 万千瓦，相较于 2000 年增长了 17.29%；2015 年电动机动力为 18 189.3 万千瓦，相较于 2000 年增加了 6 395.2 万千瓦，增长了 79.62%。总体来看，农业机械总动力增加的主要原因是柴油发动机动力大量增加，占据增加值总额的 85.49%，平均每年

---

① 焦长权，董磊明. 从"过密化"到"机械化"：中国农业机械化革命的历程、动力和影响（1980~2015 年）[J]. 管理世界，2018，34（10）：173-190.

增长率在7%以上；汽油发动机动力增加较为平缓，平均每年增长率仅为1%左右；电动机动力增长速度较为明显，平均每年增长率在5%左右。在此阶段，农业机械化水平明显加快，机械设备大量代替人力劳动和畜力耕种，尤其是小麦实现了全程机械化，玉米和水稻的机械化水平也在75%以上，机械设备费用占农业生产成本比重逐步提高。总之，2000年以来，我国农业机械化所取得的成绩超过了自新中国成立以来的半个世纪之和。

2015—2022年，我国农业机械化水平呈现出稳中有降的结构性变化特征。2018年修正的《中华人民共和国农业机械化促进法》，鼓励使用先进的农业机械设备，提高农业机械设备的质量，节约能源资源，加强环境保护，实现农业生产的经济效益和生态效益的全方位提升。具体来看，2022年农业机械总动力为110 597.2万千瓦，相较于2015年减少了1 130.9万千瓦。其中，2022年，柴油发动机动力为85 897.2万千瓦，相较于2015年降低了3 886.6万千瓦；2022年汽油发动机动力为4 990.8万千瓦，相较于2015年增加1 321万千瓦；2022年电动机动力为19 584.1万千瓦，相较于2015年增加了1 394.8万千瓦。从中可以看出，农业机械总动力有所下降，但幅度较低，柴油发动机动力出现了一定的下降幅度，但汽油发动机动力和电动机动力却出现了小额上升，农业机械动力结构占比出现了小幅度的变化。1990—2022年主要农业机械与设备变化趋势见图4-28。

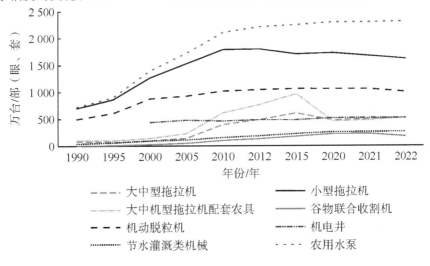

图4-28　1990—2022年主要农业机械与设备变化趋势

（数据来源：《中国农村统计年鉴2023》）

农用机械与设备的种类变化趋势具有明显的时代特征。1990—2000年，我国农用机械与设备出现较为快速的增长，如大中型拖拉机由1990年81.4万台，增长到1995年的67.2万台，2000年达到了97.5万。小型拖拉机由1990年的698.1万台，增长到1995年的864.6万台，2000年达到了1 264.4万台。机动脱粒机由1990年的493.3万台，增长到1995年的605.9万台，2000年达到了876.2万台。农用水泵由1990年的723.9万台，增长到1995年的903.5万台，2000年增长到1 392.5万台。其他类型的农业与设备也实现了不同程度的增长。我国通过大规模使用农业机械设备，大大降低了农业的劳动密集型程度，减少了对畜力的依赖程度。2000—2015年，我国农用机械与设备数量增长迅速。如大中型拖拉机到2015年已达到了607.3万台，较2000年增长了522.87%；大中型拖拉机配套农具到2015年已达到了962万套，相较于2000年的140万套增长822万套；谷物联合收割机到2015年达到了173.9万台，相较于2000年的26.3万台增长561.22%；节水灌溉类机械2015达到了222.9万台，相较于2000年的91.9万台增长142.55%。在此期间，大中型拖拉机与配套农具、谷物联合收割机的增长速度十分惊人，在数量上实现了质的飞跃和突破，这些农业机械在农业生产中得到了大规模的使用。与此相适应的是，机械动力代替人力劳动和畜力成为最主要的动力来源，农业生产对传统动力和耕作方式的依赖程度急剧下降。2015年以后，我国农业机械与设备增长经过了急速增长期，开始步入总体下降的结构性变动时期。2022年，我国主要农业机械与设备为6 943.6万台（眼、套），相较于2015年的7 463.3万台（眼、套）下降了6.96%。其中，大中型拖拉机及配套农具、小型拖拉机、谷物联合收割机、机动脱粒机在不同程度上有所下降，而机电井、节水灌溉类机械、农用水泵实现了较为缓慢的增长。总体来看，我国大中型拖拉机及配套农具、小型拖拉机、机动脱料机的数量在2015年左右基本达到了峰值，此后开始有所下降；谷物联合收割机在21世纪的前10年增长较为迅速，此后增长速度有所放缓；机电井则始终保持缓慢增长，稳中有升；节水灌溉类机械、农用水泵的增长主要发生在2020年之前，此后增长速度大幅放缓。1995—2022年农用柴油使用量及耗能强度变化趋势见图4-29。

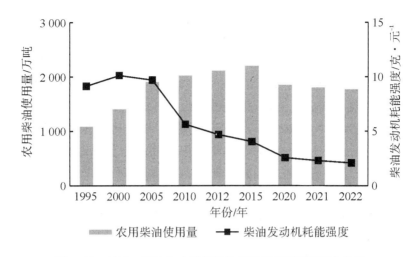

图 4-29　1995—2022 年农用柴油使用量及耗能强度变化趋势

（注：农业耗能强度＝农用柴油使用量÷农业产值）

（数据来源：《中国农村统计年鉴 2023》）

从农业机械的耗能情况来看，农业机械耗能强度虽然呈下降趋势，农业机械的能源利用效率却实现了大幅度的提升。通过分析农业机械动力中最重要的柴油耗能情况可知，1995 年农用柴油发动机耗能强度为 9.15 克/元，到 2000 年上升至 10.13 克/元，但从 2000 年开始，耗能强度逐年下降，一直到 2022 年耗能强度仅为 2.10 克/元，2022 年的耗能强度只占 1995 年耗能强度的 22.95%（不到四分之一）。近三十年来，由于农业机械装备技术水平和科技含量的不断提高，我国农业机械的能耗强度大幅度下降，在一定程度上降低农业了农业生产的能源消耗，减少了农业碳排放，对农业生态环境保护具有积极的作用。

同时，我国加快了农业机械设备的更新换代，淘汰旧设备，提升植保、插秧、收割等设备的升级。2022 年，全国农业机械设备补贴资金共计 2.89 亿元，报废结算 3.5 万台农业设备，更新报废 4.4 万台老旧机具；推广节能机具，发展植保无人机、联合收割机等机械，提高农药利用率，减少收获籽粒的损失率；加强农业机具的技术保障，发展卫星导航、传感系统、动力部件等装置，降低机具耗能和废气排放；推动渔业设备节能降排，拆解、更新老旧渔船，降低功率损耗①。

4.3.3.5 可再生资源利用能力提升

农业能源是农业农村经济发展的基础和重要动力，开发利用清洁能源是我国能源战略的根本要求，是节能降碳减排的重要举措，能充分发挥生物"零碳"和"负碳"、减少甲烷排放的优势，减少对化石能源的依赖，保护农业生态环境②。2023 年，国家能源局、生态环境部、农业农村部、国家乡村振兴局联合发布了关于组织开展《农村能源革命试点县建设方案》的通知，旨在开展农村能源革命，以碳达峰、碳中和为目标任务，推进农村清洁能源高质量发展，发展低碳农村经济，以乡村清洁能源改革带动乡村生态环境改善。方案要求各地结合自身的区域特色和能源资源特点，因地制宜开展新的能源利用开发模式③。该方案提出，要实现降碳减污协同增效，改善人居环境，推动农业农村绿色低碳发展；加强能源体制机制改革，提升用能水平；加强能源供给侧结构性改革，构建多元化、多层次的供能体系；加强能源消费侧结构性改革，推动农业生产清洁用能；推动能源绿色技术改革，提升清洁能源技术含量。2022 年各地区农村可再生资源利用情况见图 4-6。

表 4-6 2022 年各地区农村可再生资源利用情况

区域	户用沼气池/个	沼气工程/个	太阳能热水器/万平方米	太阳房/万平方米	太阳灶/台
华北地区	316 658	913	867.2	392.7	27 836
东北地区	354 376	1 399	149.3	538.3	304
华东地区	1 812 320	19 255	3 809.2	12.6	627
华中地区	3 160 763	21 112	858.9	0	0
华南地区	2 013 793	18 418	681.7	0.1	0
西南地区	6 108 026	12 634	1 074	0.6	1 166
西北地区	1 412 084	1 355	346	452.6	771 892

数据来源：《中国农村统计年鉴 2023》。

---

① 农业农村部. 大力推动农业农村领域节能降碳 实现农业绿色发展[EB/OL].（2023-07-17）[2024-03-15].http://www.kjs.moa.gov.cn/hbny/202307/t20230718_6432332.htm.

② 耿卫新. 大力推进农村清洁能源建设 [N]. 河北日报，2022-06-15（15）.

③ 董万成. 多措并举，推动提升农村清洁能源供给能力和消费水平[EB/OL].（2023-04-27）[2024-03-15].https://www.nea.gov.cn/2023-04/27/c_1310714642.htm.

我国农村地区可再生资源开发利用水平逐步提高，清洁能源建设取得显著成效。数据显示，2022 年户用沼气池建设主要在西南地区、华中地区、华南地区、华东地区和西北地区进行，分别达 6 108 026、3 160 763、2 013 793、1 812 320、1 412 084 个，西南地区由于水热资源丰富、生物生长速度较快，便于杂草粪污发酵，沼气池建设最为明显，有效减少了化石能源的消耗使用，保护了农业生态环境和生物样性。沼气工程建设主要分布在华中地区、华东地区、华南地区和西南地区，分别为 21 112、19 255、18 418、12 634 个。沼气工程建设加强了农业废弃物污染防治，实行了减量化、生态化和无害化处理。太阳能热水器主要在华东地区建设，面积达 3 809.2 万平方米，华东地区得益于经济实力强劲，住房市场需求庞大，精装修市场广阔，成为国家节能减排和可持续发展的重要地区。太阳房主要建设在东北地区、西北地区、华北地区，面积分别为 538.3 万平方米、452.6 万平方米、392.7 万平方米，北方地区由于阳光日照充足、云层少，地势平坦，更易建设太阳房，有效推动了农村清洁能源的开发利用。太阳灶主要建设在西北地区，达 771 892 台，占全国总数的 95% 以上，西北地区光照时间长，日照强烈，使用太阳灶有效解决了农村能源紧缺的问题，保护了生物植被，维护了生态环境的平衡，促进了农业经济的绿色低碳发展。

4.3.4 农业碳减排取得明显成效

4.3.4.1 时间演化特征

联合国粮农组织（FAO）对中国农业的碳排放数据的统计时段为 1961—2021 年，在数据库中统计了按碳排放来源、碳排放成分结构等不同口径的数据。通过不同年度数据，可以得出中国碳排放所呈现的时间特征。1961—2021 年中国农业碳排放总量变化趋势见图 4-30。总体来看，中国农业碳排放量呈阶段性的上升趋势。1961 年农业碳排放总量为 29 945.54 万吨，2021 年农业碳排放总量为 91 759.80 万吨，在 60 年间里碳排放量增加了 61 814.26 万吨，增长 106.42%，碳排放量大量增加。由图 4-30 可知，农业碳排放的时间特征反映了中国农业经济体制改革的历程。

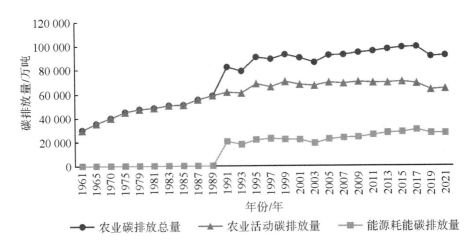

图 4-30　1961—2021 年中国农业碳排放总量变化趋势

（数据来源：联合国粮食及农业组织官网，https://www.fao.org/faostat/en/#data/GT）

第一阶段（1961—1987 年），农业碳排放量缓慢增长。1987 年，我国农业碳排放量为 55 386.01 万吨，相较于 1961 年增加 25 440.47 万吨，增长 84.96%，年平均增长率仅为 3% 左右。改革开放以前，我国农业经济体制改革还未全面进行，传统农业耕种模式占据主要地位，机械设备、化肥、农药在农业生产中还未大量使用，碳排放量增加主要是由于农业有效耕种面积和耕种强度的提高[①]。改革开放以后，我国农业经济体制迎来改革，开始实行家庭联产承包责任制，这是中国农村改革和发展的"第一次飞跃"。1985 年以前，农村经济体制改革还处于探索初期，改革效应尚未完全体现出来，农业生产体系和技术更替还未实现质的"跳跃"。1961 年，粮食产量为 1.36 亿吨，人口为 6.6 亿，人均粮食为 207.3 千克，耕地面积为 1.03 亿公顷；到 1987 年，粮食产量为 4.05 亿吨，人口为 10.93 亿，人均粮食为 370.3 千克，耕地面积为 0.97 亿公顷。因此，在此阶段，农业碳排放量增长较为缓慢。

第二阶段（1988—1995 年），农业碳排放量进入快速增长阶段。在此阶段，中国农业经济体制改革成效逐步显现，农村技术创新和技术应用突飞猛进，大集体农业生产方式被家庭联产承包责任制所替代。家庭联产承包责任制将农业生产力与生产资料的关系直接联结起来，农民与土地建立

① 金书秦，林煜，牛坤玉. 以低碳带动农业绿色转型：中国农业碳排放特征及其减排路径 [J]. 改革，2021（5）：29-37.

了密切的直接联系，这是社会主义农村公有制经济的集中体现和应有之义。新的农村经济体制改革开创了农村农业发展的"黄金期"，充分解放了农村劳动生产力，农民生产积极性得到彻底激发。家庭联产承包责任制也大大提高了农业生产效率，产生了大量的农村剩余劳动力，同时，还活跃了商品经济以及农业分工，乡镇企业等农村合作经济组织迅速发展，为农业现代化发展开辟了新的道路。1988 年，粮食产量为 3.94 亿吨，人口为 11.10 亿，人均粮食为 354.9 千克，耕地面积为 0.96 亿公顷；到 1995 年，粮食产量为 4.67 亿吨，人口为 12.11 亿，人均粮食为 385.3 千克，耕地面积为 0.95 亿公顷。约翰·梅尔在《农业经济发展学》中指出，在此阶段，石油农业、机械农业成为农业发展的主要方向。20 世纪 80 年代，农村经济体制的各项改革已在全国范围内全面展开，在农业生产率和农业产量不断提高的同时，温室气体和碳排放量也大量增加。为了提高单位农业产量，对农药、化肥、能源等资源的投入力度不断加大，农业对生产要素的依赖性逐步加强；畜牧业的粗放、规模集中化的养殖方式，秸秆等农作物残留物的直接焚烧排放了大量的甲烷；草原林地荒漠化、沙漠化，植被的砍伐使得绿色植物的覆盖率降低，农业碳汇的碳吸收功能发挥受到抑制。1989 年农业碳排放量为 58 755.19 万吨，1995 年达到 90 268.24 万吨，增长 31 513.05 万吨，增长率为 53.63%，年平均增长率达到 8.94%，远远高于前一阶段的碳排放增长率。1991 年农业碳排放量甚至达到了82 144.58 万吨，比 1989 年增加 23 389.39 万吨，增长了 39.81%，碳排放增长尤为迅速。

第三阶段（1996—2017 年），农业碳排放量缓慢增长。1997 年农业碳排放量为 88 744.99 万吨，2017 年为 99 019.37 万吨，增加 10 274.38 万吨，增长 11.58%，年平均增长率为 1.16%，明显低于前一阶段的碳排放增长率。在此阶段，农业经济体制的改革效应逐步减弱，先前对农药化肥等化学品的高度依赖降低了生产效益，带来了大量的农业面源污染，碳排放量日益增多。农业生产经济效益的下降减弱了农民参与农业耕作的积极性，产生了大量的农村剩余劳动力，农村劳动力在城乡之间大范围转移，城镇化水平不断提高。1996 年，粮食产量为 5.05 亿吨，人口为 12.24 亿，人均粮食为 412.2 千克，耕地面积为 1.30 亿公顷；到 2017 年，粮食产量为 6.18 亿吨，人口为 12.11 亿，人均粮食为 385.3 千克，耕地面积为 0.95亿公顷。世纪交替之际，我国一度出现了粮食产量下滑的现象，如 2000 年粮食产量同比减少 10%，2003 年粮食产量同比减少 6.14%。从 2004 年开始，我国开始加大对农业生产和粮食补贴的力度，提振了农业生产的积极性。进入 21 世纪，碳排放总量成为全球关注的焦点，在碳排放的来源方面，亚太地区开始占据主要地位，达到全球碳排放总量的 50% 以上。控制碳排放是中国实行可持续发展战略的必经之路，降低碳排放具有重要的现实意义和战略意义，是践行生态环境保护和生态发展价值理念的重要共识。从 2015 年开始我国为促进农业绿色低碳发展制定了一系列农药化肥减量政策，显著地降低了农业生产对化学类生产资料的依赖，减少了畜粪废弃物和秸秆焚烧污染①。

第四阶段（2018—2021 年），农业碳排放量开始下降，碳排放控制开始取得实际成效。2019 年，我国碳排放量为 90 914.46 万吨，相较于 2017 年减少 8 104.91 万吨，下降 8.19%；2021 年碳排放量为 91 759.80 万吨，相较于 2017 年减少 7 259.58 万吨，下降 7.33%。我国制订了分作物、分地域的农药化肥减量技术方案，指导农业生产经营主体采用农药化肥减量的核心技术，实施配套施肥技术，培训农民科学合理使用农药和化肥。这一阶段，农业碳减排成效归因于国家绿色发展战略、农业生产物资利用效率提高和牲畜数量的结构性变化。

同时，能源耗能在农业碳排放中逐步占据重要地位。20 世纪 90 年代，中国农业开始采用大规模机械设备，导致碳排放量逐步提高。1991 年，我国排放量为 20 407.16 万吨，在此后十余年里维持在平稳区间，2003 年甚至有所下降，降至 18 718.66 万吨。我国碳排放量到 2017 年之前保持稳步增长，2017 年达到最大碳排放量，为 29 984.83 万吨。此后，我国碳排放量开始下降，2021 年下降至 27 207.02 万吨。随着农业机械化水平的进一步提高，能源消耗所带来的碳排放仍面临着巨大的压力，成为我国控制碳排放的关键因素。

4.3.4.2　农业碳排放成分结构发生的变化

1991 年之前，农业碳排放以甲烷和一氧化氮为主，自 1991 年之后，二氧化碳排放量逐步增多，成为第三大温室气体排放种类。甲烷是温室气体排放的最大来源。从排放量来看，1961—1991 年，甲烷保持较为平稳的增长，1961 年排放当量为 24 141.27 万吨，1991 年排放当量为 39 041.91

---

① 金书秦，牛坤玉，韩冬梅.农业绿色发展路径及其"十四五"取向 [J].改革，2020 (2)：30-39.

万吨，增加 14 900.64 万吨，增长 61.72%，此后一直在 38 000~40 000 万吨的区间内小幅度波动。甲烷排放比例在 1961 年最高，达到整个温室气体排放量的 81%，此后排放比例一直下降，2017 年降到 39%，2017 年所占比例为历年统计数据最低，2019 年、2021 年有略微增长，分别达到 41% 和 42%。一氧化氮是温室气体排放的第二大来源。从排放当量来看，一氧化氮在 1961—2015 年一直保持平稳增长，从 1961 年的 5 804.26 万吨增加到 2015 年的 32 415.60 万吨，增加 26 611.33 万吨。2019 年和 2021 年，一氧化氮排放当量分别降至 27 525.60 万吨和 27 350.14 万吨。从排放比例上来看，1961 年一氧化氮所占比例最低，为 19%，到 1989 年之前所占比例一直上升，增长到 37%，此后所占比例开始下降，在 30% 上下波动，约占到温室气体排放总量的 1/3。二氧化碳排放从 1991 年开始统计，从排放量上来看，1991 年为 19 626.95 万吨，1993 年有所减少，下降至 17 240.98 万吨，此后几年有略微上升，1999 年增加至 21 239.16 万吨。在 2003 年降至历年最低，仅有 18 167.95 万吨。我国二氧化碳排放量 2017 年增加到 28 709.84 万吨，2019 年和 2021 年开始下降，分别降至 26 182.31 万吨和 26 272.09 万吨。从排放比例上来看，二氧化碳排放比例与排放量具有基本一致的变化规律，2003 年所占比例降到最低，为 21%，2017 年开始达到峰值，为 29%。近年来，来自甲烷和一氧化氮的农业温室气体排放占比逐渐减少，而来自二氧化碳的温室气体排放比例有上升的趋势，但农业碳排放仍然是以非二氧化碳排放为主，占到总量的 70% 以上，这与全球的非二氧化碳排放占比较为一致。1961—2021 农业碳排放成分结构变化趋势见图 4-31。

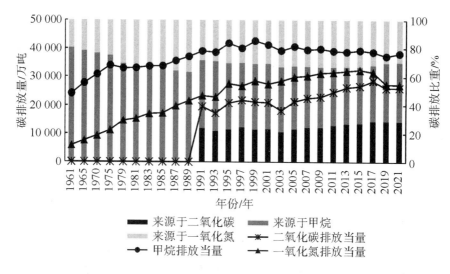

图 4-31 1961—2021 年农业碳排放成分结构变化趋势

（注：二氧化碳、甲烷、一氧化氮均以二氧化碳排放当量计算）

（数据来源：联合国粮食及农业组织官网，https://www.fao.org/faostat/en/#data/GT）

4.3.4.3 农业碳排放来源结构发生的变化

近年来我国加强了农业碳排放控制，推动农业绿色低碳发展，取得了一系列的节能降碳成效和绿色生态发展成效，具体体现在碳排放来源结构发生了相应的变化。1961—2021 年农业碳排放来源结构变化趋势见图 4-32。1961—2021 年农业碳排放来源所占比例变化趋势见图 4-33。

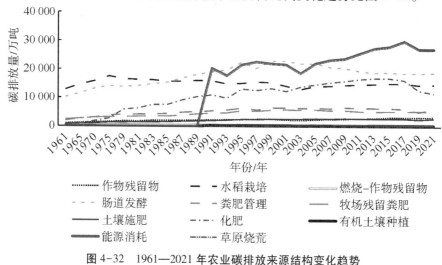

图 4-32 1961—2021 年农业碳排放来源结构变化趋势

（数据来源：联合国粮食及农业组织官网，https://www.fao.org/faostat/en/#data/GT）

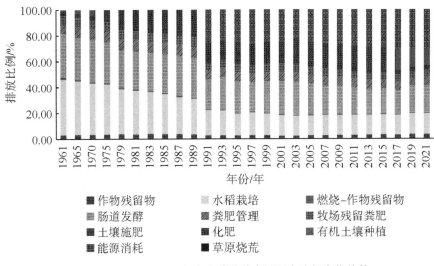

图 4-33　1961—2021 年农业碳排放来源所占比例变化趋势

（注：二氧化碳、甲烷、一氧化氮均以二氧化碳排放当量计算）

（数据来源：联合国粮食及农业组织官网，https://www.fao.org/faostat/en/#data/GT）

　　从碳排放来源结构上来看，碳排放量呈现以下特征：①自 1991 年起，能源消耗超过肠道发酵成为农业温室气体第一大排放来源。1991 年能源消耗碳排放当量为 20 407.16 万吨，2021 年增长到 27 207.02 万吨。大致可以分成两个阶段：一是 1991—2017 年，为稳步增长阶段，2017 年碳排放当量达到峰值，为 29 984.83 万吨；二是 2018—2021 年，碳排放当量开始减少，能源消耗导致的碳排放得到一定的控制。从比例上来看，1991 年所占比例为 24.84%，此后开始逐步扩大，近几年所占比例高居 29% 以上，能源消耗的碳排放活动仍面临巨大压力，这也是降低农业碳排放的有效空间。②肠道发酵是农业温室气体第二大排放源。1961 年，肠道发酵碳排放当量为 10 210.43 万吨，持续增长到 21 世纪初，达到 23 000 万吨以上。进入 21 世纪，肠道发酵碳排放当量逐步降低，2021 年降至 18 871.07 万吨。从比例上来看，1961 年，肠道发酵碳排放量所占比例为历年最高，达到 34.10%，此后开始逐步降低，到 2021 年稳定在 20% 以上。③水稻栽培在近些年成为第三大农业碳排放来源。1961 年，水稻栽培碳排放量所占比重达到峰值，为 43.11%，是同期最为重要的农业碳排放来源，此后所占比例开始逐渐下降。1987 年，肠道发酵反超水稻栽培，在同期农业碳排放来源中居于次位。1991 年，水稻栽培被能源消耗活动所替代，成为第三大碳排放来源。2003 年，化肥替代水稻栽培，其在农业碳排放中的比重再度下降一个位次。2019 年，由于化肥施用得到有效控制，水稻栽培与化肥再次交换位次，稳居第三大农业碳排放来源。④化肥作为农业碳排放的主要来源，施用活动需要受到足够的重视。1961 年，化肥碳排放当量为 300.16 万吨，此后开始迅速增长，到 2013 年上升到 16 994.84 万吨，在 50 多年时间里增长近 56 倍。2021 年降至 11 739.65 万吨，化肥减量行动取得初步成效。从比例上来看，1961 年，化肥碳排放量所占比重仅为 1.00%，到 1989 年增长到 17.71%。此后所占比例由于其他碳排放活动影响开始上下波动，2015 年比例开始下降，2021 年降至 12.79%，农业生产对化肥投入和依赖有所下降。⑤粪肥管理、牧场残留粪肥、作物残留物、土壤施肥的碳排放当量一直保持 10 000 万吨以内，所占比例始终在 10% 以内，是农业生产碳排放中的重要来源，我国出台了一系列的政策对其进行有效控制。⑥燃烧-作物残留物、有机土壤种植、草原烧荒的碳排放当量均在 1 000 万吨以内，所占比例均在 1% 以下，是农业碳排放的次要来源。

4.3.4.4 农业碳排放强度逐步降低

农业碳排放强度是指每单位农业总产值所产生的碳排放当量，农业碳排放强度揭示农业碳排放量与农业经济产值之间的关系，该指标不仅反映碳排放绝对数量，更为重要的是表明碳排放在经济意义上的相对数量。1961—2021 年农业碳排放强度变化趋势见图 4-34。

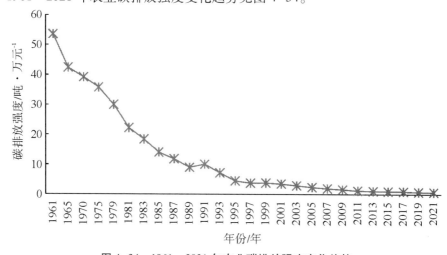

图 4-34　1961—2021 年农业碳排放强度变化趋势

（注：农业碳排放强度＝农业碳排放总量÷农林牧渔业总产值）

（数据来源：联合国粮食及农业组织，https://www.fao.org/faostat/en/#data/GT，《中国统计年鉴》）

FAO 数据显示，1961—2021 年，我国碳排放强度连续下降。1961 年碳排放强度为 53.57 吨/万元，到 2021 年仅为 0.62 吨/万元，2021 年的碳排放强度仅为 1961 年的 1%，尤其在 20 世纪 70—90 年代下降最为明显。我国为了发展绿色低碳农业，在农业绿色低碳转型发展战略下，每年投入大量财政资金用于建设高标准、高质量农田，采取一系列专项行动和保障粮食生产方案。高标准、高质量农田可以有效降低农业生产的碳排放强度，采用新型节能的灌溉技术，实现粮食稳产增产与碳减排的双重目标，实现了粮食安全与碳排放的脱钩。近年来，我国以占世界 1/16 的碳排放却贡献了占世界 1/10 的 GDP，主要粮食自给率达到了 95% 以上，以更低的碳排放强度创造了更高的农业产值。

其中，化肥作为农业碳排放的重要来源，是农业碳减排行动取得成效最为关键的因素。化肥主要排放的一氧化氮，在 2013 年排放达到最高值，为 16 994.84 万吨，占总排放的 17.25%，此后便开始逐步下降，2019 年，化肥碳排放当量降到 12 701.62 万吨，下降 4 293.21 万吨。化肥碳排放量与化肥施用量具有基本一致性，2015 年化肥施用量达到峰值，为 5 516.58 万吨，而 2019 年降至 4 362.10 万吨，减少 1 154.48 万吨。2013 年农业碳排放总当量为 97 106.53 万吨，2019 年下降至 90 914.46 万吨，减少 6 192.07万吨，可以得出化肥碳减排对农业总碳减排的贡献度达 69% 以上。

根据化肥施用及碳排放数据，可以得出单位化肥施用碳排放量变化趋势。1961—2017 年，单位化肥施用碳排放量整体上呈下降趋势。1961 年每吨化肥施用带来的碳排放量为 4.12 吨当量，2021 年为下降到 2.88 吨当量，减少 30.10%。这可以较好地印证化肥利用率逐年提高的现象。根据数据统计，2015 年我国三大粮食作物（水稻、小麦、玉米）的化肥利用率为 35.2%，比 2013 年提高 2.2 个百分点；2017 年我国三大粮食作物（水稻、玉米、小麦）的化肥利用率为 37.8%，比 2015 年增长 2.6%[①]。化肥利用率表明农作物所能吸收肥料养分的比率和化肥的利用程度，化肥利用率越高，技术效益和经济效益越大。化肥利用率上升，农作物吸收的有效成分增加越多，碳排放量就会变得越少。1961—2021 年单位化肥施用碳排放量变化趋势见图 4-35。

---

① 常理. 我国提前三年实现化肥使用量零增长 [N]. 经济日报，2018-01-12（08）.

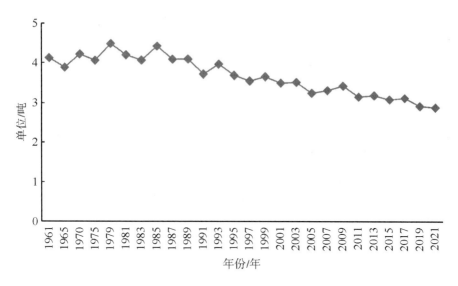

图 4-35　1961—2021 年单位化肥施用碳排放量变化趋势

（注：单位化肥施用碳排放量＝化肥碳排放量÷化肥施用量）

（数据来源：联合国粮食及农业组织官网，https://www.fao.org/faostat/en/#data）

4.3.5　农业绿色科技支撑进一步强化

为应对农业环境压力和资源约束，解决农业生态系统退化问题，提高农业资源利用效率和竞争力，践行绿色生态循环、绿色资源投入、绿色技术规范、节能降本增效发展模式，本书确立了 10 项农业绿色发展技术模式。

（1）优质小麦全环节高质高效生产技术。良种甄选是小麦高质高效生产环节中最为重要的流程，小麦品种是小麦绿色高质高效生产的首要前提，如果小麦品种不达标，后续的管理和种植质量就会受到很大的影响。选择小麦品种应考虑其环境适应性、抗病虫害性和市场消费的整体需求倾向。除了精选小麦品种外，还应该做到以下几点：①发展小麦绿色优质高效栽培标准化技术模式，改革传统的粗放施肥模式，提高肥料利用率，采用新型配方施肥技术；②注重小麦病虫害的绿色防控，实施精细化管理，保障农作物的营养与养分供给，既能防治病虫害同时提高小麦的抗病虫害能力；③实施水肥生产一体化技术，对水量灌溉和施肥进行有效、合理控制，提高灌溉和施肥效率；④加强小麦中后期生产技术运用，维持充足的水肥供应，防止养分流失，保证小麦幼苗有规律的正常生长。

（2）关中灌区小麦玉米"吨半田"技术。关中地区水热资源配置不均衡，利用效率较低，小麦种植存在着大量的空闲期，农业单位生产成本居高不下。为解决以上问题，本书提出了冬小麦+夏玉米的单产"吨半田"技术，该技术融合农机农艺，立足高标准高质量农田建设，发展节水高效栽培技术，契合农作物的周期生长规律，提高耕地使用效率和农业生产作业成本。2021—2022年，关中灌区加强"吨半田"技术实践应用，建设了4 000亩的农业示范生产基地，示范点冬夏两季平均亩产为1.3吨，全年平均亩产在1.2~1.5吨，有3个示范点能达到1.5吨。与传统技术相比，"吨半田"技术可使每亩耕地减少2名左右的劳动力，年单产能提高300千克以上，节约200元成本，产生了显著的经济、生态和社会效益[①]。

（3）节水抗旱稻旱直播节水栽培技术。我国水稻种植存在着用水消耗量大、水量分配不均等问题，导致碳排放和水层面源污染等问题，严重制约了我国水稻种植和粮食安全。传统水稻种植采用灌溉模式供水，用水量达到了农业总用水量的70%以上，因此，减少农业灌溉用水是降低农业温室气体排放和维持农田养分的关键举措。对水稻灌溉水量进行有效供给，可以有效降低稻田的碳排放量。毕俊国在《节水抗旱稻旱直播节水栽培技术》一书中指出，该技术具有节水性、抗旱性和耐直播特性，在我国水稻主产区和国外得到了广泛的应用，年推广面积达到300万亩，累积已覆盖2 000万亩稻田。该技术在水稻全生长期不需要水层种植，节约50%的灌溉水量，甲烷排放量减少50%以上，节约10%的肥料施用。经过推广运用，该技术在水稻中低产量区具有更为明显的提产增质效果和节水效果。节水抗旱稻旱直播节水栽培技术播种见图4-36；播种后种子在干土中见图4-37。

---

① 杨凌农科传媒集团. 藏粮于技！杨凌两项农业技术在全省主推应用［EB/OL］.（2023-04-18）［2024-03-16］. https://www.yangling.gov.cn/xwzx/bdyw/1648234700138115074.html？eqid=b3f984600008b2f900000003648acf40.

图 4-36 节水抗旱稻旱直播节水栽培技术播种

（图片来源：上海市农业生物基因中心）

图 4-37 播种后种子在干土中

（图片来源：上海市农业生物基因中心）

（4）黄淮平原冬小麦固碳减排丰产高效栽培技术。黄淮平原地区是我国重要的冬小麦生产区，在落实国家粮食安全战略方面具有重要地位。为解决小麦种植问题，采用冬小麦固碳减排丰产高效栽培技术以精准统筹调控水肥资源，提高耕地质量和有效使用面积，推动小麦增产提效和绿色低碳发展。该技术自 2005 年采用以来，已累计形成 1.5 亿亩次示范地；核心示范区氮肥和灌溉用水利用率分别提高 15%~20% 和 10%~15%；每公顷增加土壤固碳约1.0吨，一氧化氮排放减少16%以上；每亩产量增加50千克以上。

（5）东北地区玉米秸秆还田带状深松整地关键技术。东北地区是我国重要的粮食生产基地，因此产生了大量的秸秆。东北地区耕地保护工作将秸秆还田作为重要工作，设置了秸秆还田面积和还田率的限制性指标，推广了旱田农作物秸秆还田简易技术，一定程度上改善了农业生态环境。该技术带动秸秆全面还田，限制秸秆在农田就地焚烧，有效降低了大气污染对环境的破坏；有效改善了土壤条件，将营养物质固定在农田，维持土壤肥力，减少土壤水分蒸发，提高土壤含水量和有机质含量；该技术形成30厘米左右的秸秆带，在田地间隔铺展秸秆带和种植带，有效防止了秸秆连片焚烧情况；提高秸秆综合利用水平，整治了农业农村环境，提高了农业农村环境宜产宜居水平。玉米秸秆带状深松整地作业情况见图4-38。

图4-38 玉米秸秆带状深松整地作业情况

（图片来源："龙江科普惠农云服务"平台）

（6）稻渔综合种养技术。稻渔综合种养是指将水稻种植与渔业养殖结合在一起，同时获得水稻和水产品的新型种养业态。该技术采用稻鱼轮作、稻鱼共生方式，发挥水稻种养与水产养殖的资源协同优势，是一种绿色生态、有机循环、高效优质的农业发展模式。稻渔综合种养可分为稻鳅综合种养、稻鲤综合种养、稻螺综合种养、稻鳖综合种养、稻蟹综合种养、稻虾（小龙虾与青虾）综合种养等不同品类模式①。该技术打造了稻渔共存的生物链和循环圈，稻田的稻蔸和稻茎为鱼虾提供天然生活栖息场和氧吧，同时还具有丰富的饵料和食物；鱼虾养殖能提高稻田含氧量，鱼虾排泄物为稻谷生长提供天然有机肥料，农户可以基本上杜绝使用农药和化肥，在整个生态循环系统中尽量减少人为干预和人类活动。在该种养系统中，稻米和水产品质量有了极大的提升，具有天然、绿色、无公害特性，既能提高农业产量，带来丰厚的经济效益，为农民增收提供多元化渠道，也能保障农产品安全质量，推动农业向更高水平更高质量发展。通过采用该种养模式，鱼虾排泄物的增肥和鱼虾活动的生存场所增氧使水稻产量净增加约 10%。水稻质量提升使得其在消费者市场具有更强竞争力，市场价格上浮两成以上，水产品每亩额外增加 20~40 千克。

（7）水稻精确定量栽培技术。随着农村劳动生产力的大量转移，水稻生产群体呈现出老龄化、妇女化的特点，栽培种植技术控制力度零散、弱化，稻作技术粗放、轻简，农药、化肥、水源投入过量，优良品种没有得到大范围的应用和推广，水稻增产增收受到限制，存在一定程度的环境污染和生态破坏。水稻精确定量栽培技术对水稻生长发育进行全过程、全周期的调控，减少生产作业次数，降低生产成本和资源消耗，完成"优质、高效、高产、绿色、生态"的农业发展目标。相比传统栽植技术，该技术更便于进行精确定量控制，提高水稻产能，降低农田面源污染，提高水稻栽培的绿色低碳水平。该技术融入了全方位监控水稻生育期、适量施肥、防治病虫害、科学移栽等综合性手段。该技术可以节约肥料 15%～20%，节约农药 15%～20%，每亩产量提高 60～100 千克，增加产量 15% 以上，增效 25% 以上。采用精确定量栽培技术的水稻种植情况见图 4-39。

---

① 农业农村部渔业渔政管理局. 稻渔综合种养生产技术指南［EB/OL］.（2020-04-01）［2024-03-15］.http://www.moa.gov.cn/xw/zxfb/202004/t20200401_6340527.htm.

图 4-39　采用精确定量栽培技术的水稻种植情况

（图片来源：耕种帮种植网，https://www.gengzhongbang.com/article-810636-1.html。）

（8）窄行密植大豆保护性耕作技术。该技术突破以往的"宽行种植、高秆品种"的种植模式，发展全新的大豆种植方案。黑龙江大豆生产存在延续性差、黑土地腐蚀、秸秆还田难度高等特性，导致大豆经济效益不高。为保护黑土和农业生产环境，降低生产成本，提高大豆产量和经济效益，当地通过采用该技术加强秸秆还田、综合防控病虫害、农作物生产轮作、半矮秆新品种推广。该技术推行窄行密植大豆保护性耕作，融合大豆高产量与耕地质量保护，实现大豆降本、提质、增效、土壤增肥与环境生态保护协同发展。该技术实践性、操作性与可持续性强，充分解决了黑龙江地区的大豆生产与耕地保护问题。2014—2016 年，该技术累计推广211.8 万亩，累计新增产量 3.77 万吨，大豆产量增加 3.77 万吨，增加经济效益 3.13 亿元，累计新增社会总效益 3.13 亿元，其中，节本效益 1.60亿元，增产效益 1.52 亿元。经过专家鉴定，该技术具有较强的推广性与适应性，效益增长潜力巨大，提高了大豆产量，有效保护了耕地质量，具有明显的节本、降能、增效、提质等特性，绿色生态效益显著，在全国耕地技术行列中具有显著的竞争力和领先力。窄行密植大豆保护性耕作技术耕种情况见图 4-40。

图 4-40　窄行密植大豆保护性耕作技术耕种情况

（图片来源：黑龙江省农业机械化技术推广总站、科技农业专班、省农业农村信息中心）

（9）马铃薯增产增效栽培技术。马铃薯种植范围广泛，生态气候类型多样复杂，不同熟期、不同地域海拔的栽培技术存在明显的区别，没有专门针对性的技术体系，难以形成系统规范的技术模式。增产增效栽培技术可以有效解决区域差异下的马铃薯规范生产难度，提高马铃薯生产产量。该技术作为贵州省的主推农业技术，自 2008 年以来，实现了马铃薯的高效高质、绿色低碳发展，在全省得到大面积推广、集成和应用。2016—2018年，全省累计推广耕种面积 2 646.70 万亩，相较于 2008—2015 年提高了10 倍；小面积最高亩产达到 6 931.24 千克，相较于 2008—2015 年增加了62%；加权平均亩产高达 1 191.83 千克。与传统马铃薯生产技术相比，该技术可以降低 5% 以上的化肥、农药使用量，提高肥料、水分有效使用率10% 以上，增加 12% 的产量；每亩新增经济收益 200 元以上；土壤肥力有效改善，肥效实现快速转化；一定程度上保护了耕地地力，土壤营养成分结构得到优化和提升。该技术可以体系降低马铃薯生产过程中化肥、农药的使用量，实现了马铃薯的绿色低碳、高效高质发展。

（10）中海拔地区"一年多茬蔬菜"高效种植技术。为适应中海拔地区地理特性，提高蔬菜种植技术和效率，技术人员提炼出"一年多茬蔬菜"技术体系。该栽培技术可以显著提高土地单产面积利用效率、效益和产量，大大提高每亩产值。该技术对不同蔬菜种类进行轮作种植，提高了种植茬数，改善了土壤环境和营养成分结构，实现了蔬菜高质高效发展。该技术依据蔬菜所需不同气温条件和湿度要求，统筹规划蔬菜种植品种，在不同月份合理安排不同类型蔬菜种植，有效解决了同一种类蔬菜出现的连续多茬种植的缺陷，提高了土壤肥力和劳动生产率，降低了病虫害对农作物生长的威胁，提高了蔬菜种植收入。2017 年，该技术在贵州省清镇市进行示范推广，2017—2021 年核心示范面积分别达到 130 亩、180 亩、220亩、250 亩、250 亩，示范推广面积逐年递增；带动农户种植面积分别为0.8 万亩、1.2 万亩、1.5 万亩、2 万亩、2 万亩，农户种植面积持续扩大；年产值分别达到 338 万元、507.6 万元、715 万元、550 万元、780 万元，年产值在整体上呈现良好发展趋势。与以往蔬菜种植技术比较，该技术可使每亩耕地增加一半以上的产值。贵州省"一年多茬蔬菜"叶菜型甘薯种植见图 4-41。

图 4-41　贵州省"一年多茬蔬菜"叶菜型甘薯种植

（资料来源：贵州省农业农村厅）

5 中国农业绿色低碳发展面临的挑战

5.1 农业绿色低碳发展政策制度体系亟待健全

为促进农业绿色低碳发展，我国相关部门颁布了一系列的政策和制度，为建设现代农业做出了积极贡献，但部分地区、部分领域的政策制度的制定和执行在力度、广度、深度方面还存在着不足，亟须进一步完善。

第一，农业现代化建设的绿色低碳标准体系尚不完善。我国许多地区建立了专属的农业品牌，农产品门类众多，但存在着品牌杂而不优、农产品数量多而不亮的问题，农产品生产也存在资源重叠、投入浪费等现象。我国农业绿色低碳发展标准体系尚处于起步阶段，与国外发达农业相比还具有一定的差距，农业产业链绿色低碳转型发展形势紧迫，与农产品消费结构升级和质量需求存在错配现象。部分地区对农业绿色低碳发展和可持续发展的意识比较薄弱，在制定农业绿色低碳发展标准体系方面存在着缺位和空白，主要表现在以下几个方面：①农业绿色低碳发展标准体系较少涉及农产品市场流通的直接相关领域，标准的可行性、可操作性有待进一步加强。②标准实施力度和强度不够。由于财政资金投入受限，部分地区农业绿色低碳发展标准示范、推广宣传力度不足，对标准的认识的重要性不足，已制定的标准也没有得到很好落实与贯彻。③农产品质量标准难以完全匹配国际标准。为了追求农产品产量，部分地区农民在生产过程中违规大量使用、超量使用、不正确使用化肥、农药、助长剂等，造成农产品残留物严重超过质量标准要求，极大影响了农产品质量安全和消费者的食用安全。

第二，农业绿色低碳发展的利益共享、分配、协同机制还不健全。我国正处于农业现代化建设和绿色低碳发展的关键期，进行农业产业链的建设具有十分重要的意义。在现阶段，我国农业产业链建设还没有完全适应市场需求，与市场需求存在着脱节的现象，利益共享、分配与协同机制不完善，农业产业链组织化与专有化程度较低，对农业可持续发展形成了一定的制约。要提升农业产业链发展水平，就必须促进生产管理的企业化、生产过程的专业化、农业服务的社会化与农业产业的一体化。生产管理的企业化是要实现科学的生产管理；生产过程的专业化是要实现农业产业体系化和规模化经营生产；农业服务的社会化是优化对农业产业链的全过程服务；农业产业的一体化是通过多元化方式加强各个农业生产经营主体的协作与联合；完善农业产业链各主体间的利益连接机制，提升农业产业链各环节的共生性与关联性，让农业生产经营主体充分融入农业产业链条的增值收益分配共享环节，是促进农民增收、农业增效的有力举措①。

第三，农业绿色低碳发展评价监测机制有待完善。为提高农业绿色低碳发展水平，推动农业绿色低碳转型发展，农业农村部办公厅于 2023 年10 月颁布了《农业绿色发展水平监测评价办法（试行）》，对评价指标设置原则、监测评价指标体系建设做出了明确规定。该办法对农业绿色低碳发展起到了较好的指导作用，但对农业绿色低碳发展评价指标体系如何具体运用缺乏详细的指导和说明。各个地区农业发展具有自身的产业特色和地域特性，农业绿色低碳发展监测指标如何选取具有一定的困难，没有统一标准，由此造成各个地区农业绿色低碳发展监测评价丧失一定的可比性和比较意义。缺乏指标权重的计算依据，对各个地区利用监测评价指标体系来评价农业绿色低碳发展水平带来一定的困难，权重选取缺乏科学合理的依据，导致各个地区在评价农业绿色低碳发展程度时，因为指标权重设定可能对评价结果带来异质性影响，评价数据不能很好地反映农业绿色低碳发展的真实状况。由于农业绿色低碳监测评价数据缺乏通畅的信息披露渠道，没有建立专门的发布平台或载体，也没有建立固定的信息数据统计发布周期，导致相关部门机构难以完整全面地获取监测评价信息，不利于农业绿色低碳发展在全社会领域的展开和推进。缺乏相应的激励惩罚机制，对农业绿色低碳发展评价监测表现较好和表现较差的主体没有具体的激励政策和约束机制，导致各地难以真正地、有力地贯彻落实监测评价制度，不利于鼓励形成优秀的典型模式和经验做法，缺乏对各地农业绿色低

---

① 王婕. 未来农业可持续发展的两个基本条件［EB/OL］.（2022-05-10）［2024-03-16］. http://m.nkb.com.cn/detail.html? id=/pcarticle/405983.

碳发展的相互促进、相互借鉴的有力保障。在农业绿色低碳生产中，部分地区没有进行适当的工作安排与计划，监测评价数据信息出现遗漏丢失的现象，监测评价质量难以得到有效的保证；监测评价数据的关联性不足，部分地区在进行农业绿色低碳监测评价工作时，没有采取正确的数据搜集方法，数据缺乏科学性、合理性和说服力，各项数据之间没有做好有效的衔接，数据的信息集成水平较低；监测评价工作缺乏充足的资金保障，经济欠发达地区的经费来源及支持力度严重有限，难以支撑监测评价工作进行实质上的开展；中西部区域的数据基础设施及数字技术存在较大差异，部分地区的监测评价体系的数字化水平较低，信息技术使用手段有限，很难利用现代化的数据信息技术对农业绿色低碳发展进行全方位、全视角、全周期、全环节的监测评价，使得信息预警、信息反馈、应急处理功能受阻①。

第四，部分地区缺少农业绿色低碳发展责任监管机制。部分地区在农业绿色低碳发展的责任落实与监督管控方面存在漏洞，各农业生产经营主体职责尚不明晰，存在着职责失位或交叉现象，在追究农业环境保护责任落实不力时出现相互扯皮和推诿现象②。在农业绿色低碳发展中，部分地区没有重视农产品质量提升的源头治理，农业生产中对化学农药、化肥等依赖性过大，农业面源污染没有得到妥善的防治。农业绿色低碳生产要求涉及多个监管部门，但部分地区存在着监管责任重叠的现象，部分农产品生产存在着监管失位的现象，监管责任没有得到有效强化，监管方式创新不足，无法充分应对现代农业绿色低碳发展的新形势和新要求，农产品生产质量和安全水平无法得到充足的保障。农产品质量安全和农业生态环境保护已成为"餐桌上的舌尖安全"和农业可持续发展的关键制点，部分地区虽然对农业绿色低碳生产进行网格化管理，没有建立市县级督查员、乡镇级监管员、村级协管员相结合的立体化网络体系，"层层管、逐级抓、人人有责、下沉到底"的农业生态环境共治的局面亟待打开。部分地区缺乏完善的检测设备和仪器，如农药残留成分快速检测仪、土壤重金属含量检测仪，农产品质量检测效率低下，检测范围也受到很大的限制，无法实现对农产品生产质量情况掌握的全覆盖。

---

① 唐旭，张波.共同富裕目标视域下的农业强国建设［J］.改革，2023（7）：116-125.
② 罗莉容.绿色低碳发展理念引领农业农村现代化建设研究［J］.智慧农业导刊，2023，3（21）：72-75.

5.2 农业生产要素提质增效压力大

5.2.1 耕地数量质量有待提升

耕地是农业的重要生产要素，是碳排放的主要单元，也是固碳的重要主体。提高耕地质量可以充分固碳、吸碳，对实现"双碳"目标具有重要作用。按照 18 亿亩耕地、平均容量 1.2 吨/立方米计算，当土壤有机质含量每提高 1 个百分点，可净吸收 306 亿吨的二氧化碳[1]。

从全球来看，我国人均耕地面积不足世界人均耕地面积的一半。近 10 年来，我国大量耕地流向了林地和园地，用于粮食生产的耕地面积仅占 70%左右，其余耕地用于非粮食生产用途，部分省份甚至出现了耕地存量低于红线的现象，农业用地结构和地域分布发生了显著的变化。耕地减少主要因为以下原因：①我国经济快速发展、大量农村劳动力流向城镇。城镇现代化建设增加了对城市建设用地的需求，部分优质耕地被占用，而对应占用的农村宅基地却没有退出，导致耕地面积大量减少；②基本农田存在被擅自占用植树造林，被违规占用造人工湖和湿地，被违规调整国土空间用地性质等情况；③在道路交通设施两旁超过标准建设绿化防护带，占用了大量耕地[2]。

耕地质量不高，优质耕地面积所占比例较小。我国存量耕地中大部分是中等质量的耕地，耕地质量亟须提升。由于占补平衡政策尚未得到有效落实，部分用地单位在占用优质耕地后并未用对应质量的耕地进行补偿或者是用较低质量耕地进行补偿，导致优质耕地质量降低，耕地占补出现不平衡的问题。部分地区在推动城镇建设和实现经济发展目标时，忽略了耕地质量安全对于维护国家粮食安全战略的重要意义，没有充分考虑到耕地的经济价值和生态价值，城镇建设规划方案没有充分考虑到农业耕地质量的提升。同时，环境污染对耕地质量带来不可逆转的损害，"三高一低"

---

① 黄征学. 实现碳中和要高度重视耕地保护 [N]. 中国自然资源报，2021-04-05 (06).
② 徐涵，乔金亮，黄晓芳，等. 耕地问题调查 [N]. 经济日报，2022-02-14 (08).

企业违规排放废水、废气、废料，未经合格处理的污染物严重影响耕地土壤表层的营养成分，降低土壤肥力，耕地贫瘠化现象日趋明显，耕地农作物产量和质量无法得到有效保障。

5.2.2 生产资料投入产出效率不高

化肥、农药、塑料薄膜等重要生产要素为农业发展提供了充足的动力，但也面临着温室气体排放和面源污染的问题。向绿色低碳农业转型，必须减少对农药、化肥和塑料薄膜等传统生产资料的依赖，加大对创新技术、先进管理方式等新质生产力的投入，而这需要花费相当长的时间才能完成。目前，我国农业生产存在以下问题：①单位面积投入量高、产出效率低，存在着资源重复投入与浪费的现象，与发达国家资源利用率相比仍有一定的差距；②生产资料使用率不高，对农业资源投入规模和数量有较大的依赖性，排放了大量的温室气体。因此，在保证农产品质量数量稳定的情况下，我国需要从化学要素密集型农业向有机生态农业转变、减少碳足迹和资源性耗费问题迫在眉睫。

5.2.2.1 农药用量风险加大

1990—2021 年全球主要国家农药使用量见图 5-1。由图 5-1 可知，2021 年中国农药使用量为 23.39 万吨，仅次于巴西的 71.95 万吨、美国的 45.74 万吨和阿根廷的 24.15 万吨，是全球第四大农药使用国家（1990—2020 年使用量一直位居全球前三），占全球农药使用总量（353.20 万吨）的 6.62%。中国农药使用量显著高于使用量排名第五位的俄罗斯 9.70 万吨，中国农药使用量在全球仍占据较大比重，中国农药减量行动形势依然严峻。2022 年全球农药市场规模为 781.93 亿美元，中国是世界上最大农药原药生产基地。中国大多数原药生产后出口给跨国公司进一步加工成农药制剂。根据 FAO 统计，2020 年我国农药出口量达到 257.7 万吨，达到全球出口总量的 35.9%。我国农药行业生产结构松散，规模以下企业占据多数，一半企业尚未入驻专业化工园区，规模集中化生产经营不足，环保安全管理意识淡薄，导致农药源头创新、核心工艺研发存在短板，与发达国家存在较大差距，农药同质化现象严重，农药药性逐步降低，病虫抗药性增强，导致农药用量进一步攀升，农药残留风险加大[1]。

---

① 孙丹. 2022 年全球农药市场规模 781.93 亿美元，我国成最大原药生产基地［EB/OL］.（2023－11－14）［2024－03－16］. https://cn.agropages.com/News/printnew-29981. htm.

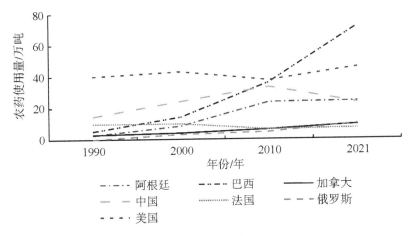

图 5-1 1990—2021 年全球主要国家农药使用量

5.2.2.2 化肥施用压力较大

近几十年来，中国一直是化肥施用量最高的国家，2021 年，中国化肥施用量达到 4 080.20 万吨，虽然较 2010 年有了明显的降低，但仍占据世界化肥施用总量（19 508.61 万吨）的 20.91%，高达世界化肥施用总量的 1/5。从单位耕地面积化肥施用量来看，2021 年中国每公顷耕地化肥施用量为 166.4 千克，高于全球平均水平达 1.54 倍（65.45 千克/公顷），远高于美国（59.26 千克/公顷）、巴西（88.01 千克/公顷），同样超过化肥施用大国印度（115.97 千克/公顷）。化肥的施用虽然在现代农业生产中能有效提高农业产量，但过量施用同样会对农业生态环境带来严重危害。

首先，化肥过量施用会加剧温室气体排放，引致全球气候变化。根据联合国政府间气候变化专门委员会（IPCC）的数据，全球农业用地的温室气体排放量占人为温室气体排放总量的 14%。我国农业碳排放量占全国碳排放量的 13%，农业碳减排任务重大，其中化肥是我国农业生产中碳排放的主要来源，如生产 1 千克尿素会排放大约 16 千克二氧化碳当量的温室气体。

其次，化肥过量施用会污染水质。化肥主要成分是氮、磷、钾等物质，农业用地施用化肥后会渗透到地下水系统，导致水质富营养化，有害生物的大量繁殖会破坏生态系统平衡，给农业自然环境带来严峻考验。氮肥是我国主要的化肥品种，农作物在吸引氮肥营养物质之前，就已经通过径流逸失、挥发等途径丢失 1 000 万吨以上，对水循环系统、土壤和空气带来严重的、治理难度和成本极高的生态污染。

最后，化肥过量施用会导致土地退化。化肥长期过量施用会破坏土壤养分结构，形成盐渍化和酸化土层，导致土壤肥力降低和土地贫瘠。在肥料施用过程中，肥料施用结构亟须优化，农业生产中为节省人工和时间成本，往往加大了对化肥的施用，而忽略对微生物肥料、有机肥料等绿色肥料的施用。绿色有机肥料投入不足，会降低土壤的有机质含量，导致土壤团粒性能难以塑造，微生物分解活动缺乏必要的养分，土壤结构性变差，进而形成固结。化肥的过度施用会减弱土壤肥力，为保证农作物获取充分的养料，会进一步加大对化肥的投入施用，陷入"施用化肥—土壤贫瘠—加大施用化肥"的恶性循环。我国种植农业大量施用化肥和农药，特别是大棚温室果蔬的化肥、农药投入成本已超过三分之二以上的农业成本。我国化肥利用率长期低于30%，导致土壤酸化、土壤污染、土壤地力下降、土壤凝结固化、土壤龟裂板结、土壤盐碱化、土壤水分缺乏、土质地力减弱等众多问题。我国农业施肥量已远超过世界平均值，其中氮肥利用率只能达到30%~35%，导致酸性物质比例不断提高。土壤连作生产和高强度的复种指数严重影响了土地持续生产能力，导致缺素症、根系能力减弱，土壤越种越酸、越种越贫，土壤缺乏适宜的酸碱度使得土地难以吸收养分，产生根结线虫等病虫害。我国农业绿色低碳发展面临诸多亟须解决的难题，化肥"减量提质"行动迫在眉睫。

1961—2021年全球主要化肥施用国家见图5-2；1961—2021年全球主要国家化肥施用强度见图5-3。

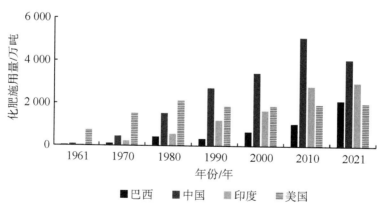

图5-2　1961—2021年全球主要化肥施用国家

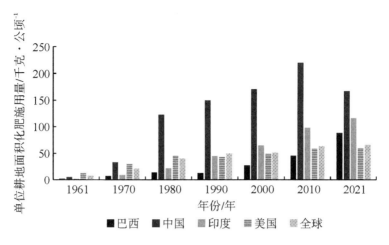

图 5-3　1961—2021 年全球主要国家化肥施用强度

5.2.2.3　农用薄膜使用持续增加

近年来，我国农用薄膜使用持续增加，环境压力不断加大。根据中国塑料加工工业协会统计，2021 年，中国地膜覆盖面积达 1 728.22 万公顷，2022 年中国农用薄膜行业完成累计产量达 83.1 万吨，较 2021 年同比增长 4.1%，2021 年中国农用塑料薄膜使用量达 235.8 万吨。塑化剂是农用薄膜的重要添加剂，在使用后会产生化学品污染和塑料碎片。农药地膜残留会破坏农业生态环境的平衡，影响农作物生长的质量。一是影响农作物生长。传统的普通农用薄膜材料为高分子聚合物，残留在土壤中难以分解，导致土壤水肥运输不通畅，土壤透气性差，影响土壤微生物活动，土壤肥力降低。农用薄膜残留物若得不到及时清理，还会影响幼苗生长，导致农作物产量不高。二是破坏土壤营养成分结构，引致土壤营养结构失衡。农用薄膜残留物降低了土壤透气性，导致土壤水循环不通畅，土壤含水量降低，耕地抗旱能力减弱，出现盐碱化趋势。三是对禽畜健康和安全带来负面影响。农用薄膜残留物与饲养草料、农作物秸秆等碾碎混合后，若被牛羊等牲畜及鸡、鸭等家禽误吞，会滞留在禽畜食道内而无法消化，影响其进食和呼吸，甚至可能带来窒息，严重危害禽畜安全健康。四是农用薄膜残留物会对农村环境带来污染，破坏农业生产系统平衡。农用薄膜残留回收不及时或回收清理不彻底，会减弱土壤透气性，阻隔水分向下渗透，营养物质难以流通综合。清理出的农用薄膜被丢弃到农田农地，大风会将农用薄膜残留物吹到居住地，严重影响农村人居环境，产生白色垃圾；带来"视觉污染"①。

5.3　农业科技创新有待加强

科技创新是农业绿色低碳发展的关键动能。随着碳排放的增加，科技创新所带来的绿色低碳技术能有效降低碳排放强度②。党的二十大报告指出，"要提升科技投入效能，深化财政科技经费分配使用机制改革，激发创新活力"。科技创新为农业绿色低碳发展注入了新能量，农业科技创新效率提升是农业绿色低碳发展的重要保障，对加快农业现代化建设具有积极作用。但同时，我国农业科技创新与发达国家还有一定的差距，需要持续加大科技创新投入力度。

5.3.1　农业绿色低碳发展的科技创新经费投入力度有待加强

2014 年我国开启了新一轮的科技体制改革，颁布了一系列的制度和政策，加强了绿色低碳农业的科技创新，但科技经费投入力度仍需进一步加强。

一是农业基础研究科技经费投入较低。自 2014 开启新一轮农业科技体制改革以来，我国农业基础研究投入占科技投入比重从 2015 年的 3.20%增长到 2020 年的 4.53%，提升了 1.33%，但仍低于发达国家的水平。农业基础研究投入不足，农业绿色低碳发展科技创新的重大原创性成果产出较少，农业产业关键核心技术仍难以实现完全自主，我国在国际农业市场中的核心竞争地位有待进一步提升。

二是农业科技创新经费支持强度不足。农业提高绿色低碳发展水平的提升高度依赖基础性、长期性的科技创新。《全国农业科技统计资料汇编》《高等学校科技统计年鉴汇编》显示，我国稳定性科研经费投入比例从

---

① 贵州省农业农村厅. 农膜污染防治宣传知识［EB/OL］.（2023 - 09 - 15）［2024 - 03 - 15］. https://www.gzwm.gov.cn/zfbm/nyncj/gzdt_5782768/202309/t20230915_82412538.html.

② 高鸣，张哲晰. 碳达峰、碳中和目标下我国农业绿色发展的定位和政策建议［J］. 华中农业大学学报（社会科学版），2022（1）：24-31.

2015 年的 61.46% 下降到 2020 年的 58.87%，与发达国家农业科技 70% ~ 80% 的稳定投入比例还有较大的差距。同时，我国当前农业科技创新实行项目制，统筹安排农业科技创新资源投入，但由于项目之间存在着部分目标重复、职能交叉，导致项目之间出现无效竞争、过度竞争的问题，使得农业科技创新经费投入分散化、碎片化，无法发挥科技创新资金的集中规模优势，研发周期长的重大农业科技创新项目无法得到持续性的、长期性的资金保障①。根据对新型农业生产经营主体 500 强企业的调查，2022 年农业企业 500 强研发支出仅占其营业总额的 1.59%，明显低于全国规模以上企业，农业企业 500 强还需要进一步加大研发投入力度，以支持农业绿色低碳转型发展。排名前十的农业企业的研发支出高达 442.87 亿元，占农业企业 500 强研发支出总额的 66.47%。科技创新与研发活动主要分布在少数大企业，众多中小企业科研投入较少。从区域分布上来看，农业企业 500 强数量位于前五的山东、黑龙江、安徽、广东、江苏的占比分别为 32%、9%、6%、5%、5%，其余省份均低于 5%，农业科技创新主体区域分布不均衡，限制了农业企业创新活力与创新效率②。

三是绿色低碳农业科技创新经费重要性亟待提升。2015—2020 年，财政农业科技创新经费在国家财政科技支出的比重从 4.02% 降至 3.76%，农业科技财政创新经费与国家财政科技拨款在国家公共一般财政支出中的比重的差距也出现拉大的态势。财政农业科技创新经费在国家财政科技支出和国家公共一般财政支出中的比重降低趋势需进行扭转，以稳固农业科技创新的基础性、公共性、支撑性地位。农业企业在自身规模、产业链地位、品牌和市场等方面存在局限性，国家需要为农业企业加强科技创新提供良好的氛围与环境，以支持农业的绿色低碳转型发展和现代化建设。

5.3.2 农业技术人才数量较少，质量有待提升

根据《第一次全国农业普查结果公报》，1996 年年末，全国共有 52 880 万名农业从业人员，其中包括 271.1 万名农业科技人员，占全国农

---

① 毛世平，林青宁，王晓君. 优化农业科技投入 提高农业科技创新效率 [J]. 中国农村科技，2023（6）：28-29.

② 郭芸芸，王景伟，韩昕儒. 2023 中国新型农业经营主体发展分析报告（二）：基于中国农业企业 500 强的调查 [N]. 农民日报，2024-01-02（15）.

业从业人员总数的 0.51%。在农业科技人员中，种植业科技人员占 75.27%，牧业科技人员占 14.06%，林业科技人员占 6.0%，渔业科技人员占 4.67%。农业从业人员中，农村农民专业人员有 241.0 万人，其中，农机员占 35.60%，水管员占 22.91%，电管员占 41.49%。农业从业人员中，有 2 245.8 万人参加农业技术培训活动，占全国农业从业人员总数的 4.25%，其中参加农作物种植技术培训的人员占 53.61%，参加林业技术培训的人员占 5.05%，参加园艺果木技术培训的人员占 16.00%，参加渔业技术培训的人员占 2.29%，参加畜牧业技术培训的人员占 13.92%，参加农业机械操作培训的人员占 9.13%。农业从业人员中，共有 397 719 名农业专业技术员，其中具有初级及以下技术职称的人员占 69.00%，具有中级技术职称的人员占 25.47%，具有高级技术职称的人员占 5.53%。

根据《第二次全国农业普查结果公报》，2006 年年末，全国共有 34 874 万名农业从业人员，其中小学及以下学历、初中学历、高中或中专、大专及以上学历人员分别占 50.6%、45.1%、4.1%、0.2%；共有 207 万名农业专业技术人员，初级、中级、高级农业技术人员分别占 5.80%、22.22%、71.98%。

根据《第三次全国农业普查结果公报》，2016 年年末，全国共有 31 422 万名农业从业人员，小学及以下、初中、高中或中专、大专及以上文化程度的农业从业人员分别占 43.3%、48.4%、7.1%、1.2%，小学及以下文化程度的农业从业人员比重相较于 2006 年下降了 7.3%，而初中、高中或中专、大专及以上文化程度的农业从业人员比重相较于 2006 年分别增加 3.3%、3.0%、1.0%，表明我国农业从业人员的文化程度有了一定的提升。

从已完成的三次农业普查情况来看，我国农业技术人才层次较低，专业能力背景单一，但全国从事农业生产经营人员逐步减少，农村劳动力转移速度加快，城镇化率稳步提高，参与农业技术培训人员逐步增多，农业从业人员技术职称和学历水平也有一定程度的提高。与发达国家相比，我国农业从业人员技术培训力度还较弱，学历水平偏低，中高级职称人员所占比重较小，农业绿色低碳发展和现代化建设还需要人力资本的大量投入。

目前，我国农业科研机构科研人员缺乏，农业科技队伍不稳定，农业企业的应用技术需求得不到有效满足。根据《全国农业科技统计资料汇编》，2003 年全国共有 1 170 家农业科研机构，2020 年为 974 家，减少 196 家，下降 16.75%；2003 年农业科研机构中有 9.6 万名工作人员，2020 为 8.4 万人，减少 1.2 万人，下降 12.5%。农业高等院校招生生源不足，非农领域成为农业专业毕业生的主要就业方向，农业专业逐渐"边缘化"，农业科研机构人员得不到充足供应。另外，我国农业科研机构工作人员队伍不稳定，再就业择业趋势越来越明显。

5.3.3 绿色低碳农业循环技术研发投入和应用不足

第一，农业企业绿色低碳科技创新能力受限。目前，我国农业高科技企业和创新型企业数量较少，农业科研院所带动能力较弱，绿色低碳技术研发相对滞后。据统计，截至 2019 年年底，全国共有 22.5 万家高新技术企业，其中涉农高新技术企业为 8 920 家，在高新技术企业中的比重仅为 3.96%，与发达国家相比具有较大差距；经认定的农业产业化国家重点龙头企业为 1 243 家，分别有 23 家、192 家、79 家企业牵头组建国家农业科技创新联盟、现代农业技术体系综合试验站、农业农村部重点实验室建设任务[①]，缺乏领军型科技型企业和龙头创新型企业。2020 年我国涉农企业研究投入强度只有 0.69%，低于国内企业平均水平（1.41%），也远低于世界发达国家平均水平（2.5%）。2020 年，我国涉农上市公司创新指数平均分仅为 47.25 分，涉农企业总体创新能力不足。我国农业产业主体数量多、体量小、分布零散，农业产业链条长、上下游联结性弱，农业科技创新难度大，创新链对农业产业链的反哺作用力小，农业国际竞争能力亟待提升。

第二，农业科技成果转化率和贡献率较低。农业绿色低碳循环技术可以有效提升农业汇碳、固碳能力，减少农业面源污染和废弃物污染。但部分地区受制于农业技术体系薄弱，农业技术应用明显不足。部分地区通过行政补贴手段推广绿色低碳技术，经济效益还待进一步测度和验证。农业科技投入带有行政性指令，容易导致科技投入和农业生产与实际市场需求脱节、关联度不高，造成农业科技投入浪费。农业科技成果转换大多是通过技术培训、讲座等传统方式进行，适应性、推广性、应用性较差。据统计，在接受过技术培训的农民中，30% 的农民认为政府提供的技术对农业

---

① 农业农村部. 对十三届全国人大三次会议第 8934 号建议的答复［EB/OL］.（2020-09-29）［2024-03-16］. http://www.moa.gov.cn/govpublic/KJJYS/202009/t20200929_6353606.htm.

生产效果不显著，42%的农民认为对技术培训掌握情况不理想。近年来，我国农业单项创新成果取得令人瞩目的成绩，但农业产业创新链功能尚未得到有效发挥，技术创新成果产业化应用和集中规模化效应较弱，农业科技创新成果供应与农业生产需求存在错配现象，农业科技创新成果市场转化路径不畅，大量的农业专利许可无法得到市场认可和商业化运用①。绿色低碳农业产学研一体化不足，农业技术与产业发展存在"两张皮"，两者之间存在着脱节问题，绿色低碳农业科技创新转化效率不高②。相关数据显示，我国每年农业科技创新成果有 6 000 余项，但科技成果市场转化率仅为 40%，与发达国家 80% 的农业科技创新成果转化率具有较大的差距③。

第三，农业企业还未成为科技创新主体，农业科技创新积极性不足。根据《2022 中国涉农企业创新报告》，2021 年 389 家农业上市企业中，有 57% 没有外部研发开发费用支出，有大约 3/4 的企业没有建立重点农业科技创新平台，包括国家级、部级科技创新平台及科研合作流动站，科研机构、农业高等院校仍然是主要的农业科技创新主体，研发活动与市场应用主体的融合连接机制还未有效建立，农业领域的科技创新存在着供需不平衡的现象④。

第四，农业科技投入对区域特色优势产业覆盖面还比较低。目前，我国针对区域粮油、药材、茶叶、水果类等特色优势产业没有给予专门的科技创新财政支持，特色产业的发展优势未得到充分体现。另外，我国特色农业发展对农民实现增收效果不明显，区域特色农业需要高强度的科技创新投入，农户受限于自身规模在特色农业产业体系中游离于主体核心之外，农户很难进入到农业产业链的后端，难以提高农业生产附加值，收入增长空间被逐步压缩。当前，我国农业政策主要是保证初级农产品和大宗农产品稳产提质，对特色农产品的技术创新政策支持力度较弱，政策体系还不完善，对特色农产品技术创新的资金资源支持也较少，不利于特色农产品培育。另外，部分地区追求特色农业的规模化与集中化，未能充分调

---

① 许竹青. 加强农业科技创新，走好农业强国之路 [N]. 科技日报，2022-10-31 (16).

② 赵敏娟，石锐. "双碳"目标下农业绿色发展的内涵、挑战及路径选择 [J]. 社会科学辑刊，2024 (2)：162-171，239，241.

③ 陈汝健. 杨玉成委员：加快农业科技成果转化 为乡村振兴提供科技支撑 [N]. 科技日报，2022-03-07 (06).

④ 马爱平.《2022 中国涉农企业创新报告》发布 [N]. 科技日报，2022-12-17 (07).

研需求市场的变化，特色农业无序扩张发展，呈现重复竞争、无效竞争、恶性竞争趋势，导致部分特色农产品供给过剩，特色农业生产投入效率低下[①]。

第五，农业绿色低碳技术经济效益低下。土地规模和耕地质量是农业生产的核心竞争要素。当前我国户均农业土地规模为 0.5 公顷，农业生产经营规模大约相当于日本的 1/6、欧盟的 1/30 与美国的 1/340，即便 2050 年按农业人口规模为 3 亿~4 亿计算，我国户均农业土地规模也仅为现在的一倍，与发达国家的主要农产品出口国仍具有相当大的差距[②]。尤其是面积宽广的西部地区受地形条件的限制，无法进行规模集中化农业生产，农业生产经济效益低下。农业绿色低碳技术需要规模化经营生产以降低技术开发应用成本，与分散生产、零散经营的农业发展现状相矛盾。而在面临国际质优价廉农产品的强势冲击下，国内高成本、高投入的农产品是否能获取经济效益、维持竞争优势，值得怀疑。因此，推广绿色低碳技术开发的速度和应用效率是今后农业长期发展的关键问题。

5.4 农村生态环境保护存在突出短板

2021 年 8 月，由第三次全国国土调查领导小组办公室、自然资源部、国家统计局联合发布的《第三次全国国土调查主要数据公报》显示，我国耕地面积为 1.28 亿公顷，64% 的耕地分布在秦岭-淮河以北，黑龙江、吉林、新疆、内蒙古、河南 5 个省份（自治区）的耕地面积占到全国的 40%。农业生产中农药、化肥、薄膜的过量使用对水环境造成了严重污染，影响了水类动物的生活环境，打破了水生态环境系统的平衡性和稳定性。氮肥、磷肥和钾肥的超量施用造成了土壤盐碱化、板结化，化肥中的残留成分进入地表水和地下水循环系统，面源污染的治理难度逐步加大。第二次全国污染源普查结果显示，农业源水污染物排放量中化学需氧量为 1 067.13 万吨，总氮为 141.49 万吨，总磷为 21.20 万吨。同时，农业面源污染监测网络不健全，环境监测基础薄弱，农业面源污染现状底数排查不

---

① 郭红东. 如何破解特色农业发展面临的困境 [N]. 中国县域经济报, 2022-05-23 (05).
② 倪洪兴. 开放视角下的我国农业供给侧结构性改革 [J]. 农业经济问题, 2019 (2)：9-15.

清，数据统计分散。当前，我国农业面源污染监测存在以下问题：①由于没有建立多部门联合的全链条污染监测网络体系，监测技术规范不完善，难以搜集到准确的农业面源污染数据，农业面源污染治理难度加大；②部分地区没有建立完善的环境监测机构，监测专业人员缺乏，不利于农业面源污染治理与防控；③农业面源污染治理方法有待改进，政策协同性、体系化、整体性功能较弱，治理工具单一，综合治理理念没有真正落实，治理推广效应和示范效应不强；④农业面源污染治理制度规范体系建设落后，监测指标、监管体系有待进一步完善①。

农村生活污染问题。根据国家统计局的数据统计，截至 2021 年年底，我国农村常住人口规模为 4.98 亿，若根据人均日排水量 50 升，氮氨含量每升 50 毫克，污染物浓度化学需氧量每升 300 毫克计算，可估算出农村地区每年生活污水排放量为 90.9 亿吨，氮氨排放量为 909.49 万吨，化学需氧量排放量为 5 456 万吨②。农村生产生活排放的灰水、黑水等污水，富含有机物、无机物、病原体、氮磷等元素，影响了农村人居环境的改善。而我国农村生活污水处理设施建设运行较为落后，有 2/3 的农村行政村的生活污水处理设施还没有建立，有近 40%的已建设污水处理设备不能有效运行。另外，我国农村污水处理技术和设施建设没有很好地考虑农村特殊情况，进水环节规模设计过大，而进水量较小，同时地下水管网质量偏低导致进水浓度普遍偏低，农村生活污水不能得到有效处理③。

畜禽养殖污染问题。我国畜禽养殖基地主要分布在农村地区，畜禽养殖业发展有力地保障了城乡居民对肉蛋类食用需求，是农民增收的重要手段，同时也对农业生态环境带来污染和破坏。畜禽养殖污染物主要包括废气、废渣、废水。废气主要为未经燃烧的甲烷、污水处理产生的臭气、养殖过程中的臭气；废渣主要为畜禽排泄粪便、沼渣、饲料废料；废水主要为畜禽养殖场所冲刷水、畜禽排泄尿液、沼液。《2023 中国统计年鉴》显示，截至 2022 年年底，我国拥有 10 859.0 万头大牲畜，较 2021 年增长 372.2 万头，增长 3.55%；45 255.7 万头猪，较 2021 年增加 333.3 万头，

① 王俊. 加强农业面源污染治理，民进中央呼吁推进农业农村生态环境保护立法[EB/OL].（2023-03-01）[2024-03-16].https://www.thepaper.cn/newsDetail_forward_22122555.
② 邓彩红. 农村水环境污染现状及对策[J]. 资源节约与环保，2023（1）：88-91.
③ 李松，李云，刘晨峰. "十四五"农业农村生态环境保护：突出短板与应对策略[J]. 中华环境，2021（1）：37-39.

增长 0.74%；32 627.3 万只羊，较 2021 年增加 658 万只，增长 2.06%；禽蛋产量为 3 456.4 万吨，较 2021 年增加 47.6 万吨，较 2021 年增长 1.40%。畜禽养殖近些年来稳步发展，规模化效应逐步显现，但同时也排放了大量畜禽粪污。2022 年我国畜禽养殖污染排放量达到了 71.3 亿吨，在全球位居前列，处置量为 57.7 亿吨，处置率达到了 80.93%，较 2014 年的 50.07% 有了大幅度的提高，但仍然还有近 20% 的畜禽养殖污染未得到有效处理。2022 年的畜禽养殖处理市场单价达到每吨 11.5 元，处理成本高企，畜禽养殖污染处理利润空间逐步缩小，同时在处理禽畜养殖污染物时，不可避免地会产生新的排放量，污染物处理量与排放量表现为正相关关系。随着农业环境保护意识逐步增强和治理力度的增加，畜禽养殖业污染治理要求也更加严格，对畜禽养殖污染处理提出了新的挑战。

农村环境治理资金投入匮乏。农村生态环境治理需要大量资金的支持。根据数据统计，单个行政村环境治理的平均支出为 100 万元左右，估算出全国所有行政村环境治理支出为 5 000 亿元左右，对农村环境治理提出了严峻的考验。环境治理的经济效益不明显严重影响了部分地区农村环境治理的动力和积极性。农村资金主要来源于乡镇级以上政府和村集体收入，财政来源单一，金融工具运用较少，民间资本参与不足，加上农村集体经济基础薄弱，农村环境治理资金还存在着巨大的缺口，农村环境质量改进工作无法取得实质性的推进①。

---

① 李松，李云，刘晨峰. "十四五" 农业农村生态环境保护：突出短板与应对策略 [J]. 中华环境，2021（1）：37-39.

6 现代农业绿色低碳发展的实践经验

农业是碳排放的重要来源，控制农业碳排放对实现 2030 年和 2050 的碳排放战略愿景具有重要意义。近年来，全球现代农业绿色低碳发展取得了显著的成效，形成了一批先进实践经验。本书选取典型代表，研究其绿色低碳农业的做法、取得效果、未来发展方向，对我国探索农业绿色低碳发展的正确路径，深化农业绿色低碳发展，具有积极的意义。如今全球大部分国家都已提出了"碳中和""碳达峰"或"零碳"目标，10 多个大型经济体已加紧立法或已完成了立法工作，将"双碳"目标实现作为一项重要的战略内容。美国、欧盟、日本三大经济体，作为发达国家的先进代表，提出了各自 2030 年前的碳排放目标任务（分别是相较于 2005 年降低 50%，相较于 1990 年降低 55%，相较于 2013 年降低 46%），碳排放量预期大量减少。

6.1 美国模式：大农场主农业

美国是全球绿色低碳经济发展的主要倡议国和行动者，在绿色低碳农业发展中处于领先地位，在农业节能减排和清洁生态发展方面取得了显著成果。美国在 2015 年向联合国气候变化框架公约（UNFCCC）秘书处提交了自主贡献预案（intended nationally determined contribution, INDC）报告，该报告规定了美国 2030 年的碳减排量化目标，推动了 INDC 治理模式的实践。马晓哲在《国际碳排放治理问题》中指出，美国温室气体排放较 2005 年拟下降 33%，未来能源供给（需求）总量持续下降，到 2030 年，清洁能源电力将代替天然气成为第一大能源供给，碳减排目标的设立将推动美国降低高含碳量的煤炭使用比例。

6.1.1 行动方案

6.1.1.1 加强绿色低碳农业的法律法规和制度建设

农业面源污染是美国水质恶化的重要原因，为解决地表水和地下水污染日益加重的问题，美国于 1948 年制定了《联邦水污染控制法》，1965 年修正为《联邦水质法》，1972 年修订了《清洁水法》，首次针对农业面源污染提出了解决措施，并通过"最大日负荷量计划"治理水质污染①。1977 年和 1987 年，美国针对"最大日负荷量计划"进行了两次重大修订，以"恢复和保持国家水域的物理、化学及生物学的完整性"，杜绝排放毒性超量污染物，加强污水管制和处理，并提供充足的财政资金和技术支持，此举为美国加强水污染防治提供了坚实的制度保障。

20 世纪以来，美国推出了一系列碳减排方案，逐步建立了系统的碳减排政策体系。2008 年 5 月，为加强对杀虫剂的销售、使用和管理，美国完善了《联邦杀虫剂、杀菌剂和杀鼠剂法》（federal insecticide fungicide & redenticide act，FIFRA）。FIFRA 要求对注册登记的 21 000 种杀虫剂进行管理，对人与自然环境产生损害的杀虫剂使用进行限制，对所有杀虫剂的限制使用范围进行明确标示，制造厂商每 5 年要接受专门部门的监督检查，并对检查结果进行记录。FIFRA 对农业药品的正确合理使用和防治农药对农业环境污染具有积极功效，有效控制了对农药的依赖和农药的过量使用，明显降低了农产品的农药残留物含量，促进了农业的绿色生态发展。

但基于 FIFRA 法案的登记农药种类繁多，不同登记农药的情况存在较大差异，评审成本和评审周期也存在区别。因此，美国针对 FIFRA 进行补充完善，形成了《农药登记改进法案》（pesticide registration improvement act，PRIA）和《美国联邦法典》（U. S. code of federal regulations，40 CFR）。PRIA 于 2003 年首次颁布，到 2022 年 12 月更新到 5 个版本，即 PRIA 5，新的评审周期与登记类型在 2023 年 2 月正式生效，现有 226 种农药登记在案，根据不同农药类型，分别有新农药产品登记、新活性成分登记和新用途方案登记。

为严格管控农药的使用，美国在《农药法》基础上，相继颁布了《农产品农药残留量条例》与《农药登记和分类程序》。美国还在《联邦食品、

---

① 史肖肖，王有强. 美国农业环境保护法律制度对中国的启示 [J]. 淮阴工学院学报，2015，24（2）：26-29.

药品和化妆品法》和《食品质量保护法》中相继规定了"除 EPA 对农药残留物做出的限量标准或者豁免用量外，其他农药残留物都不具备安全性""应对农药残留物的限量标准制定注重从安全性方面考虑"。2022 年 9 月，美国环境保护署（EPA）发布 2022-19022 号公告，对农药残留物最高限量标准进行了明确的规定，主要包括：①新增薏苡仁等 24 种谷类作物，修订谷物分组（作物 15 组）；②新增非洲山药豆等 8 种产品，修订分组豆类蔬菜（作物 6 组），对产品做出更加清晰和明确的界定①。《美国联邦法典》共有 50 册，涵盖了所有领域的联邦法规，在第 40 册环境法规部分（40CFR）规定了农药的使用，这是农药登记法律的执行手册，对农药登记的数据信息安全、数据使用、登记程序做出了规定。农药管理系列法规对农药的销售登记、使用登记、使用范围、使用规程、药物残留限量做出了明确规定，保护了农业生产环境，提高了农业产品的绿色消费含量，保护了消费者身体健康和安全消费。

2009 年 6 月，美国众议院为限制碳排放，颁布了《清洁安全能源法案》。该法案限定了重点污染企业的碳排放上限，加强对碳排放的限制管理，以减少温室气体排放，引导绿色经济发展。该方案旨在减弱对石油能源等化石燃料的依赖，提高清洁能源使用比例。该方案建立了碳交易市场制度，明确了碳减排具体路径和方案，合理规划能源使用方向及效率，是美国碳减排政策体系的重要组成部分。2005 年 8 月，美国参众两院通过了《2005 年能源政策法案》，鼓励石油、天然气、电力、煤气行业采取洁能、节能措施，提倡使用核能、乙醇等清洁能源，提高能源使用效率。《2005 年能源政策法案》鼓励制定使用清洁能源的税收政策，对于普通消费者和中小企业也设立了具有激励导向的经济奖励条款，减免节能产业的税收征收额度和范围。此外，《2005 能源政策法案》还倡导清洁生产，加强对传统能源设施的重新改造和功能优化升级，大力提高清洁能源在能源消费中的比重。《2007 能源独立和安全法案》于 2007 年 12 月由布什总统签署生效，该法案包括生物燃料开发利用、反石油欺诈、碳捕集与封存技术应用等八大方面的内容，以"节能减排"为宗旨，推动可再生燃料的使用，发展新能源、可再生能源与替代能源，开发碳减排技术，实行节能照明和节能建筑施工使用，为扩大生物能源市场注入了新的活力和机遇，降低碳排

---

① 海关总署. 美国修订农药残留限量标准对应的产品分类法规 [EB/OL]. (2022-09-22) [2024-03-16]. http://chinawto.mofcom.gov.cn/article/jsbl/zcfg/202209/20220903350968. shtml.

放量和碳治理成本①。

2019年12月，美国农业部颁布了《美国农业部科学蓝图：2020—2025年科研方向》。该文件在过去的成功基础上，指导美国农业部未来5年的科学优先事项，美国农业的创新性、多样性和完整性及其生产力的科学基础将确保美国农业、食品和营养系统继续为生产者和消费者提供客户服务。该文件的主要内容包括：①可持续集约化。在动植物生产、健康和遗传学方面设定目标、策略和证据。农业未来取决于生产能力和技术的持续提高，应该使农业在提高可持续性的同时提高生产力，增强动物生产、健康和遗传能力。②提高气候变化适应性，包括保护和管理景观尺度和加强气候研究两方面内容。应该确保农业用地、国家森林和私人作业用地得到保护，使农业生产更能抵御气候变化和其他因素等干扰，同时，农业系统必须适应不断变化的天气模式和温差，以确保粮食安全。③加强食品和营养的转化，包括食品安全健康和促进营养健康两个方面的内容。应该提高加工食品新鲜度与质量，并提供足够的营养以提高人口预期寿命。④提高创新增值能力，包括基础设施、创新和幸福与生物经济两个方面。应该增加产品价值和整个农业的创新系统和生物经济，更新技术应用与系统设计能力，建立新的农业价值供应链。⑤制定农业科技政策，包括科学指引和商业贸易两个方面。基于对新兴健全科学的需求，应该创造粮食安全和经济繁荣，提高食品、木材、燃料产品在全球的领先力。

2020年6月，美国众议院气候危机特别委员会颁布了《应对气候危机的行动计划：建立清洁能源经济和健康、有弹性、公正的美国》，该行动计划将农业视为应对气候变暖的关键领域，建议积极发展智慧农业，加大技术保障和财政支持，降低农业碳排放，提高土壤固碳汇碳能力。该行动计划提出要加强技术支持和资金保障，推动智能化、数字化农业发展，提高可再生能源资源利用效率。该行动计划是农业领域应对气候危机的重要行动指南和方案。

2021年2月，美国农业部发布了《美国农业创新战略》，对美国未来10到30年的农业科技发展战略和创新路径提出了具体措施，以提升绿色

---

① 樊瑛，樊慧.美国2007新能源法案的政治经济学分析 [J].亚太经济，2008（3）：59-63.

低碳农业的可持续性①。该文件对 2020 年颁布的《美国农业创新议程》涉及的 4 大创新领域（数据规范化管理、基因设计、自动化与数字、农业林业系统设计）设定了具体的创新目标和方案，全方位提高农业的绿色低碳发展水平。

2021 年 5 月，美国农业部颁布了《气候智能型农业和林业战略：90 天进度报告》，为构建气候智能型农业（CSA）和林业，从人才培养、农业教育、技术研发、产品市场应用、宣传推广等方面做出了具体的规定，协调了农业林业协同发展与目标一致性，是应对气候问题的系统性解决方案。据美国农业部统计，美国政府对第一批 70 个气候智能型农业试点项目投资高达 28 亿美元，大力推动了气候智能型农业发展。气候智能型商品伙伴关系是美国农业气候战略的重要内容，其目的是提高农业生态效益，扩大气候智能农业的市场占有率，支持农林业的可持续发展。首批试点目录中具有代表性的项目包括：土壤清查项目（美国子午线研究所）、可再造林的碳追溯项目（俄勒冈州气候信托基金）、创新农业融资项目（"从田园到市场"可持续农业联盟）、绿色牛肉项目（南达科他州立大学）、土壤固碳和甲烷减排行动项目（美国奶农公司）。

2021 年 10 月，美国联邦政府发布了《气候适应与恢复计划》，协调 20 余个联邦机构共同应对温室气体排放引发的气候变化。该计划的具体措施包括：①保护联邦投资。各机构确定了哪些项目和任务最容易受到气候变化的影响，以确保纳税人的资金在应对不断变化的气候条件时得到最佳利用至关重要。②确定领导力和问责制。各机构首次确定了高级领导层，并建立了新的问责结构，由国防部最高层领导组成，负责协调国防部的气候缓解、适应和恢复工作。③提高供应链的韧性。各机构加强修改供应链政策和运营，财政部和能源部采用气候适应和恢复能力做法，创建一个更具气候适应性的系统，以确定那些因急性极端天气事件或长期气候变化而面临风险的物资和服务②。美国绿色低碳农业相关法律法规见表 6-1。

---

① USDA. USDA Releases Agriculture Innovation Research Strategy Summary and Dashboard[EB/OL].(2021-01-12)[2024-03-18].https：／www.usda.gov／media／press-releases/2021／01／12／usdareleases-agriculture-innovation-research-strategysummary-and.

② The white house. FACT SHEET：Biden Administration Releases Agency Climate Adaptation and Resilience Plans from Across Federal Government[EB/OL].(2021-11-07)[2024-03-25].https：//www.whitehouse.gov/briefing-room/statements-releases/2021/10/07/fact-sheet-biden-administration-releases-agency-climate-adaptation-and-resilience-plans-from-across-federal-government/.

表 6-1　美国绿色低碳农业相关法律法规

颁布时间	政策及法律法规	制定部门
2008 年 5 月	《联邦杀虫剂、杀菌剂和杀鼠剂法》	美国环境保护署
2009 年 6 月	《清洁安全能源法案》	美国众议院
2019 年 12 月	《美国农业部科学蓝图：2020—2025 年科研方向》	美国农业部
2020 年 6 月	《应对气候危机的行动计划：建立清洁能源经济和健康、有弹性、公正的美国》	美国众议院
2021 年 2 月	《美国农业创新战略》	美国农业部
2021 年 5 月	《气候智能型农业和林业战略：90 天进度报告》	美国农业部
2021 年 10 月	《气候适应与恢复行动计划》	美国联邦政府
2022 年 12 月	《农药登记改进法案 5》	美国环境保护署

6.1.1.2　创新农业生产模式

（1）加强农业生产模式创新，提高农业生产管理水平。20 世纪上半叶，美国中部大平原作为主要的农业生产地，面临着水源缺乏和水土流失的发展困境，农业资源利用过度，农业资源逐步减少，植被覆盖率不断降低，沙尘暴等自然灾害现象频繁发生。为应对农业发展问题，提高农业的可持续发展水平，美国开始推行堆肥及自然生物降低的发展模式，涵养土地水源，提高土壤养分，优化土壤营养结构，快速恢复了土地原貌。美国还建立农业精准生产管理系统，实时监控农作物生长情况，适时优化肥料供给，对农业作物部位进行精准施肥，提高施肥效率，减少肥料浪费和重复施肥问题，从源头上降低了农业的碳排放。

（2）加强农业生产的空间管理，提高农业生产的空间利用效率。美国农场数量自 1935 年达到峰值（680 万个）以后开始逐步降低，截至 2022 年年底，美国仅有 200 万个农场，其中以家庭农场为主，比 2007 年减少了 20 万个，远低于 1935 年的水平；农场总面积由 1954 年的 12.06 亿英亩（1 英亩≈4 047 平方米）减少到 2022 年的 8.93 亿英亩，农业土地面积大幅度减少。在面临农场数量和农场面积双双降低的严峻形势下，美国政府着手对农业生产区域进行优化布局，创新空间管理模式。如为提高稻田的科学管理水平，美国政府根据自然气候和土壤条件培育新品种，加强优质稻种的研发，依据降水条件实现农作物残留物的循环利用。另外，美国政府还将豆科农作物与其他农作物进行轮番换种耕种，提高农作物碳汇水平和固碳能力，减少温室气体排放和排放气体中的含碳量。

（3）加强政府宏观调控和组织支持。随着温室效应引发的全球气候变暖问题日益严峻，国际组织对温室气体减排工作越来越重视。美国能源部、劳伦斯伯克利国家重点实验室等部门对温室气体尤其是二氧化碳减量排放进行了详细分析。政府部门的宏观调控是推动农业绿色低碳发展的关键力量，宏观调控的具体措施包括：加强耕地保护力度，提高耕地利用效率，实现单位耕地面积的产量最大化；保护森林和草地资源，推行森林和草地再造，提高地表绿色植物覆盖水平，增强植物碳汇和吸碳能力；构建绿色低碳农业专项服务平台，为提高环境质量提供技术、流程等方面的指导和服务，加强绿色低碳农业发展的组织保障。政府部门宏观调控作用的发挥，为农业生态环境保护、资源高效高质利用以及农业生产率提升提供了坚实的机制基础，打破了各部门的信息不对称，降低了具体调控政策的错配现象，提高了政策合力，为实现农业绿色低碳发展的一体化管理提供有利条件和可能。

6.1.1.3　建设碳汇市场交易机制

《京都议定书》于 2005 年 2 月 16 日正式生效，为促使发达国家和发展中国家共同落实温室气体减排目标和履行减排责任，在绿色开发和"限量与贸易"机制下，各缔约国可以自由分配温室气体减排额。发达国家和发展中国家建立起了巨大的、交易频繁的碳交易市场，实现了碳减排与经济持续发展的双赢局面。

美国于 2003 年成立了芝加哥气候交易所（Chicago climate exchange, CCX），CCX 是全球首个记录温室气体排放、交易和减排的具有法律约束力和执行强度的平台，以此解决温室效应这一全球瞩目的发展议题。在该交易所，会员能对温室气体减排做出更为系统和明确的规划，执行碳减排的认购和补偿行动，采取碳减排各项措施和方案，会员单位也能够获取气候变化有效应对的战略远景和蓝图。通过该交易所，各缔约国建立起"排放企业—碳交易平台—农民"的碳交易循环体系，碳减排达标会员和未达标会员之间进行碳减排量指标交易，从而鼓励市场交易主体进行碳减排的积极性，减少碳排放总量。CCX 致力于全球气候治理，2004 年，在欧洲成立了气候交易所；2005 年与印度商品交易所进行气候合作，随后又在加拿大建立了分支机构；2008 年，与中国机构共同建立了综合性的碳排放权交易机构，即天津排放权交易所。2006 年，CCX 出台了《芝加哥协定》，对交易所的目标规划、减排范围、时间安排等做出了明确规定。美国农业局管理公司同从事免耕农业生产的农民签订协议，协助农民在 CCX 进行碳交易，降低了农业的碳排放量，农民通过碳交易也从保护性耕种计划获取经济收益。翁伯奇指出，若农民不能达成碳减排目标，可以选择免耕（即耕地保护措施）、沼气循环利用、林草地环境保护这三种方案去获取碳减排契证，并以此到交易所进行交易①。应用免耕技术的农地碳排放大大降低，农民的经济收益得到一定程度提高，如堪萨斯州农场主通过农田碳交易，提高了农业收入水平，扩大了农业收入来源渠道。

6.1.1.4　加强绿色低碳农业的财税支持

（1）加强财税政策的制定，出台专项财税政策。美国对碳减排工作和低碳农业生产方式提供专项资金，缓解农业绿色低碳发展的资金制品，推动农业绿色低碳的纵深发展，取得了显著成效。美国新农业法案在 2002 年 5 月由布什总统签署生效，文件名称为《2002 年农场安全与农村投资法案》（The farm security and rural investment act of 2002，以下简称"新农业法"）。新农业法的主要内容是加强对农业的补贴，重点是价格和产品补贴。新农业法相较于 1996 年的农业法案，农业补贴和投入有了大幅度提升，6 年累计增加 1 185 亿美元。新农业法包括十个方面的内容，其中一项为生态保护，主要涉及保护野生动物、草地、湿地、沙漠湖、小流域和水资源，2002—2007 年 6 年间增加预算额为 171 亿美元，在 10 大支出项目中位居第二，仅次于商品计划项目。生态保护计划主要包括：土壤保护储备计划、农地保护计划、耕作土地保护计划、保护安全计划、小流域复原计划以及其他项目的保护计划②。生态保护计划实施后，加强了对湿地的保护，实行土地轮耕休耕；加强了草地保护，提高了植被覆盖率，恢复了草地原貌；加强对农地保护的资金支持，提高土地使用效率；扩大激励计划和政策，提高环境质量，鼓励生产者采取资源保护的管理措施。新农业法的生态保护项目相较于 1996 的农业法而言，生态保护专项扶持资金有了大幅度提高，增加了新的具体资助项目；对畜牧业的支持力度也得到了加强，畜牧业的资金资助比例也有一定程度的提高；扩大了支持覆盖范围和

---

① 翁伯奇. 低碳农业导论 [M]. 北京：中国农业出版社，2010：20-26.
② 车凤善，张迪. 美国农地保护政策演变及对我国的借鉴 [J]. 国土资源情报，2004（3）：21-26.

涉及领域，降低了资助门槛，增加了参加保护计划的土地面积，将更多地方纳入资助对象；加大对农业生产者的补贴力度，进一步鼓励农业绿色低碳行为，保护农业生态环境①。

（2）扩大资金支持范围与力度，促进农业绿色低碳发展。公共部门与私人部门倡立共同资金，制定环境改善激励计划和管理方案，为农业碳减排承担费用，对减少温室气体的环保项目予以资金奖励。财政收入为温室气体减排、低碳技术的开发和利用提供了充足的资金，联邦政府的交易拍卖资金和排放限额的财政专项资金也为碳减排提供了资金支持②。美国对农业碳减排行为进行财政补贴和资金奖励，推动农业生产的绿色低碳倾向，还通过对碳排放征收高额税收和设定碳排放限额等方法以实现碳排放成本的内部化③。实行灵活的碳税政策，对化石能源燃料取消直接定价方法，调整表述语言，减少"碳排放""税收"等内容④。

6.1.1.5 加大农业绿色低碳技术创新

（1）建立以高等院校和研究机构为主体的研究、教育、应用的"三位一体"的农业技术创新体系。随着传统能源资源逐步消耗殆尽和温室效应问题的扩散，美国实行农业碳减排和绿色能源发展迫在眉睫。目前，可再生资源和生物能源利用成为现代农业的发展方向，主要涉及替代能源的使用、生物柴油的开发和生物能源的循环等。根据《莫雷尔法案》（Morrill Land-Grant Colleges Act）的规定，美国联邦政府向各州以赠地的方式设立赠地学院，促进农业和工艺教育的发展，赠地学院不仅承担教学、科研、实验等工作，还负责培养工农业的高级专业人才。赠地学院将先进的科学技术应用于农业生产，大力发展节能减排降碳技术，推动技术应用和成果转化，为农业绿色低碳发展提供了坚实的技术保障。

（2）推行免耕、休耕等保护性耕地技术。美国农业的机械化生产方式在提高农业生产率、促进农业经济增长的同时，产生了大量的温室气体，

---

① 产业政策与法规司. 美国新农业法的主要内容分析［EB/OL］.（2023-01-02）［2024-03-18］.http://www.moa.gov.cn/ztzl/nygnzczcyj/200301/t20030102_41792.htm.

② 张开华，陈胜涛. 试论低碳农业发展的支持机制［J］. 中南财经政法大学学报，2012（1）：110-114.

③ 郑玉雨，于法稳. 气候变化背景下农业低碳发展：国际经验与中国策略［J］. 中国生态农业学报，2024，32（2）：183-195.

④ RABE B G, BORICK C P. Carbon taxation and policy labeling: experience from American states and Canadian provinces［J］. Review of Policy Research，2012，29（3）：358-382.

农业碳排放显著增加，对农业气候问题带来严峻挑战，因此，美国大力开展农业生产过程的碳减排技术创新工作。根据农业土地具体情况，美国联邦政府大力推行免耕播种机，使得耕地保护性技术的开发与利用成为可能。美国采用的保护性耕地技术，与传统的田地翻耕与播种具有显著的不同，将农作物残渣、剩余秸秆铺设在土壤层表面，既能使用农药降低病虫害及杂草恶性生长，又能满足种子发芽的正常生长过程不被破坏。美国通过推行这一技术，使得约60%的土地少耕或者免耕，耕地翻种减少既提高了土壤的固碳能力、避免水土流失，又能提高土壤的碳储存量，土地闲置问题得到极大解决，农业生产尊重自然规律受到更多重视与关注，退耕还林还草得到妥善处理①。同时，美国根据土壤肥力综合测算化肥使用的比例，以确定化肥在农业生产中的专项储备量，减少化肥的生产浪费和重复使用问题，推动农业生产的化肥减量增效行动。

（3）加强可再生能源和新能源的开发与利用，改善能源基础设施条件，提高能源在农业生产中的使用效率，再生能源对经济的贡献率快速提升。美国2003年新农业法案中关于农业能源的规定，主要包括可再生能源和生物能源的生产、研究、开发和补贴支持。2002—2007年，美国政府拨款10亿美元支持农业可再生能源和生物能源的开发和利用，鼓励农业生产者扩大生物能源的使用比例，提高生物能源的生产提升能力；支持农业生产购置可再生能源系统，提高能源使用效率；加强可再生材料的研究与开发，提高农业资源的循环利用与可再生利用率；宣传使用生物燃料，优先采购生物类制品，加强生物能源的制成，推行生物发电，提高生物能源的使用比例；在农业农村领域开发氢燃料电池技术项目；推动"美国全球气候变化研究项目"，提高碳流动水平，研究温室气体的减排和交换的技术问题。

（4）加强生物技术研发。2023年5月25日，美国环保局（EPA）颁布部分使用生物技术进行农业生产研发的植物内源式农药（PIP）予以豁免的最终规则，推进病虫害的农业防治工作的商业化，降低监督管理成本，减少农业生产对常规农药使用的依赖度，保护农业生态环境。根据发布的最新规则，PIP豁免引发的风险较低，可通过常规育种进行降低，利用功能丧失型PIP或者相容性PIP以降低天然基因活性、修饰再造基因，

---

① 李玉梅. 美国低碳农业发展及其对中国的借鉴 [J]. 世界农业，2016（1）：51-53，58.

提高 PIP 的信息透明度和公众知晓范围①。

6.1.2 取得效果

6.1.2.1 农药化肥减量行动取得显著成效

根据联合国粮食及农业组织（FAO）的数据统计，1961 年美国化肥使用量为 746.62 万吨，其中氮肥 295.57 万吨，占比 39.59%，磷肥 248.77 万吨，占比 33.32%，钾肥 202.28 万吨，占比 27.09%。随着农业耕种面积扩大，美国农业产量迅速扩大，化肥投入量出现 20 年的上涨期，1985 年美国农业化肥使用量为 2 129.74 万吨，其中氮肥 1 066.24 万吨，占比 50.06%，磷肥 492.90 万吨，占比 23.14%，钾肥 570.60 万吨，占比 26.80%。此后，化肥的投入使用量保持在较为稳定的范围内，到 2021 年，全年美国农业化肥使用量为 2 030.72 万吨，其中氮肥 1 188.47 万吨，占比 58.52%，磷肥 393.05 万吨，占比 19.36%，钾肥 449.20 万吨，占比 22.12%。从化肥施用历史情况来看，氮肥始终是美国主要的农业化肥，近些年来甚至占据 50% 以上。从人均化肥施用情况来看，1961—1980 年呈现上升趋势，从 1961 年的 41.68 千克增长至 1980 年的 95.44 千克。

受农业产值扩大和农药使用控制双重影响，美国农药使用量出现一定程度的抬升，从 1990 年的 40.10 万吨，增长到 2021 年的 45.74 万吨。但人均农药使用量却是出现持续降低的态势，从 1990 年的 1.62 千克，到 2021 年降至 1.36 千克，降低 16.05%。自 20 世纪 80 年代以来，美国农业开始采用先进管理方法和科学技术，农业逐步向低耗能、低投入、低污染的绿色生态农业转变，大量采用农作休耕制，通过在休耕期间种植牧草，为农场提供优质有机肥料，农业生产效率持续提升。

1961—2021 年美国农业化肥施用变化趋势见图 6-1；1961—2021 年美国人均化肥施用量变化趋势见图 6-2；1990—2021 年美国农药施用变化趋势见图 6-3。

---

① 美国环保局. 美国环保局发布豁免部分使用生物技术研发的植物内源式农药最终规则 [EB/OL].（2023 - 10 - 23）[2024 - 03 - 18]. http://www.moa.gov.cn/gbzwfwqjd/zjyqwgz/202310/t20231023_6438799.htm.

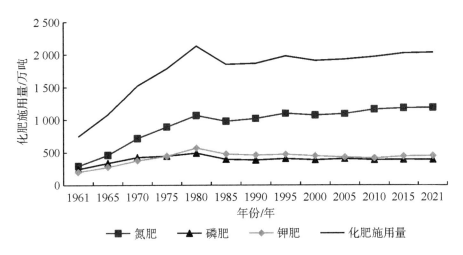

图 6-1　1961—2021 年美国农业化肥施用变化趋势

（数据来源：联合国粮食及农业组织官网，https://www.fao.org/faostat/en/#data/RFN）

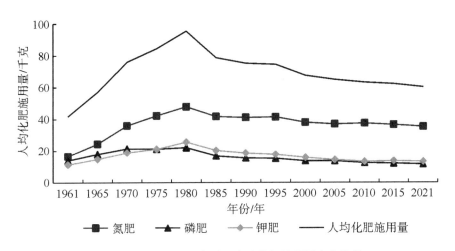

图 6-2　1961—2021 年美国人均化肥施用量变化趋势

（数据来源：联合国粮食及农业组织官网，https://www.fao.org/faostat/en/#data/RFN）

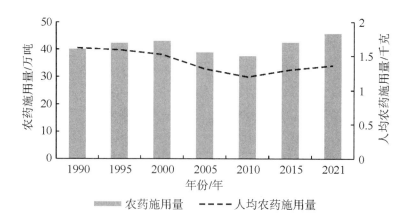

图 6-3　1990—2021 年美国农药施用变化趋势

（数据来源：联合国粮食及农业组织官网，https://www.fao.org/faostat/en/#data/RP）

6.1.2.2 碳排放量持续降低

1965—2020 年，美国累计碳排放量占全球碳排放总量的 21.6%，是全球最高的碳排放来源地。1990—2007 年，随着经济增长美国碳排放量逐年上升，在 2007 年达到峰值，2010 年后，随着"煤改气"方案的大力实施，碳排放量开始持续减少，2019 年碳排放量较 2007 年下降了 11.96%。根据世界资源研究所统计数据，1990 年农业温室气体碳排放当量为 356.32 兆吨，在 2018 年达到峰值 382.55 兆吨，此后进入稳定排放阶段，2020 年农业温室气体排放当量为 382.01 兆吨。截至 2022 年年底，美国农业人均温室气体排放总量相较于 1990 年下降了 19.58%，重要原因就在于美国在控制温室气体排放尤其是碳排放方面取得了显著的成效。由于美国农业经济规模的扩大，温室气体排放总量没有呈现大幅度下降趋势，但从人均温室气体排放量自 1990 年开始呈现逐年下降趋势，1990 年人均农业温室气体二氧化碳排放当量为 1.43 吨，2020 年降至 1.15 吨，减少 19.58%。同时，美国单位产值农业温室气体排放出现直线下降趋势，从 1990 年的 59.75 吨降至 2020 年的 18.28 吨，减少 69.41%。可以看出，美国农业能源资源利用效率显著提升，碳减排效率得到明显提高，碳减排行动取得了积极成效。1990—2020 年美国农业温室气体排放变化趋势见图 6-4；1990—2020 年美国人均农业温室气体排放变化趋势见图 6-5；1990—2020 年美国单位产值农业温室气体排放变化趋势见图 6-6。

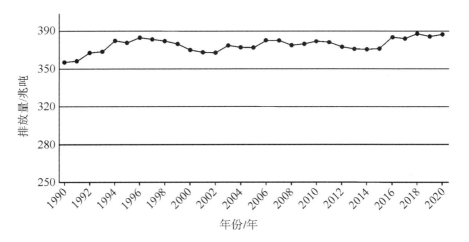

图 6-4　1990—2020 年美国农业温室气体排放变化趋势

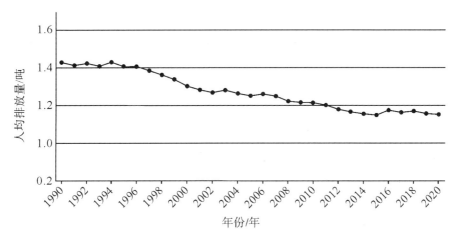

图 6-5　1990—2020 年美国人均农业温室气体排放变化趋势

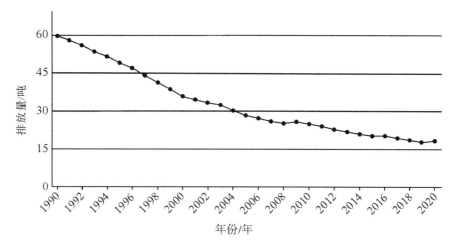

图 6-6　1990—2020 年美国单位产值农业温室气体排放变化趋势

　　土地持续进行转化，耗用柴油的农用机械、化学肥料、牲畜排放的甲烷，使得温室效应更加突出，气候问题更为严峻。美国每年所排放的温室气体中，农业领域的温室气体大约占据了 10%，是重要的温室气体排放来源。2022 年 8 月，美国总统拜登签署了《降低通货膨胀法案》（Inflation Reduction Act），其中重要的条款是气候内容，提倡免耕农业和覆盖农作物的生产，以保护土壤质量。美国实行免耕农业，避免土层表面遭受侵蚀，不耕种或减少耕种使得土壤不受干扰，以按照自然规律正常生长；同时也减少了农业机械耕种所带来的柴油消耗，降低了能源消耗支出，大大减少了二氧化碳的排放；碳更易在农作物上部根区积聚，提高了农作物产量，改善了土壤肥力和营养结构，土壤水分保护更加稳定。免耕田地使得微生物降解活动更加活跃，能大量分解农作物残留物，增加碳汇和固碳能力。《降低通货膨胀法案》还有一项重要条款为牲畜碳排放控制。根据数据统计，牲畜甲烷排放是美国农业温室气体排放的重要组成部分，约占总量的 27%。美国通过开发 3-NOP 添加剂，减少了奶牛肠道消化的 30% 的甲烷排放，农业部通过一项 85 亿美元的拨款项目，改良饲料配方，降低奶牛等反刍动物温室气体排放量[①]。

　　美国通过对农业生产者的技术培训和财政补助，提升土壤健康活性，

　　① 埃里克·斯托克斯塔德. 美国新法案投入数十亿美元用于农业领域碳减排［EB/OL］.（2022－12－28）［2024－03－16］.https://worldscience.cn/c/2022-12-28/641099. shtml.

恢复水资源和空气质量。美国为提升农业固碳能力，不断开发农业生产新技术和新的管理模式，推行地质碳储存、生物免耕技术、农作物品种改良、绿色饲料开发、有机肥料应用等新型商业运作模式，有力提升了农业绿色低碳发展水平①。

6.2 欧盟模式：绿色低碳循环农业

农业绿色低碳发展是现代农业发展的主流方向，事关国家和地区的生态安全、资源安全，是经济社会可持续发展的重要原动力。农业生产活动会带来的温室效应加剧、气候变化无常、面源污染、水资源污染、生物多样性锐减等问题，因此，工业农业必须向现代化的绿色低碳农业进行转型。欧盟作为全球重要的发达经济体，农业绿色低碳转型发展处于世界领先地位。1957 年，西欧 6 国签署《罗马条约》，欧盟成员国之间的关系得到深化合作，农业生产一体化水平不断提升，农业生产稳定性逐步提升，农业经济得到快速发展。在《罗马条约》的统一框架体系下，欧盟各国粮食稳产增产能力持续增强，农业政策在保护农业发展方面发挥了巨大功效②。20 世纪 80 年代，欧盟各国农业环境污染问题日益明显，过分重视农业增产导致了化肥、农药的大量不规范使用，农业生产环境遭到破坏。在此情况下，污染治理与农业可持续发展成为欧盟各国农业绿色发展的主攻方向。1992 年，欧盟进行了麦克萨利改革，标志欧盟绿色低碳农业发展正式拉开序幕，多措并举推行农业绿色低碳改革。

6.2.1 完善农业绿色低碳发展体系

1992 年是欧盟农业绿色低碳转型发展的关键一年，此后欧盟根据其农业发展情况逐步调整农业政策，以推动绿色低碳农业持续发展，改革效果逐步显现（见图 6-7）。

① 郑玉雨，于法稳. 气候变化背景下农业低碳发展：国际经验与中国策略 [J]. 中国生态农业学报，2024，32（2）：183-195.
② 崔海霞，宗义湘，赵帮宏. 欧盟农业绿色发展支持政策体系演进分析：基于 OECD 农业政策评估系统 [J]. 农业经济问题，2018（5）：130-142.

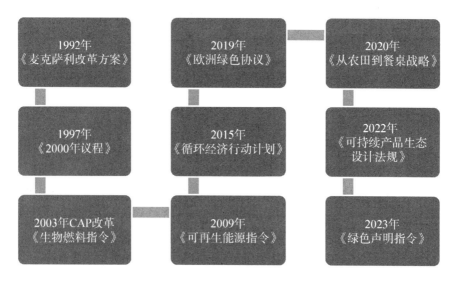

1992年《麦克萨利改革方案》	2019年《欧洲绿色协议》	2020年《从农田到餐桌战略》
1997年《2000年议程》	2015年《循环经济行动计划》	2022年《可持续产品生态设计法规》
2003年CAP改革《生物燃料指令》	2009年《可再生能源指令》	2023年《绿色声明指令》

图 6-7　欧盟农业绿色低碳发展政策演进

1992 年，欧盟颁布《麦克萨利改革方案》，确立了共同农业政策，以降低农业生产成本，提高农业竞争力。在此政策下，欧盟加大了对农业绿色低碳发展的支持力度，加强对农业绿色低碳的补贴，引入农村可持续性发展、绿色支持渠道及交叉契合机制，该机制是欧盟农业绿色低碳发展的有力制度支撑。此后，欧盟农业政策从产量提升目标转向绿色低碳发展目标，推行绿色支付方式，农业补贴更加注重绿色发展和环境保护①。农业政策改革的主要目标，是将农业援助与片面追求农业产量脱钩，更加重视农业产品的质量，建立农业高质量需求与供给的双向联系，避免走以牺牲环境为代价的工业农业发展道路。为提高农民收入稳定性，欧盟对农民进行直接价格补贴，农民获得的补贴数额与环境保护这一要素联系起来，提高了农民践行绿色低碳农业生产的积极性。

但欧洲农业发展所需的财政资金仍然捉襟见肘，1997 年在柏林召开的欧盟首脑会议通过了《2000 年议程》，持续推动市场价格分离政策。该议程规定了未来 7 年农业总援助金额不超过 3 100 亿欧元，其中 140 亿欧元用于农村发展，以提高欧盟预算资金来源的稳定性，持续扩大农产品差额税和关税。根据协议，欧盟减少了农业补贴额度，削减资金被用于贫困地

---

① 孔令博，杨小薇，欧阳峥峥. 欧盟农业绿色发展政策演进及对中国农业发展的借鉴 [J]. 农业展望，2022，18（6）：3-9.

区的支出。该议程通过创新农业发展模式，丰富农业的多元化功能，提高欧盟农业在世界农业中的地位，谋划新型农业发展格局①。进入 21 世纪，农业污染逐步加剧，欧盟开始对共同农业政策进行新一轮改革。此后，共同农业政策不再强调农业补贴与生产的联系，而是更多与生态恢复、环境保护、污染治理、粮食安全等内容关联起来。为了评估共同农业政策的实施情况，2008 年欧盟针对该政策进行了全面的梳理和分析，全面推行分离支付原则。2013 年，为提高土壤和水质条件、保护生物多样性，共同农业政策持续进行改革，制定气候应对行动，保护自然资源，增加绿色直接支付机制。2018 年，欧盟再次对共同农业政策进行改革，继续推动环保直接支付机制，增强农民参与绿色低碳农业生产的积极性和动力。在 2021 年的改革中，为提高农业的核心竞争力和持续发展能力，欧盟制订了关于环境保护的生态恢复行动计划，促使农民提供绿色健康产品，并强化农民达到这一标准的自愿性。

为了提高农业的资源利用效率，欧盟针对可再生能源、水资源、农作物废弃物的循环利用颁布了一系列政策。《欧盟水框架指令》（简称 WFD）显著改善了欧盟的水资源情况，欧盟开展了两轮流域管理计划，对水生态系统进行全面监测，维护水生物形态的平衡。WFD 共发布了 5 次评估报告，以解决水生态管理亟须解决的问题：①2007 年发布了第一次评估报告，构建了水资源管理的信息系统，但成员国在信息搜集和数据分析方面存在不均等；②2009 年发布了第二次评估报告，建立了大量的地表水和地下水监测站，覆盖了水生态系统管理薄弱区域和重点地带，以评价农业活动对水生态系统导致的不利影响，但存在监测内容尚不全面，监测方法不够精准，监测项目的联动性不强等问题；③同年发布了第三次评估报告，着重评估流域管理计划，针对不达标的水体要加强监测，开展系统化的水管理模式；④2015 年发布了第四次评估报告，对流域管理计划的落实效果进行综合评估，发现欧盟存在着过度用水、农业生产导致水污染加剧等问题，亟须调整取水模式及用水方式；⑤2019 年发布的第五次评估报告，对两轮水框架指令进行分析和比较，成员国加强了信息联通和信息披露，对完成第二轮水框架指令提出意见和行动方案。WFD 的显著特点是提倡系统化的管理方式，整合、简化、完善了原有的多项法规，全面覆盖了水资源

---

① 崔海霞，宗义湘，赵帮宏. 欧盟农业绿色发展支持政策体系演进分析：基于 OECD 农业政策评估系统 [J]. 农业经济问题，2018（5）：130-142.

环境管理的各个领域，对水资源环境管理展开科学评估，并设立了明确的时间规划和操作方案①。

为了应对气候变化和保证能源供应安全，减少能源消耗和能源碳排放，2009 年 5 月欧盟颁布了《可再生能源指令》（EU-RL 2009/28/EC，简称 RED 指令），提出了扩大可再生能源和生物燃料的使用比例，提高经济发展的可持续性。2011 年，欧盟通过了《EU-RED 生物燃料可持续性认证计划备忘录（MEMO/11/522）》，对生物燃料展开跟踪认证，检查 RED 指令的落实情况。欧盟在 2015 年颁布了《循环经济行动计划》（circular economy action plan，简称 CEAP），在 2020 年 3 月进行完善。CEAP 的宗旨是为实现欧盟经济的绿色转型和可持续发展，努力发展循环经济，使废弃物"变废为宝"，提升资源再次利用效率。CEAP 是欧洲推行绿色行政（European green deal）的主要内容。CEAP 提出 35 项政策建议，对欧洲提升产品的可持续发展能力、全面推动循环经济发展具有重要意义。CEAP 重点关注产品生产的价值链再造和价值循环，对食品行业的可持续发展、建立食品行业循环经济具有重要意义。CEAP 主张建立可持续发展政策体系，加强对农业产品升级换代，淘汰落后农业产能，加强农业环境认证与支持农业资源循环流动。CEAP 提出减少废弃物的目标任务，减少农业生产带来的不可回收垃圾和有害废弃物，实行可持续化学战略，推动农业废弃物循环利用和资源化利用②。在 CEAP 的框架体系下，欧盟持续发布了一系列的绿色低碳发展行动和倡议，如 2014 年，欧盟制定了《迈向循环经济：欧洲零废物计划》，推动零废物的循环利用，建设绿色、低碳、生态文明的经济体；2021 年 2 月，欧盟、联合国环境规划署与联合国工业发展组织合作成立了全球循环经济与资源效率联盟（GACERE），促进绿色经济、循环经济和可持续经济发展；2021 年 10 月，欧盟颁布了《持久性有机污染物法规》（POPs），对有机污染物排放最高限额做出了明确规定，加强对污染物的防治监管；2022 年 3 月，欧盟发布了《可持续产品生态设计法规》《可持续及循环纺织品策略》，对产品生态设计和循环利用提出了可行路径；2023 年 3 月，欧盟颁布了《绿色声明指令》，要求企业生产要注重环境保护，加强安全生产和绿色生产，降低"漂绿"等变相违反绿色

---

① 董哲仁. 欧盟水框架指令的借鉴意义 [J]. 水利水电快报, 2009, 30 (9): 73-77.

② 驻欧盟使团经济商务处. 欧盟发布新循环经济行动计划 [EB/OL]. (2020-04-06) [2024-03-18]. http://www.mofcom.gov.cn/article/i/jyjl/m/202004/20200402952455. shtml.

监管的行为；2023 年 5 月，修订了《循环经济法案效果评估框架》，控制温室气体排放，增加产品和消费行为的碳足迹监控①。

欧盟为了推动绿色农业发展，应对农业生态环境污染，实现农业经济绿色转型，制定了关于农业绿色发展的政策框架和路线图。2019 年 12 月，欧盟为提升气候应对能力，出台了《欧洲绿色协议》，提出要在 2050 年前实现欧洲的"碳中和"目标。为此，欧盟加强环境污染治理，提倡循环经济发展模式，鼓励使用清洁能源，保护生物多样性，从而实现经济社会的可持续发展。欧盟通过推动经济转型发展和气候应对行动，让自身成为气候友好型发展模式的典型代表，发展环境文明、生态友好的新的经济发展战略。作为《欧洲绿色协议》的主要条约，《从农田到餐桌战略》在 2020 年 5 月予以发布。该战略追踪农业生产的碳足迹，提高农业产品的可持续发展能力，主要包括五个方面的内容：①有效应对气候变化；②提高农业产品供给能力，确保粮食安全；③产生有利的环境影响；④保护生物多样性；⑤确保农业产品的生态和安全，使公众能获得健康、营养、充足的食品消费。为了推动该战略的成功落实，欧盟又发布了若干政策，如《欧盟碳农业实施计划》，推动低碳农业发展，减少农业碳排放，降低农业生产的温室气体效应；《欧盟空气水和土壤零污染行动计划》，营建零污染环境，提高空气质量、减少空气污染，提高土壤质量和营养结构成分，减少农业生产垃圾，加强农业面源污染治理；《欧盟有机农业行动计划》，推行有机农业用地的建设，促进农业有机产品的生产、供应和消费，大力增加有机水产养殖，发展绿色有机农业②。

除了欧盟统一制定的政策外，成员国也在参考本国实际情况基础上，提出了具有针对性和个体性的法律法规。2009 年，法国颁布了《农业手册》，加强了绿色低碳农业生产流程与过程管理，对农业生产中的化肥、农药使用量做出了严格的规定和限制，化肥、农药的使用必须遵守市场规范，在一定程度上提高了农业绿色低碳发展水平。同年，法国还发布了《环境保护法草案》，明确了法国未来环境保护发展目标和方向。根据该草案，2050 年法国温室气体排放量在 1990 年的基础上要降低 75 个百分点，

---

① 欧盟循环经济法案最新资讯［EB/OL］.（2023-08-31）［2024-03-18］.https://www.ccaiisp.cn/cms/a/ou-meng-xun-huan-jing-ji-fa-an-zui-xin-zi-xun.html.

② 谢华玲，迟培娟，杨艳萍.双碳战略背景下主要发达经济体低碳农业行动分析［J］.世界科技研究与发展，2022（5）：605-615.

争取在 2020 年将种植生态农产品的田地比例上升到 20%，对生态农业产品双倍抵免农业税收。2009 年，德国也发布了《二氧化碳捕捉和封存法》，为二氧化碳的地下储存提供了明确的法律依据，实施农业领域的二氧化碳的捕捉和地下封存技术，提了了二氧化碳的储存安全水平①，将绿色低碳法规延伸至农业生产领域。

6.2.2 加强农业绿色低碳发展的财政补贴

欧盟农业以绿色低碳为目标，建立了系统的财政补贴机制。欧盟农业绿色补贴机制与农业单一产量目标脱钩，转而与生态环保相挂钩。2013 年，欧盟将财政预算资金的 30% 直接用于发展生态绿色农业，推动农业生态绿色转型发展，设定农业生产环节中最低环保要求和最高污染排放限额。在此基础上，欧盟设定具有最高标准的生态履行自愿原则，将市场指导与法定要求相统一，形成了具有不同层次的市场补偿机制，构建了完善的农业生产环境保护体系②。

欧盟农业财政补贴体系注重精准发力、实施有效。农民是农业生产体系中最基本的生产单元，农民的农业生产方式和经营方式对农业环境和生态系统具有直接联系。绿色低碳转型是新时代农业发展的主流方向，农业生产方式和经营模式的调整由农民具体生产行为决定，所有环境友好型、生态文明型的农业发展道路都离不开农民的自觉参与和自愿行为，离开了农民环境治理，农业经济绿色低碳转型便无从谈起③。欧盟对绿色低碳农业的补贴政策从农业生产者个体入手，对具体的农业生产行为进行精准发力，制定了自愿遵守与强制执行的双重原则。

欧盟建立了绿色直接支付机制、交叉遵守机制以及农村发展方案三项机制，以推动农业绿色低碳发展。一是绿色直接支付机制。绿色直接支付机制是欧洲共同农业政策第一主题中的直接支付板块。绿色直接支付机制是欧盟绿色低碳农业改革的重要创新。绿色直接支付机制使得农民可以在绿色低碳农业条件下直接获取绿色资金补贴。绿色资金直接支付的依据是

---

① 顾钢. 德通过"二氧化碳捕捉和封存"法规 [EB/OL]. (2009-04-07) [2024-03-16]. https://news.sciencenet.cn/htmlnews/2009/4/218020.html.

② 马红坤，毛世平. 欧盟共同农业政策的绿色生态转型：政策演变、改革趋向及启示 [J]. 农业经济问题，2019 (9)：134-144.

③ 张灿强，杜珉，刘锐，等. 农户生产行为的资源环境影响及相关对策建议：基于对全国棉农的问卷调查 [J]. 经济研究参考，2015 (28)：82-86.

自然年度和耕地面积，绿色资金直接支付金额占欧盟总支付金额的 30%。绿色资金直接支付可以支持农民维护生物多样性、建立环境保护区和规划长期草地林地。二是交叉遵守机制。交叉遵守机制是欧洲共同农业政策第一主题中的收入支持内容，该机制要求农民遵守农业环境保护、污染防治和生命健康等内容的法规，农民如违背该项规定，其财政补贴额可能面临削减甚至取消。另外，农民还要服从《关于土地的良好农业和环境条件》（AEC）的规定，维持土壤营养成分和结构，保护土壤覆盖层，防止水土流失和土壤污染破坏，设立农业生态系统脆弱区域缓冲地带，涵养、管理、保护水源。AEC 的遵守程度与农民财政补贴关联，交叉遵守机制对未履行 AEC 规定的农民的补贴予以减免，包括农村发展补贴、农业生产环境补贴、绿色有机农业补贴、直接支付补贴等。同时，欧盟在共同农业政策体下构建了农民咨询交流体系，农民或其他组织可以向该机构咨询农业绿色低碳发展知识，获取关于农药、化肥、水源管理、资源循环等农业可持续发展的信息，以及农业补贴的标准、条件、使用、评价等各方面内容。三是农村发展方案。农村发展方案是共同农业政策体系的第二主体内容，对第一主题内容进行完善，规划农业发展基金和时间安排，并提供资金规划调配。在农村发展方案政策中，依据农民农业绿色低碳发展情况，提供相应的资金补贴，以推动农村面貌改善，实现农业生态文明与农业经济齐头并进①。为了激发农民保护农业环境的积极性，欧盟实施的多项政策都体现了市场价格补贴内容。在近几年的农业绿色低碳扶持政策中，对农业生产者的补贴比例甚至达到了九成以上。农业生产者作为农业绿色政策的最终实施者，对政策实施效果具有关键性的作用，政策的落地以及无差异化实施，既有力保护了农业生产者的切实利益，也保证了绿色低碳农业政策的有效实施②。

绿色低碳农业补贴政策强调自愿接受与强制要求相结合。欧盟为提高对气候变化的应对能力，切实保护农业生态环境和生态系统平衡，维护生物多样性，通过自愿与强制要求相结合的方式，建立农业补贴与农业生产

---

① 高海秀，王明利. 欧盟农业绿色发展机制及对中国的启示［J］. 农业展望，2018，14（10）：18-22.

② 崔海霞，宗义湘，赵帮宏. 欧盟农业绿色发展支持政策体系演进分析：基于 OECD 农业政策评估系统［J］. 农业经济问题，2018（5）：130-142.

的持钩和脱钩制度①。强制性直接支付的规定是为了满足农业环境保护的最低要求，是所有农业生产者必须遵守的限制性条款；而自愿性环境约束是在满足了强制性直接支付基础上，为了进一步提高农业生产环境质量而设立的具有更高标准的要求，其建立了市场补偿机制，以提高对绿色农业政策的适应性。欧盟通过设定强制与自愿并行运用的原则，加强对农业绿色低碳的补贴力度，形成了对农业生产有效的市场激励与环境约束机制，使农业绿色低碳政策导向更加明晰、目标更加可行、方案更加有效，提高了农业生态环境质量，农村长期发展机制和农民根本利益维护机制更加成熟②。

6.2.3 推动建立农业绿色低碳技术创新体系

建立综合碳观测系统（ICOS）。欧盟确立了碳去除认证方法，即将碳固定在绿色植被或者土壤中，减少大气层中的碳排放量。ICOS 作为一种基础设施，功能在于量化欧洲及附近地区的温室气体效应，验证温室气体的平衡。欧盟清单显示，草地和田地排放的二氧化碳量要大于吸收量。根据欧盟联合研究中心估计，欧盟 60% 的土壤质量存在问题，土壤中含有过量的硝酸盐，有机质含量较低。德国的 ICOS 测量了农业生态系统含碳量的长期变化趋势，分别测算了碳释放量和碳吸收量，即净生物群区生产力（NBP），发现即便土地在施用有机肥，但也没有改变土壤碳排放量的增加。因此，欧盟提出了减少碳排放和增加碳吸收的措施，包括改善土壤结构成分，输入更精确的氮含量，加强粪肥的科学管理，提高农地植被覆盖率，以及利用泥炭维持土壤的有机质含量。ICOS 可以用于测量土壤的有机碳含量，评估在不同情况下的实施效果，如检验田地覆盖物的碳汇影响机制以及产生的不利影响，为森林、草地或不同类型的土壤制定基线，考察不同程度的碳排放量是否在可接受的范围或限度内。ICOS 作为先进的农业生产碳排放研究基础设施，建立了密集综合的地面观测网络，延伸了欧盟碳农业的价值链体系，有助于进行规范化的数据测量、清洗和处理。ICOS 反馈的地面数据帮助数据库建模者验证和校对卫星数据，对碳排放量进行

---

① 孔令博，杨小薇，欧阳峥峥，等. 欧盟农业绿色发展政策演进及对中国农业发展的借鉴 [J]. 农业展望，2022，18（6）：3-9.

② 马红坤，毛世平. 欧盟共同农业政策的绿色生态转型：政策演变、改革趋向及启示 [J]. 农业经济问题，2019（9）：134-144.

准确模拟，从而对气候变化作出全面的预测。ICOS 建立了标准化数据信息系统和网络体系，检验碳清除政策的实践效果，评估参与农业生产碳排放量变化的因子库，为农业生产者提供碳排放决策的关键信息。

适度发展农业规模经营，通过家庭农场模式发展生态循环农业，减少农业的温室气体排放[①]。荷兰作为欧盟农业发展的先进典型，不断创新循环农业发展模式。荷兰根据自身地理特点和气候条件，农业类型以园艺业和畜牧业为主，大力培育花卉、蔬菜和牧业生产。荷兰践行"种养结合、以地定畜"的农业防治理念，积极发展农业循环经济，根据资源限制条件将循环农业开拓作为主要发展途径，构建大农业大循环生产体系，提高农业生产体系内部的资源循环流动效率。为降低农业环境污染，荷兰对农业废弃物进行综合治理和资源化利用，采用生物和循环手段防治病虫害，减少了化肥农药使用量和农药残留含量，农业面源污染得到了有效控制。荷兰加强对畜牧排放的粪污进行循环综合处理，将粪污转化为使用价值更高的有机饲料，减少化学肥料的使用频率；建立粪污加工处理基础设施和专业设备，加工制造粪肥农业产品，提高资源的可再生循环利用水平，减少农业碳排放；降低农业饲料中磷酸盐的含量，减少农业的富营养化趋势。

采用保护性耕地种植模式，控制农业碳排放和温室效应，提高土壤营养结构和质量。如英国扩大农业生产研发投资力度，积极发展清洁能源，加强废弃物的综合利用和循环使用，取得了显著成效。德国设立农业专项财政资金用于发展生物质能源，推动新型能源和可再生能源的开发。德国还大力发展现代农业科学技术，将卫星操控、遥感定位等新技术交叉运用到农业生产领域，充分遵循农作物自然生长规律，实时监控农作物成长条件变化，提高农业生产效率，减少农业碳排放，减缓了温室效应的进一步扩大。

6.2.4 欧盟绿色农业发展成效

欧盟农药化肥投入减量使用取得一定的成效，推动了资源循环利用和农业绿色发展。受农业种植面积和农业生产扩大的影响，1985 年之前欧盟农药施用量得到增长，1961 年化肥施用量为 1 148.15 万吨，1985 年增加到 2 626.05 万吨，增长 128.72%。随着欧盟推行化肥减量行动，此后化肥

---

① 励汀郁，王明利. 畜牧业助力"双碳"目标实现路径研究：基于不同国家的经验比较与启示 [J]. 世界农业，2023（1）：5-16.

施用量开始逐年下降，2021 年降至 1 491.87 万吨，相较于 1985 年下降 43.19%。欧盟单位耕地面积化肥施用量和人均化肥施用量与化肥施用量呈大致相同的变化趋势，自 1985 年前后达到峰值后开始逐年下降，2021 年分别达到 120.39 千克/公顷与 33.52 千克/人。1961—2021 年欧盟农业化肥施用变化趋势见图 6-8；1961—2021 年欧盟农业化肥施用强度见图 6-9。

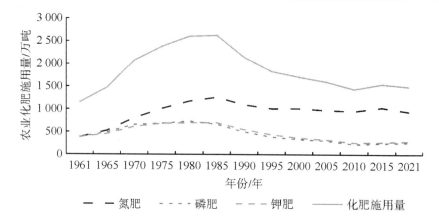

图 6-8　1961—2021 年欧盟农业化肥施用变化趋势

（数据来源：联合国粮食及农业组织官网，https://www.fao.org/faostat/en/#data/RFN。）

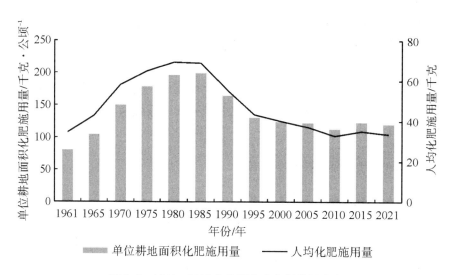

图 6-9　1961—2021 年欧盟农业化肥施用强度

（数据来源：联合国粮食及农业组织官网，https://www.fao.org/faostat/en/#data/RFN）

欧盟农药施用总量出现一定程度的下降，从1990年的37.31万吨降至2021年的35.41万吨；单位耕地面积农药施用量无较大变化，保持在3.2千克/公顷左右；但人均农药施用量出现了下降，由1990年的0.96千克/人降至0.8千克/人。受绿色有机农业政策的影响，欧盟农业农药施用效率有了一定程度的提高，农药减量行动取得了一定的效果，推动了农业绿色循环发展。1990—2021年欧盟农药施用情况见图6-10。

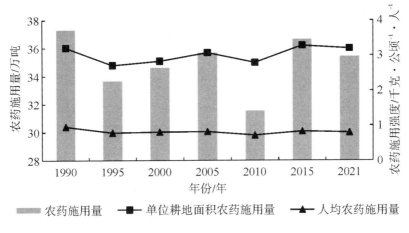

图6-10　1990—2021年欧盟农药施用情况

（数据来源：联合国粮食及农业组织官网，https://www.fao.org/faostat/en/#data/RP）

欧盟农业碳排放控制取得了显著的成效。根据世界资源研究所数据，欧盟农业的温室气体排放从整体上呈下降趋势，1990年农业温室气体（二氧化碳）排放当量为520.83兆吨，随后4年排放量快速下降，1994排放量为451.05兆吨。此后20年，欧盟温室气体排放下降幅度放缓，2020年二氧化碳排放当量为391.94兆吨，相较于1990年减少了128.89兆吨，下降24.75%。欧盟人均农业温室气体排放情况与欧盟温室气体排放总量表现大致相同，1990年人均农业温室气体二氧化碳排放当量为1.24吨，到2020年降至0.88吨，下降29.03%。在单位产值农业温室气体二氧化碳排放量方面，从1990到2008年呈持续下降趋势，由1990年的80.15吨降至2008年的25.01吨，此后保持在比较稳定的区间内，2020年保持在25.62吨。欧盟各主要成员国由于农业经济发展程度不同，温室气体排放下降情况存在着一定的差异和波动①。2020 年农业温室气体排放量最高的是法国，其二氧化碳排放当量为 71.34 兆吨，占欧盟温室气体排放总量的 18.20%；其次是德国，二氧化碳排放当量为 58.00 兆吨，占欧盟温室气体排放总量的 14.80%；第三位是西班牙，二氧化碳排放当量为 42.26 兆吨，占欧盟温室气体排放总量的 10.78%。法国、德国、西班牙三国合计占欧盟温室气体排放总量的 43.78%，是欧洲主要的温室气体排放来源国。1990—2020 年欧盟农业温室气体排放变化趋势见图 6-11；1990—2020 年欧盟人均农业温室气体排放变化趋势见图 6-12；1990—2020 年美国单位产值农业温室气体排放变化趋势见图 6-13；1990—2020 年欧盟主要成员国农业温室气体排放情况见图 6-14。

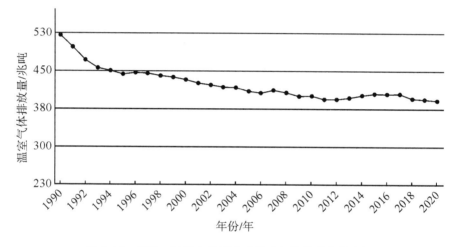

图 6-11　1990—2020 年欧盟农业温室气体排放变化趋势

---

① 郑玉雨，于法稳. 气候变化背景下农业低碳发展：国际经验与中国策略 [J]. 中国生态农业学报，2024，32（2）：183-195.

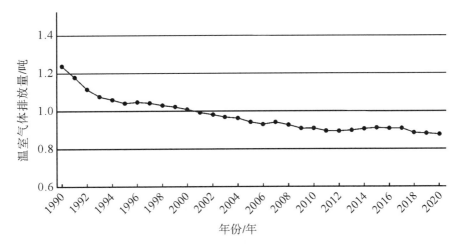

图 6-12　1990—2020 年欧盟人均农业温室气体排放变化趋势

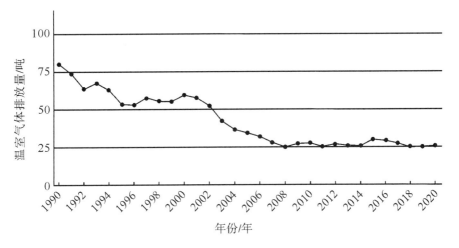

图 6-13　1990—2020 年美国单位产值农业温室气体排放变化趋势

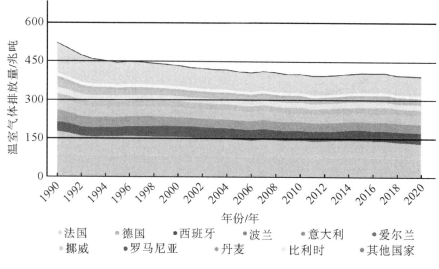

图 6-14　1990—2020 年欧盟主要成员国农业温室气体排放情况

欧盟根据碳减排承诺制定了系统的政策法规，在不同阶段对农业政策进行完善与补充，为农业绿色低碳发展提供了坚实的制度保证。欧盟积极发展绿色低碳循环农业模式，充分发挥家庭农场在农业生产中的基础性作用，在发展绿色低碳农业的同时，有效提高了农业生产效率。同时，欧盟成员国根据自身自然条件和资源特点，积极发展适应本国情况的农业产品类型，大力发展农业科技，以技术创新带动农业绿色低碳发展，建设有机循环农业。

6.3　日本模式：精细农业

日本国土面积狭小，人口密集，农业资源匮乏，人均耕地面积小，农业发展严重受限。二战后，日本为了快速恢复农业经济和农业生产，提出以提高农业产量为核心的农业政策，农业环境污染没有受到应有的重视，农业生产效率和质量较低。随着温室效应的逐步加剧和全球气候的日趋严峻，日本开始重视绿色低碳农业生产，以农业绿色低碳发展为目标，重视农业环境保护和生态质量建设，形成了精细农业的发展模式。

6.3.1 建立完善的绿色低碳农业政策体系

二战后，日本加强了工业技术在农业生产中的利用，开始大规模使用农药和化肥，在短时间内迅速提高了农业产量，但同时也带来了严重的农业环境污染问题，包括高含量的农药残留，水质条件逐步恶化，生物多样性锐减等问题①。20世纪70年代，日本为促进农业的可持续发展，颁布了一系列的绿色低碳农业政策，在政策体系推动下，农业绿色低碳发展稳步进行。

20世纪70年代以后，日本注重环境治理和保护，加强农业生产监管。1970年，日本颁布《农用地土壤污染防治法》，用于保护农业用地质量和土壤安全，加强土壤污染治理，确保提供健康安全的农产品②。《农用地土壤污染防治法》明确了农业生态环境质量标准体系，对农用地土壤进行监控，梳理土壤污染源头，加强对农用地土壤污染的防治，农业重金属的污染治理取得了明显效果。1988年起，日本开始每年发布《农业白皮书》，提出要大力发展有机生态农业，并对有机生态农业的标准进行相应的规定。1999年，日本政府颁布了《粮食·农业·农村基本法》，并依据该法编制了《粮食·农业·农村基本计划》。该基本计划提出要加强在全球农业体系中农作物及食品标准的制定，对接国际市场中关于动植物检疫及食品安全的标准，改善农业生产及国际经营合作环境，以危机控制体系（HACCP）为蓝本构建农业安全生产与管理认证标准，提高农业生产的国际化水平，打破农业出口的技术壁垒，推动农业可持续与生态发展。同年，日本颁布了《肥料管理法》《家畜排泄物法》《持续农业法》，加强农业环境污染治理，提高农业自然循环发展能力，绿色农业生产自此有了税收优惠、金融扶持、财政补贴等方面的政策，生态农业生产者认证数量呈指数上升趋势③。日本农业政策强调建立保全型农业，保护农业生态环境，恢复水体水质，涵养农业水源④。

---

① 周玉新，唐罗忠.日本农业环保政策及对我国的启示 [J].环境保护，2009（21）：68-70.

② 罗丽.日本土壤环境保护立法研究 [J].上海大学学报（社会科学版），2013，30（2）：96-108.

③ 杨秀平，孙东升.日本环境保全型农业的发展 [J].世界农业，2006（9）：42-44.

④ 何微，欧阳峥峥，王晓梅.日本农业绿色发展现状、特点及对中国的启示 [J].农业展望，2022，18（6）：18-23.

进入 21 世纪，日本农业政策开始倾向于发展有机农业，陆续出台了多项政策以扶持有机农业的发展。2000 年 1 月，日本开始正式实施《有机 JAS 标准》（Japanese Agriculture Standard），这是日本政府对农产品进行的有机认证，为农产品最高等级的认证，是国际有机农业标准体系的重要组成部分。该有机标准规定了农业不允许使用含有化学成分的肥料和农药，在加工、制造等生产环节避免使用化学成分及添加剂，转向利用生物或者物理方法生产。日本扩大对有机农产品的认证范围，建立了科学的有机农产品认证体系和认证流程，只有通过 JAS 标准的认定后才能生产有机食品，标注有机食品标识。2006 年，日本发布了第一部以有机农业发展为核心的法律——《有机农业促进法》，明确了日本有机农业的发展导向①。该法案大力提倡减少农药、化肥的使用量，培育无化肥、无农药栽培品种；注重农业的精耕细作，完善土壤管理制度，重视对土地的培肥，加强土壤保护和土质优化；发展有机肥和堆肥，促进土壤生态循环与良性发展。在该方案推动下，日本政府还颁布了《促进有机农业发展基本方针》，完善了有机农业发展的政策体系。2020 年，日本政府制定了《2050 年实现碳中和的绿色成长战略》，该战略将农业纳入碳中和整体目标和战略体系，实现农业的绿色转型和可持续发展。同年，日本借鉴了美国和欧盟的农业绿色低碳发展政策，颁布了《绿色食物系统战略》，对农业食品的全产业链进行融合，加强各环节的协作与联结②。2021 年，日本农林水产省颁布了《绿色食品体系战略》，该战略的目标在于 2050 年实现农业净零排放，以合乎道德与可持续发展的模式进行农业生产，同时提出在 2050 年有机农业的规模要达到 100 万公顷。为有效应对气候变化和农业温室效应的加剧，日本政府于 2021 年对《农林水产省气候变化适应计划》与《农林水产省全球变暖对策计划》进行完善。"适应计划"在 2015 年制定，通过中央与地方合作加强气候变化预测，扎实推进气候变暖应对的产品开发与技术创新，推出了适应气候变化的稳产技术与推广品种；"对策计划"在食品加工业、农林牧渔业生产等各领域实施碳减排措施，履行农业碳减排承诺与责任，推广应用新型碳减排技术，提高农业生产碳减排水平。2023 年，日

---

①　陈颖，马健. 日本发展有机农业的经验及对我国推进乡村振兴的启示 [J]. 金融教育研究，2019（5）：23-28.

②　周旭海，胡霞，罗崇佳. 碳中和目标下日本农业绿色发展战略研究 [J]. 亚太经济，2023（6）：72-80.

本农林水产省制定了《农林水产研究创新战略2023》，该战略用于应对全球气候变暖、保证农业可持续发展。该战略的内容分为四个方面：推进智慧农业、林业与水产业发展；提供可持续健康饮食结构，保障国民食品健康；加速实现绿色食品体系战略，降低农药、化肥使用量，努力实现碳净零排放；发展生物技术市场，利用生物基因技术发展绿色有机农业[①]。日本颁布的有机农业发展制度，鼓励农业生产者采用绿色有机生产方法，改革农业生产流程和栽培方法，降低农药与化肥的使用和投入。

同时，日本不断完善政策以管控农药化肥的使用和牲畜粪污处理。2001年颁布的《肥料取缔法》，明确区别特殊肥料和普通肥料并予以记录，保证肥料交易公平和施用安全；同年发布的《堆肥品质法》，严控审批堆肥施用，针对特殊性质肥料要公布配方、品种和质量标准[②]。2003年5月，日本颁发了《食品卫生法》，对食品的农药添加进行了限制。2006年5月，该法案经过修正，规定禁止销售的农药残留产品的情形；2003年5月，《食品安全基本法》明确了食品监管组织机构，对农药残留进行监测检查；1948年制定的《农药取缔法》在2003年进行了修订，规定了特定农药的范围和使用限制，2018年该法案再次进行了修订完善，加大了对农药使用的监管力度。

6.3.2 加大绿色有机农业财政补贴力度

为发展绿色有机农业，日本政府投入大量的专项农业科研经费用于农业技术创新与应用，农业研究费用占日本政府科研总经费的比例不断提高[③]。日本为促进绿色有机农业发展，将财政补贴、税收优惠与农业生态环境保护结合起来。日本农业补贴是工业经济发展成果对农业进行反哺支持的结果。根据日本水产省统计，各类农业补贴项目多达400余种，涉及水利基础设施建设、农田灾害防治、土壤质量保护、农林病虫害等多方面。日本农业补贴项目的特点：农业补贴项目完整；农业补贴资金主要来源于政府税收收入，并纳入国家预算体系；农业补贴从硬件和软件两方面

---

① 宋珉. 日本《农林水产研究创新战略2023》解读[EB/OL].（2023-11-13）[2024-03-16].https://www.istis.sh.cn/cms/news/article/98/26540.

② 王晨珲，李婷玉，马林，等. 日本化肥减量增效实现途径及启示[J]. 土壤通报，2020，51（3）：725-732.

③ 杜志雄，金书秦. 从国际经验看中国农业绿色发展[J]. 世界农业，2021（2）：4-9，18.

入手，对农业机具、设备设施、技术创新进行补贴；建立专项农业补助金和政府援助项目；建立国家和地方两级财政补助体系；建立多元化的财政补贴体系；设立青年人才从事农业生产补贴制度，对青年人才进行农业技能培训和知识推广，鼓励青年劳动力从事农业生产，提升农业发展的持续动能。《有机农业促进法》规定对农户可以进行无息贷款，享受利息优惠。《持续农业法》要求对获得生态农业资格认证的农户提供贷款、税收优惠政策，鼓励农户采用先进农业机械设备，提高农业生产率[1]。《土壤污染对策法实施细则》为土地受污染后土地生态修复提供资金保证，维护土地所有者的土地生态权益。《家畜排泄物法》规定为牲畜排泄物处理企业提供资金补助，供其购置、更新排污设备，推动粪污循环利用，降低粪污对环境造成的二次污染。

为大力发展有机农业与保全型农业（持续农业），日本对环境保全型农业进行财政补贴，对从事绿色有机农业与保全农业的农户加大直接资金补助力度，鼓励农业绿色转型发展。财政补贴主要从两方面进行：一是完全杜绝使用农药与化肥，在最大程度上保护生物多样性和生态环境平衡；二是减半使用农药和化肥[2]，在一定程度上使得农业生态环境污染得到有效治理。中央和地方政府各出资一半进行补贴，对施用堆肥、绿肥和从事有机农业给予不同程度的补助。2011年，日本环境保全型农业直接补贴金额为13.3亿日元，2016—2019年稳定在45亿日元左右，补贴金额占日本农林牧渔业总预算的比例由2011年的0.06%上升到2019年的0.24%，补贴金额和资助所占比重有了较大幅度的提高。从直接补贴项目数量上来看，2011年为6 622个，2012—2014年有了较大幅度的提高，2014年达到15 920个，但从2015年开始又逐年下降，2019年减少至3 479个，是2011年来补贴项目数量最少的年度。实施环境保全型生态农户数量由2011年的216 341个逐年下降到2019年的83 767个，生态农户数量占全国农户数量的比例也由2011年的13.86%下降到2019年的7.41%，与补贴项目数量呈现大致相同的趋势。究其原因不难发现，保全型生态农业实施面积由2011年的17 009公顷上升到2019年的79 839公顷，补助面积提高导致单个保

---

① 杨秀平，孙东升. 日本环境保全型农业的发展 [J]. 世界农业，2006 (9)：42-44.
② 马健，虞昊，周佳. 日本农业绿色发展的路径、成效与政策启示 [J]. 中国生态农业学报，2023，31 (1)：149-162.

全型生态农业补助金额增加，表明日本的保全型生态农业的规模化、集约化效应逐步显现。

6.3.3 加强农业科技创新与成果转化

为加强农业技术创新，20 世纪 90 年代，日本设立了农业专项推广基金，由政府与农业技术协会共同推行，加强农业技术推广与应用，加强对农业技术推广人员的专业技能培养，提升技术推广效率[1]。日本推行的化肥减量技术主要包括有机质肥料使用技术，肥效调节型肥料使用技术，局部施肥技术等；推行的农药减量技术主要有动物除草技术，生物农药使用技术，培土技术，对抗性植物使用技术，物理防治技术，多孔地表覆盖栽培技术，机械除草技术等[2]。以上技术能有效降低化肥和农药的施用次数与施用量。日本农业技术研发组织体系包括政府性质的科研机构、大学科研院所与企业组织。其中，新技术开发事业团是具有政府性质的科研机构，是整个农业技术体系中的关键节点，协调各个组织的科研功能，并负责农业最新科研成果的宣传与推广。

为推动农业技术创新成果的应用，日本政府为农业生产者提供咨询服务，让农业生产者学习最新农业技术，提高农业生产者从事有机农业的行动力。如 2003 年日本农林水产省与厚生劳动省、环境省联合颁布《农药危害防止运动实施纲要》，以防止农业危害行动，减少危害带来的严重后果。该纲要根据毒药和有害物质取缔法、农药取缔法等有关法案规定，指导农业生产者正确使用农药，提高农药使用效率，减少由农药不正确使用带来的环境危害[3]，主要包括：指导正确合理使用农药；指导预防农药引起的质量事故；通过多元化手段宣传普及农药使用知识；指导正确销售农药；指导利益相关方加强协作沟通，降低农药对水质和生物多样性的不利影响。2007 年，日本颁布了《促进有机农业发展基本方针》，为促进有机农业发展建立技术交流中心，激发社会各方力量协作开展农业病虫害防治的技术交流。

---

① 郭健，王栋. 国外农业科技投入体系比较研究及对我国的经验借鉴 [J]. 农业科技管理，2014, 33 (5) 24-26.

② 赵齐，潘丽群，赵欣. 日本农业可持续发展模式研究 [J]. 合作经济与科技，2016 (18)：5-7.

③ 李思经，牛坤玉，钟钰. 日本乡村振兴政策体系演变与借鉴 [J]. 世界农业，2018 (11)：83-87.

为推动绿色有机农业深入发展，日本成立了"知识聚集和活用场所"，该场所旨在加强农业技术创新，致力于农业科研成果的市场化运用。"知识聚集和活用场所"的作用主要包括以下方面：①事业支援，为农业技术创新提供充足资金支持，并保证资金来源的多元化；②人才培养，成立多级农业技术创新组织体系，发挥人才在农业技术创新中的关键作用；③协作沟通，充分联动社会各方力量积极参与农业技术创新交流；④扩展市场，充分对接市场，以市场为导向进行农业技术创新与科研攻关，打破市场需求与技术供给的"隔阂"；⑤信息披露，利用"知识聚集和活用场所"进行农业科技创新与商业模式创新，汇集多方资源，建设技术研发中心[①]。知识聚集和活用场所对农业技术人才有更高的要求，活动主体人员知识技能要求多元化与专业化，熟悉农业技术创新流程，拥有农业技术创新网络协调能力和丰富的社会关系资源，能输出综合性的农业技术成果。"知识聚集和活用场所"自 2016 年开始运营以来，活动预算总额逐年增加，平台数与会员数也呈现递增趋势。此后，知识聚集和活动场所在日本各地陆续成立，汇聚了日本各行业、各领域、各区域、各机构等方面资源共同参与农业技术创新，提升农业振兴地位。2019 年"知识聚集和活用场所"的会员及所在行业的统计数据显示，科研人员会员数量达到 763 个，占比 26.75%，在所有行业类型中占比最高；农林牧渔业从业会员数量达 529 个，占比 18.55%，在所有行业类型中占比居于次位。通过以上数据，可以看出农业从业者在"知识聚集和活用场所"的创新功能和知识集聚作用明显（见表 6-2 所示）。

表 6-2 2019 年"知识聚集和活用场所"会员及所在行业数量

单位：人

行业	农林牧渔业	化工	通信技术服务	科研机构	民间组织	行政团体	销售零售业	制造加工	金融业	科研人员	其他
会员数	529	137	430	328	218	58	45	324	17	763	3
总数	2 852										

数据来源：日本农林水产省. 2019 年"知识聚集和活用场所"产学官合作协议会活动报告。

---

① 李娜. 日本农业产业融合的新进展及启示：以"知识聚集和活用场所"为中心 [J]. 亚太经济, 2020（4）：89-99，150-151.

大力推动可再生能源使用，促进农业低碳技术和管理创新。日本农业形成了以可再生能源为主的能源使用体系，着重发展风能、电能、核能、太阳能等清洁能源，其中，太阳能是日本农业能源体系的核心。日本在2005年颁布了《农业环境规范》，采取一系列优惠措施激励农业生产者使用新能源技术，制定严格的环境保护章程，认定环保型农户，对认定农户给予贷款、税收、补贴等方面的支持。日本加强碳评估和碳监控管理活动，对农业生产的温室气体排放进行全方位的监测与管控，将农业生产的碳排放控制在合理的范围内[①]。日本实施碳定价机制，对碳排放进行市场定价，利用市场控制碳排放。日本碳定价机制包括碳排放权交易税、温室效应对策税、国家间信用机制与信用市场交易，碳定价机制有效推动了农业生产碳减排的积极性与主动性，缓解碳减排目标完成有困难的企业的碳排放问题，从整体上降低农业生产的碳排放量[②]。为推动农业绿色低碳生产，日本于2011年4月正式实行农业产品碳标签制度，农产品通过粘贴环保信息标签，披露农产品的二氧化碳排放当量，以推动建立农业产品"绿色低碳"的认证体系，鼓励绿色低碳农产品的生产和消费。为加强对绿色有机农业的认证和规范化管理，日本对绿色有机农产品实施严格限定标准的认证和管控，通过发展智慧农业、数字农业、智能农业等现代模式推动农业绿色低碳发展。

6.3.4 日本绿色低碳农业发展取得的成效

日本农药化肥等化学类生产资料投入减量行动持续开展，根据联合国粮食及农业组织（FAO）的数据，日本化肥使用量整体减量效果明显。1961年，化肥使用量为158.42万吨，其中氮肥63.34万吨，占比39.98%，磷肥45.40万吨，占比28.66%，钾肥49.68万吨，占比31.36%。随着日本农业经济的快速发展，农业耕种面积不断扩大，农业产量迅速提升，化肥投入量出现20年的上涨期。1985年，农业化肥使用量为202.4万吨，其中氮肥68万吨，占比33.60%，磷肥73.1万吨，占比36.12%，钾肥61.3万吨，占比30.29%。此后，随着日本开展化肥减量行

① 刘星辰，杨振山. 从传统农业到低碳农业：国外相关政策分析及启示 [J]. 中国生态农业学报，2012，20（6）：674-680.

② 李清如. 碳中和目标下日本碳定价机制发展动向分析 [J]. 现代日本经济，2022（3）：81-94.

动，化肥的使用量逐年下降，取得了明显的减量效果，到 2021 年，全年化肥使用量为 88.65 万吨，仅为 1985 年化肥使用量的 43.80%。1961—2021年日本化肥施用变化趋势见图 6-15。

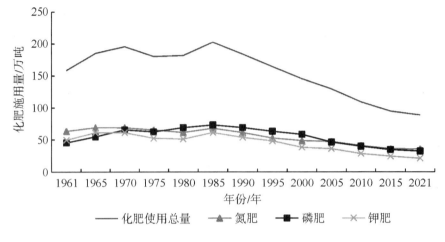

图 6-15 1961—2021 年日本化肥施用变化趋势

（数据来源：联合国粮食及农业组织（FAO），https://www.fao.org/faostat/en/#data/RFN）

日本农药使用量在整体上出现下降趋势。1990—2000 年农药使用量为 7.98 万吨左右；进入 21 世纪，农药使用量开始逐年下降，2021 年使用量为 4.89 万吨，相较于 1990 年，农药使用量减少 3.09 万吨，降低 38.75%。日本提倡农药化肥减量的生产方式，大力发展绿色有机农业，注重精耕细作，强调资源的循环利用，减少资源投入和消耗，追求更高的农产品质量和环境保护。如日本种植苹果，将枯草芽孢杆菌、BT 等生物农药作为主要的苹果杀虫剂和杀菌剂，通过使用生物农药，既能提高施用药效，又能在很大程度上减少化学农药的使用。近年来，日本苹果树出现黑星病难防及抗性大的态势，表明日本很少使用三唑类杀菌剂，如烯唑醇、苯醚甲环唑等。1961—2021 年日本农业化肥施用变化趋势见图 6-16。

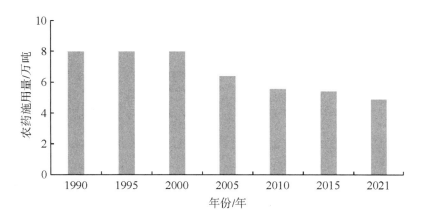

图 6-16　1961—2021 年日本农业化肥施用变化趋势

（数据来源：联合国粮食及农业组织官网，https://www.fao.org/faostat/en/#data/RP）

日本农业碳减排行动取得明显成效。2020 年 10 月，日本发布了碳减排目标，2030 年温室气体排放量要在 2013 年的基础上减少 46%（2021 年 11 月，重新调整目标为减排 50%），2050 年要实现碳中和[①]。农业是日本经济的重要组成部分，农业是碳排放量的重要来源。根据世界资源研究所的统计数据，日本农业温室气体排放自 1990 年以来总体上呈下降趋势，2020 年农业温室气体二氧化碳排放当量为 21.86 兆吨，相较于 1990 年的 29.33 兆吨减少 7.47 兆吨，降低 25.47%。人均农业温室气体排放也有显著的降低，与农业温室气体排放总量具有相近的变化趋势，2020 年人均农业温室气体二氧化碳排放当量为 0.17 吨，相较于 1990 的 0.24 吨减少 0.07 吨，降低 29.17%。从单位产值农业温室气体排放情况来看，1990—1995 年出现大幅度下降趋势，由 1990 年的 9.36 吨降至 1995 年的 5.21 吨，下降幅度达 44.33%，此后呈现上下交替式的下降趋势，2020 年为 4.34 吨，相较于 1995 年降低 16.70%。1990—2020 年日本农业温室气体排放变化趋势见图 6-17；1990—2020 年日本人均农业温室气体排放变化趋势见图 6-18；1990—2020 年日本单位产值农业温室气体排放变化趋势见图 6-19。

---

①　徐海. 以牺牲产业和就业为代价，日本碳减排与经济发展矛盾难解［EB/OL］.（2023-06-26）［2024-03-18］.https://www.yicai.com/news/101455817.html.

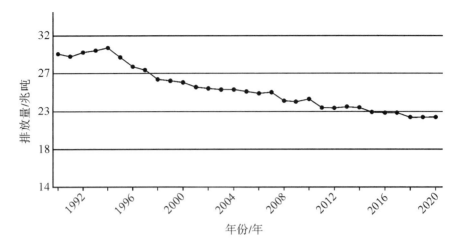

图 6-17　1990—2020 年日本农业温室气体排放变化趋势

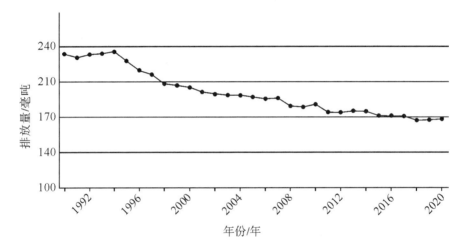

图 6-18　1990—2020 年日本人均农业温室气体排放变化趋势

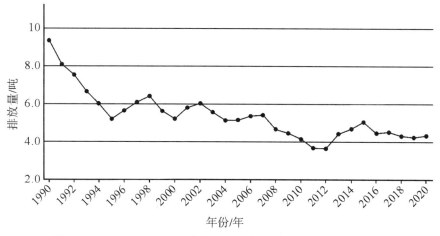

图 6-19　1990—2020 年日本单位产值农业温室气体排放变化趋势

6.4　国内农业绿色低碳发展典型案例

近年来，国内各级农业生产部门牢固树立绿水青山就是金山银山的绿色发展理念，认真践行节能降碳的工作要求，推动农业绿色低碳发展，涌现出一批打造绿色低碳增值链条、利用绿色低碳技术增产增效、高效推动资源循环利用的先进代表案例。在这些代表案例中，农业主管部门有效打通了农业绿色低碳发展的关键环节，持续推动农业环境污染防治，加强绿色低碳农产品市场供给，推动农业生物多样性保护，形成了具有不同类型、不同区域、不同治理路径特色的绿色低碳发展模式，实现了农业资源重点集聚，为发挥资金、人力、劳动、技术、资源等农业生产要素效益提供参考模式，形成政府引导、市场调节、社会参与的农业绿色低碳发展新格局[①]。

6.4.1　河南宁陵农业绿色低碳发展提升农业生产质量效益模式

6.4.1.1　项目情况

河南省宁陵县农业绿色低碳发展模式入选农业农村部 2023 年典型案，

---

① 农业农村部. 农业农村部办公厅关于推介 2023 年全国农业绿色发展典型案例的通知 [EB/OL]. (2023-12-28) [2024-03-18]. http://www.moa.gov.cn/nybgb/2023/202312/202312/t20231228_6443645. htm.

成为全国农业绿色低碳发展的典型代表。宁陵县坚持"生态优先"的发展理念，践行"富民强县、生态立县、产业崛起"的发展路径，以点带面、点面俱到、示范引领、典型宣传推进农业资源高效利用。宁陵县通过农业绿色低碳制度保障，农业面源污染综合防治，农业资源投入增效减量，废弃物循环利用等措施，大力发展绿色低碳农业，维持农业生态系统平衡，实现农业稳产增产，稳固了河南省农业核心发展区域的地位①。

6.4.1.2 项目实施方案

加强农业供给侧结构性改革，优化调整农业结构，大力推动高效农业的发展。宁陵县以农业供给侧结构性改革为抓手，坚持农业"生态优先"的发展战略，推动农业优质高效发展。第一，以农业结构调整和布局优化作为农业供给侧结构性改革的导入点。宁陵县拥有 14 个标准化养殖新小区，13 个市级龙头农业企业。宁陵县是基础母牛存栏的重要站点，生猪出栏数量位居全国前列。宁陵县还是重要的种羊、肉羊生产基地。宁陵县在猪、羊、牛、家禽等传统养殖业基础上，开辟了鸳鸯、肉鸽等特色农业养殖业。宁陵县还发展优质小麦品种，扩大高品质小麦种植面积，持续夯实传统农业种植的重要地位。第二，以提高农产品质量和加强农业技术创新作为农业供给侧结构性改革的发力点。宁陵县根据国家农业技术规范要求，发展"互联网+""网络新媒体+""农田试验地+"的技术服务体系，提高农业生产的技术服务水平，为农业生产提供全面系统化的技术服务。宁陵县加强农产品品种的技术研发，开发出多种农产品新品种，提高农产品的市场范围和覆盖面。宁陵县加强农产品品牌建设，建立系列知名农产品品牌，以品牌带动质量的持续提升，提高农产品的核心竞争能力和持续增长率。宁陵县加强商标注册和认证，扩大国家无公害和绿色农产品的认证种类，大力发展绿色低碳标示的农产品商标。第三，以降低农业成本作为农业供给侧结构性改革的重点和方向。宁陵县大力扶持建立农业合作社组织，成立各级各类农业生产合作社，培养农业种植技能型人才，推动农业生产规模化、标准化经营，把原料供给、生产、销售、技术服务纳入统

---

① 宁陵县农业农村局. 宁陵县"狠抓绿色低碳发展 全面提升农业生产质量效益"入选 2023 年全国农业绿色发展典型案例名单[EB/OL].（2023-11-28）[2024-03-18].https://mp.weixin.qq. com/s? __biz = MzUzOTAxNTQ1OQ = = &mid = 2247540267&idx = 3&sn = 70e66a191c8b79e0c675884 24451cee1&chksm = faccfe67cdbb7771090364af12d42973f0e9d060e4df747c34eb796dd529ee1256bf833c8e da&scene = 27.

一的管理体系，打通农业生产各环节连接纽带，降低各农业生产环节成本。宁陵县创新土地资源利用模式，通过联耕联种、承包互换、土地入股、托管经营等手段激活土地利用方式，提高了土地流转使用率、农作物机收率和机械化生产水平，有效降低了农业生产成本。第四，以产业融合作为农业供给侧结构性改革的增长点。宁陵县着力于全县发展大局，优化农业生产布局，延伸农业产业链条，以链主企业带动农业产业链增值增效，提高农产品精细加工、深加工水平。宁陵县还引进一大批知名优秀农业企业落地，深化农业生产价值链质量，提高农产品附加值和经济转化能力。①

宁陵县根据县域自然环境和经济发展特点，提高农业经济发展的适应性。大力发展果业。宁陵县是河南省梨树栽种面积最大的县，有着700余年的悠久梨树栽种历史。宁陵县通过大力发展梨树产业，梨果年产量达65万吨，年产值达20亿元，形成了多个具有高知名度的梨果品种。实施农产品产地初加工补助项目。宁陵县通过调查研究摸清家底，加强领导制定方案，规范运作程序，强化指导，提升质量标准，严格执行验收程序，注重农产品效益，取得了显著的农业经济效益和社会效益②。加强绿色农产品认证。宁陵县建立了上万亩的绿色食品原料供应基地和绿色食品认证基地，提高了农业产品的绿色含量。推进梨果产业延伸和产业融合。例如，宁陵县果源食品有限公司在2022年被认定为河南省农业产业化优秀企业和重点企业，连续20年举办了梨花节和果梨采摘节，通过吸引大量游客发展旅游观光休闲业，带动制造加工、物流运输、包装、住宿餐饮等产业发展，实现一二三产业的深度融合发展③。

优化营商环境，加强农业开发区建设。宁陵县坚持绿色生态农业的发展理念，持续发力优化营商环境，提高服务农业企业和绿色低碳项目的持续能力，完善"金牌服务"体系，激发农业发展活力。宁陵县立足农业资

---

① 宁陵农业供给侧改革打好现代农业"生态牌"[EB/OL].(2018-01-11)[2024-03-18]. https://shangqiu.gov.cn/xw/xqdt/content_8025.

② 农业部农产品加工局.强化项目运作 放大项目能量 宁陵县切实加强农产品产地初加工项目建设[EB/OL].(2013-08-05)[2024-03-18].http://www.moa.gov.cn/ztzl/ncpdxxc/201308/t20130805_3548754.htm.

③ 河南省推进乡村与振兴.农业农村部近日公布2023年全国农业绿色发展典型案例名单，全国47个案例上榜，其中河南2个案例入选[EB/OL].(2023-12-27)[2024-03-18].http://www.hnsxczxw.cn/doc_27497949.html.

源的有效整合，充分结合自身资源优势，引进拉多美、嘉施利、史丹利等十余家农业复合肥企业，建立复合肥农业产业链，通过与其他农业企业打"组合拳"建立农业产业集群，实现了农业产能的快速提升。宁陵县针对农业企业的用工短缺问题进行着力协调，为企业量身定做《惠企政策清单》，切实为企业解决各项难题；为农业企业配备专项服务人员，提供"贴身"的管家式服务，合力保障农业企业资源供应；将营商环境优化作为提升农业生产活力的关键要素，提高政务服务高效水平，深化"放管服"改革，以优化营商环境的"硬举措"提升农业发展的"软环境"，提高营商环境的法治水平，促进农业经济的高质量发展[①]。

以低碳产业赋能县域农业经济，推动农业绿色低碳政策顺利落地和实施，促进农业绿色低碳转型发展。宁陵县打造超大规模的超低能耗产业园区，以此建立投资发展新平台。产业园集新产业、新技术、新业态、新模式于一体，为农业节能减排做示范引领，共建新的特色集群发展道路。

革新农业创新技术，助力农业绿色低碳发展。宁陵县为促进农业绿色低碳发展，提高农民收入，实施了农药化肥减量行动，增加有机肥料的使用比例。宁陵县开拓碳氢科技核心创新，把大气层中多余的二氧化碳"变废为宝"，进行二次利用和资源再造。该项技术在不利用农药、化肥的前提下，将碳氢核肥喷洒到农作物表面，提升农业产能和质量，达到瓜果、蔬菜、粮食等农产品零农药残留，实现优质、高产、高效、低投的预期经济效益，同时提升了农作物病虫害的防治能力。经过农业的质量鉴定和检验检疫，碳氢类瓜果、蔬菜、粮食、中药材等农作物的安全指标完全达到了国家农业食品绿色标准，甚至还超过了欧盟绿色有机食品标准。宁陵县进一步加强了土壤污染防治工作，强化土壤污染管理和分类控制，突出重点区域的重点防治，有效防范农业生产风险，加强土地生态环境平衡和保护。宁陵县以河南农业大学为依托，与蔬菜研究所、农业科学院等单位建立长期的技术战略联系，聘请农业教授和专家学者为农民讲解农业生产技术，邀请农业专家亲自深入田地为农民进行实地讲解，持续推动绿色无公害农产品生产基地、果蔬科技创新成果示范和绿色有机食品认证。宁陵县聘请绿色食品发展中心的专业人员制定全县绿色农产品发展规划，推广农业绿色低碳技术操作规程，提高农产品绿色无公害水平，宣传推广农业绿

---

① 陈梦伊. 河南宁陵县开发区：以更优营商环境助推经济高质量发展［N］. 农民日报，2023－06－20（15）.

色低碳创新技术，扩大技术外溢效应①。

6.4.1.3 项目规划

宁陵县在大力发展绿色低碳农业的同时，继续规划绿色低碳农业持续发展的方向。宁陵县强化制度保障，建立绿色低碳农业专业服务组织，完善农业绿色低碳发展的考核与评价，落实绿色低碳农业政策的推动与引领功能。宁陵县持续推动农业资源投入增效减量，大力减少对农药化肥等资源的依赖，提高农业资源利用效率。宁陵县加强农业科技创新力度，以先进农业生产技术和科技成果引领农业绿色低碳发展，提高农业科技含量和技术贡献度。宁陵县加强农业废弃物污染治理，推动农业生产过程的清洁化，实现农田秸秆和农用薄膜的循环再利用，减少农业面源污染对农业生态环境的破坏，分类处理农业生产垃圾和农村生活垃圾，改善农业农村面貌。

6.4.2 零碳利用的生物质能"京安模式"

6.4.2.1 项目情况

河北省安平县是生猪养殖和农业种植大县，该县形成了丝网、生猪两大主导产业。目前，安平县生猪从业人员达 3 万余人，年出栏种猪 10 万头，生猪 70 万头。安平县国家现代农业产业园区年产值达 85.5 亿元，引领 5 镇 3 乡 120 个行政村 2.5 万农户提高农业收入。安平县现代农业产业园区农民人均可支配收入达 3.2 万元，高于全县平均水平 38 个百分点；建成 23 个国家现代农业产业园，总投资达 20.8 亿元；建立 79 家规模养殖场，22 家标准化养殖场，实现良种完全覆盖；养殖机械设备化率在 90% 以上，农作物机械化耕种率达到 98%，与国家大型农业科研院所建立了密切的技术合作关系，设立新技术实验基地、农产品技术推广基地、技术综合试验站、农产品质量检测站等，攻克了粪污处理、低温产沼的关键技术。该县坚持农业绿色低碳发展，建立了"绿色种植、废弃物循环处理、生物有机肥生产、饲料加工、生猪养殖、秸秆发电"的立体化的绿色低碳发展模式。安平县通过"五大机制"和"五大工程"，建立了一系列基础设施配套项目，实现了农业的现代化建设和绿色低碳发展。安平县在政策上持续发力，出台了《安平县现代农业产业园建设管理办法》等一系列配套政

---

① 河南宁陵绿色农产品鼓起农民的钱袋子 [EB/OL]. (2004-02-25) [2024-03-18]. http://www.moa.gov.cn/ztzl/zjnmsr/zsjy/200402/t20040225_170581.htm.

策和措施，扶持优秀农业企业入驻园区，并给予优惠政策和建设配套。2022年，安平县对产业园区下达的配套财政资金达8.7亿元，建立涉农项目资金服务平台，推动资金向农业项目倾斜，健全绿色低碳农业资金保障。安平县根据农业资本市场特点建立融资担保风险补偿金，为企业提供农业绿色低碳发展的资金支持，优化畅通投融资渠道①。

京安生态科技集团股份有限公司（简称京安股份），成立于2013年5月，于2017年8月在新三板挂牌上市。京安股份作为高新技术企业，对农作物秸秆、禽畜产生的粪污废物进行循环利用和资源化建设，主要业务涉及生物有机肥料生产、生物天然气提炼、沼气发电、能源综合开发利用、碳资产管理、农业生态工程建设等领域。京安股份通过加强科技创新和人才建设，自主研发了50多项发明专利，与科研院所加强技术战略合作，共建共享农业科技创新成果。京安股份通过生物天然气提炼、沼气发电、生物质供热、生物有机肥料生产、生物质热电联产等项目，提升了对农业面源污染的治理水平，建立农业废弃物综合循环利用开发体系，开创了"气、电、热、肥"于一体的联产动态循环的"京安模式"，见图6-20。

6.4.2.2 项目实施方案

生物质能源技术践行"资源化、减量化、无公害"的废弃物循环利用原则，对传统化石能源替代逐渐成为一种趋势。京安股份根据"气—电—热—肥"的资源利用特点，开发了近零排放的生物质能源利用模式，不仅有效降低了二氧化碳和氨氮类化合物的排放，同时还带来了可供利用的新能源，为降低农业生产成本提供崭新方式，见图6-21。

---

① 咸占江，周繁.河北省安平县国家现代农业产业园打造生猪全产业链［N］.消费日报，2023-05-30（15）.

图 6-20　"气、电、热、肥"一体化的联产近零碳利用的京安模式

（资料来源：京安股份官网：简介，http://www.jingangshengwu.com/About.asp）

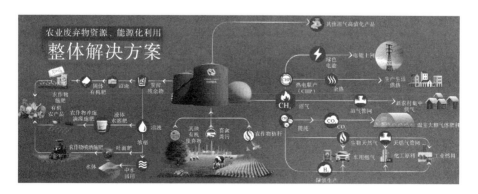

图 6-21　京安股份农业废弃物、能源化利用的整体解决方案

（资料来源：京安股份官网：解决方案，http://www.jingangshengwu.com/Jjfa.asp）

（1）工程施工建设。

京安股份通过工程施工建设项目，推进生物质能源的开发与利用。工程施工建设项目主要包括大型生物能源开发、EPC 总承包、设计咨询、农业生态综合开发利用工程、渔港渔业工程、畜牧兽医工程、种植业工程、机械装备设施农业工程、管理工程运营及相应的基础设施建设配套等。京安股份生物质能源工程施工见图6-22。

图6-22 京安股份生物质能源工程施工

（资料来源：京安股份官网：工程施工，http://www.jinganshengwu.com/Jjfa.asp）

京安股份着力于生物质能源的开发与利用，立足于河北省，积极开拓全国及国际生物质能源建设项目。在德国，京安股份于1985年建设了2兆伏猪粪沼气项目，1998年建设了1.2兆伏生活垃圾项目，2009年建设了1兆伏秸秆与猪粪联合发酵项目，1998年建设了200千瓦酒糟沼气项目；为河北裕丰京安养殖有限公司（简称裕丰京安）建立一期沼气项目——猪场粪污综合治理2兆瓦沼气发电工程项目，对养殖场的10万头生猪排放粪便进行中温厌氧发酵集中处理，有机肥年产量达3万吨，年发电量达1512万千瓦时，年产657立方米沼气；建设长安集团山东宝力生物质能源工程，沼气处理规模为8 000立方米/日，处理40吨50%含固率秸秆；建设河南天冠企业集团生物质能源工程，沼气处理规模为6 000立方米/日，处理80%含固率干秸秆17吨/日；建设乐陵胜利新能源有限责任公司生物质能源工程，处理沼气5万立方米/日，处理量50%含固率纯秸秆240吨/日等。

（2）有机肥制造生产。

京安股份于2019全资组建了河北京安肥业科技有限公司（简称京安肥业）。京安肥业采用了CSTR沼气生产技术，生产沼液和沼渣，并运用先进的工程技术生产生物有机肥和微生物菌剂。京安肥业致力于生产含腐殖酸水溶肥的产品，并成功实现了水肥一体化。京安肥业不仅注重生产过程的技术创新，还在产品开发上不断探索，致力于为客户提供高质量的农业肥料和微生物制剂。京安肥业年处理粪污数量可达 40 万吨，年处理秸秆 35 万吨，年生产各类商品有机肥 25 万吨。这些有机肥被广泛应用于当地白山药、绿色蔬菜、绿色水果、高油酸花生等农作物的种植。京安肥业在有机肥生产推广、水肥一体化、节水灌溉、保地提墒等方面取得了优异成绩。其"养农牌"有机肥和水溶肥料已在京津冀地区成为知名品牌。京安肥业为循环农业和绿色农业提供了重要支撑，并在京津冀地区树立了良好声誉。京安肥业有机肥生产与运用见图 6-23。

图 6-23 京安肥业有机肥生产与运用

（资料来源：京安肥业官网，http://jinganshares.com/About3.asp）

（3）循环农业的生态化建设。

循环农业是一种融合了可持续发展理念和循环经济理论的新型发展模

式。循环农业致力于提高物质和能量的循环利用率，通过调整农业生态系统内部结构和产业结构，从而减轻环境污染的压力。循环农业发展模式的实施有助于保护农业生态环境，同时也能最大限度地减轻环境污染，为农业可持续发展提供重要的支持和保障。

京安股份于 2019 年成立了中农环境工程设计河北有限公司（简称中农环境），主营循环农业的设计与咨询，包括综合农业项目、生物天然气项目、EPC 总承包项目等。中农环境承担"现代绿色循环农业园区项目""农村人居环境整治方案及美丽乡村建设项目""禽畜粪污综合循环和资源化利用项目""循环农业综合开发项目""农作物秸秆循环利用项目"等。中农环境对农业废弃物进行资源化利用，建立农业资源循环综合体系，提高农业资源利用率，扩大可再生能源和绿色能源的产出和使用比例，推动现代农业的生态化建设，加强环境保护，维护生态系统的平衡。

京安肥业以国家绿色低碳农业发展政策为导向，积极开拓绿色生态循环农业市场，于 2021 年成立了河北京安生态科技有限公司（简称京安生态）。京安生态旗下项目涉及禽畜粪污资源化利用的开发及兼并，研发销售功能性肥料，提供一揽子解决方案给农户和农业基地。京安生态以石家庄为中心，面向华北，专注发展特色农业种植和高质量农业产业。通过资源化利用和技术服务，京安生态致力于推动农业生产的高效、节约和可持续发展，旨在成为农业植保领域的领先企业，为国家推动农业绿色低碳发展，建立绿色循环农业体系。京安新生态循环农业见图 6-24。

图 6-24　京安新生态循环农业

（资料来源：京安股份官网，http://www.jinganshares.com/About3_3.asp）

京安股份投资成立的裕丰京安，主要从事种猪生产，推行"有机农业+现代化养殖"的运行模式。裕丰京安是全国规模最大、品种最为齐全的种猪场，其种猪销量连续七年位居全国首位。裕丰京安建立了现代化种公猪站，形成了完整的种猪繁育体系。裕丰京安的种猪场合理布局饲养模式，利用自动化系统和设施进行生产，建有最大的沼气发电工程和大型污水处理厂。裕丰京安对种猪排放粪污进行发酵处理，生成无公害、可二次使用的农业灌溉用水和有机肥料，建立了废弃物循环开采和资源化利用体系。裕丰京安建立标准化和绿色养猪基地，并在周边建立有机生态农业园，就近使用养猪基地经过沼气发酵处理的灌溉用水和有机肥料，促进了农业绿色低碳发展，形成了生态循环农业的"京安模式"，有效保护了农业生态环境。

（4）新能源开发与利用。

京安股份成立了沼气事业部，负责沼气提炼、沼气发电及沼气领域的技术研发工作。京安股份引进了生物途径除臭、水解酸化、生物天然气提纯等技术手段，研发了低浓度有机废水高效利用的专利技术，与大型科研院所合作，共建生物质能源技术研发中心，形成了以沼气开发利用为主体的新能源市场格局。京安股份作为国家禽畜粪污资源化利用试点项目，通过 CSTR 中温全混合厌氧发酵系统和德国沼气发电机组，可以有效处理 20 万头生猪养殖场的粪污和 7 万吨农作物秸秆，年产沼气达到 1 800 万立方米，发电量为 1 512 万千瓦时。同时，该项目成为河北省第一家沼气电厂并接入国家电网，提纯生物天然气 636 万立方米并接入城镇燃气管网。京安股份的项目运行稳定，有效利用畜禽粪污资源，为当地提供清洁能源。此外，该项目为其他地区提供了可借鉴的经验，促进了农业废弃物资源化利用的升级与发展。京安"沼气发电+生物天然气提纯"项目见图 6-25。

京安股份以沼气生产运营为核心，建立了全生态价值循环产业链。沼气作为清洁能源和可再生能源，在发酵过程中产生的副产物——沼渣和沼液，可以作为农业生产的有机肥料，施用于土壤中可以提高土壤质量和营养结构，并缓解温室气体排放，降低大气层中的碳含量。京安股份具备了沼气项目论证、设计、建设、运作、服务管理、维护等系统工程架构能力，根据资源条件和市场需求出具定制化的资源循环利用解决方案。京安股份将连续搅拌式反应器（CSTR）作为沼气生产的关键技术设备，生产运行稳定可靠、废弃物处理效率高，服务于餐饮业、食品加工业、牲畜养殖业等多个细分农业领域。京安股份通过优化沼气厌氧发酵工艺、特殊废弃物的资源利用等创新手段，在生物天然气提纯、沼气发电等市场领域处于领先地位，在国内外建立众多的沼气工程项目。

图6-25 京安"沼气发电+生物天然气提纯"项目

（资料来源：京安股份官网，http://www.jinganshengwu.com/Jjfa.asp？xl＝22）

京安股份建立国家农业废弃物利用创新联盟，用于农业碳交易及项目开发。京安股份根据自愿减排碳交易方法对禽畜废弃物展开综合治理和资源循环利用，为农业生产碳减排效果提供了可出具报告、可进行鉴证、可实时监测的技术手段，在提升经济效益的同时也产生了巨大的社会效益和生态价值。该废弃物循环治理项目日发电量为3万千瓦时，日产沼气量为1.8万立方米，年减排温室气体为10.8万吨二氧化碳当量，通过中国核证自愿减排量（CCER）市场交易，对经济效益有明显的提升。

（5）热电联产项目建设。

河北中电京安环保科技有限公司（简称中电京安）于2016年由京安股份与中国电子系统技术有限公司合资组建。中电京安建设有30兆瓦的热电联产项目。中电京安利用农作物秸秆作为能源来源，具有巨大的潜力和优势。中电京安年利用30万吨农作物秸秆，可以替代10万吨标煤，在这个过程中减少二氧化碳排放量高达26万吨，相当于新增35万公顷的森林。除此之外，该项目所产生的发电量达到了2.4亿千瓦时，可以为安平县城区提供集中供热服务，每年大约55万吉焦的热量可以被利用，供热面积可达150万平方米。农作物秸秆作为能源不仅可以有效减少标煤的使用和减少二氧化碳排放量，同时还能为城区提供集中供热服务，在经济和环保方面具有显著的价值。

根据中电京安农林生物质能源发电项目降碳产品公示，该项目的运行范围涵盖了农林生物质发电供热活动所涉及的所有排放量。除了基线情景下的发电供热排放和生物质运输排放外，还考虑了间接排放量。这种综合考虑直接和间接排放量的方法，为评估项目的环境影响提供了全面的数据基础。通过利用农林生物质进行发电供热，可以更有效地管理排放，降低对环境的影响，实现可持续发展的目标。2023 年，中电京安申请碳减排量评估，共申请 1 兆吨二氧化碳减排量，碳减排成效显著。中电京安"热电联产"项目建设见图 6-26。

图 6-26 中电京安"热电联产"项目建设

（资料来源：京安股份官网，http://www.jinganshengwu.com/Jjfa.asp？xl＝23）

2017 年 8 月，京安股份投资成立了河北京安燃气有限公司（简称京安燃气）。京安燃气共铺设了超过 70 千米的中压外管网、40 多千米的村内中压管网以及 210 多千米的低压管网。这些管网覆盖了安平县 26 个村镇的 11 000 多户居民，以及安平丝网工业园区和教育园区。在推动天然气入户输气工程的同时，京安燃气还成功将生物天然气制造与农村"煤改气"工程相结合，推动了京安股份沼气能源的商品化和市场化，促进了绿色工业能源的发展。

6.4.2.3 零碳村镇项目建设

京安股份对禽畜粪污和农作物秸秆进行资源化循环利用，提纯生物天然气，供应城乡居民冬季采暖和日常饮食生活，年核定减排二氧化碳当量36万吨，创造"三个一律不"的资源发展模式，调整了能源使用结构，降低了化肥使用比例，有效治理了农业废弃物对环境的危害。京安股份实施了零碳村镇项目，对示范地的能源消费结构进行优化，对传统化石能源进行了100%的替代，大大减少了液化石油气和煤炭使用量，直接降低了二氧化碳等温室气体的排放[1]。可再生能源在能源消费结构中的比例不断扩大，是节能降碳行动在农业生产领域中的有力体现，为零碳村镇项目成功运行提供了坚实保障。零碳村镇项目为示范村居民提供的绿色清洁能源，实现了全村范围的低碳农业生产和农村生活，推进了农业绿色低碳发展，改善了农村人居环境。零碳村镇通过构建"农业—能源—环境—农业"的循环高效发展模式，推动了现代农业与生态环境保护、新能源使用、乡村振兴、城乡融合的协同发展[2]。

---

[1] 中国农业科学院农业农村碳达峰碳中和研究中心. 2023中国农业农村低碳发展报告 [M]. 北京：社会科学文化出版社，2023：138-142.

[2] 王睿佳. 农村生物质能开发利用需再突破瓶颈 [N]. 中国电力报，2023-09-25（06）.

7 中国现代农业绿色低碳发展的路径与策略

7.1 产业层面：建立产业集聚区，构建现代农业绿色低碳产业链

7.1.1 以 EOD 模式带动绿色低碳农业的现代化建设，助力乡村振兴

7.1.1.1 生态农业化与农业生态化的相互促进

"十四五"时期，我国进入了以节能降碳、社会经济全面绿色转型发展的生态文明建设的攻坚期，实现农业领域的"双碳"目标是顺应绿色低碳循环发展浪潮的必然选择。"三农"问题是关系国计民生的根本问题，现代化农业建设是建设农业强国的重要内容，是全面推进乡村振兴的重要任务。农业生态文明建设是现代化农业和乡村振兴的着力点，是农业绿色低碳发展的助推器。推进农村人居环境治理，实现乡村生态振兴，让绿色低碳发展理念在农业农村建设中"穿针引线"，是建立农业绿色低碳发展共同体的基础。

生态农业化是农业现代化建设的"绿色引擎"。推进生态农业建设，可以提高农业生态产品的产量和比例，以生态农业产业集聚、产业互动的方式，实现生态农业生产要素的集约化、规模化利用，增强绿色低碳新动能。农业生态化是农业现代化的"绿色底片"，是以资源高效利用、节能降碳为主要方向，根据绿色、低碳、循环的发展思路，对高排放、高消耗、高污染的传统资源依赖型农业生产经营模式进行变革和生态化转变。农业生态化既是提高农业生态环境质量的关键举措，也是提高农业经济资

源利用效率的必然要求，是实现现代化农业高质量发展的时代选择。生态农业化和农业生态化的系统兼顾，能将农业资源优势转化为经济优势，将环境优势转变为生态文明优势，是农业经济高质量发展与农业生态环境保护有机结合的重要内容。

7.1.1.2 维持 EOD 农业项目的成本收益平衡

EOD（生态环境导向）农业发展旨在保护农业生态环境、加强农业污染防治，采取资源协同、合作经营、产业链扩展等手段，开发特色农业产业，将经济效益低、公益属性强的环境治理、生态保护项目与经济效益高的农业产业结合起来，提升生态环境治理的内在经济价值，为农业可持续发展提供强有力的支撑。2023 年 12 月，生态环境部、国家发展改革委、中国人民银行、国家金融监管总局联合发布了《生态环境导向的开发（EOD）项目实施导则（试行）》，明确了生态环境治理内容包括"流域水生态环境综合治理、湖库水生态环境保护修复、水源涵养区保护、饮用水源地保护、入河排污口整治及规范化建设、农村环境综合整治、农业面源污染治理、近岸海域环境整治、无主或责任主体灭失的历史遗留土壤污染修复及矿山污染防治、固废处理处置、新污染物治理、生物多样性保护和生态系统修复、噪声和振动污染治理、减污降碳协同治理等"。生态环境治理应满足"公益性、确定性、可行性、关联性、精准性"，林下经济、生态农业、生态旅游、经济作物种植是生态环境治理的关键产业。

EOD 农业模式运营中，需要注意维持项目的成本收益平衡。针对当前我国农业农村生态环境保护存在农业面源污染防治难度大、村民参与农村环境治理动力不足、农业农村环境保护资金缺乏、生产生活污染管理维护失位等短板，应建立起农业农村生态价值转换的利益分享机制，利用 EOD 模式推动现代农业的绿色低碳发展，构建起农业内部系统结构的良性循环。建构农业生态网络，提高农业环境品质，发展绿色低碳农业技术，提升农业生态环境质量，建立稳固的生态基底，可以为现代农业的产业化经营提供良好的生态环境保障，提高农业企业利润、农民收入和政府税收，实现经济利益正常增值机制。EOD 模式在构建现代农业产业体系时，应注重生态环境、农业生产、农村生活之间的平衡。农业生产、农村生活必须考虑生态环境的约束，加大对环境污染的防治力度，适应当地生态自然环境，与农业自然景观相互协调。EOD 模式在构建现代农业产业体系时，还应以主导产业作为农业发展的基点，实现种养有机结合，推动农业生产、加工、销售一体化发展，提高农产品附加值和产业长度，建立一体化的绿色低碳农业全产业链条。在系统实施生态环境治理和关联项目后，必须充分考虑到绿色低碳农业项目本身的经营盈利能力，以及生态环境得到良好治理后带来的社会效益和经济效益的提升；也要考虑生态环境治理成本和现代农业产业经济成本。在保证 EOD 农业项目具有稳定利润空间的基础上，应提高利润对成本的全覆盖程度，尽可能避免出现项目亏损情况。当 EOD 农业项目没有产生经济利润甚至是出现亏损时，政府应通过财政政策进行资金扶持，包括国际金融贷款、各级政府财政资金、政府和社会资本合作与绿色金融贷款等多元化方式，保障 EOD 农业项目顺利运行①。

7.1.1.3　EOD 模式推动现代农业产业园区生态环境治理

利用 EOD 模式，构建现代农业绿色低碳发展产业园，推动 EOD 模式与现代农业产业园区的有机融合、良性互动。国家农业产业融合发展政策提出了县域农业产业资源要向园区进行汇集，打造现代农业产业发展综合体，促进绿色低碳农业全产业链价值增值，促进现代信息技术、人工智能向绿色低碳农业生产方式偏移，提升县域农业产业园区的数字化和信息化水平。

EOD 模式以生态环境保护和治理为目标，是打造绿色低碳的信息化生态农业园区的重要举措，可以从以下方面着手进行：①设定现代农业产业园区总体规划。现代农业产业园区生态环境治理，要针对区域生态环境治理任务紧迫、产业链价值高、产业关联性强的项目进行宏观调控，明确项目生态环境治理的目标，对具体项目进度、项目投资支出、项目收益、项目风险进行估算测验。加强虫害生物防控、秸秆还田、禽畜粪污综合治理、农业废弃物循环利用、新型有机肥料、低害高效农药等技术的开发，生产绿色有机、健康无公害的农业食品，大力发展节水精准灌溉方式。对农业面源污染进行妥善处置，减少农业生产污染物排放，在农业资源承载能力范围内发展绿色低碳农业生产模式。②对现代农业产业园区的 EOD 项目展开可行性调研。EOD 模式作为现代农业绿色低碳发展模式的重要手段，影响面广、时间跨度长，需要对 EOD 项目全生命周期进行实施前评估，从项目时间进度安排、项目投资分布、项目收益来源、项目收益分布、项目风险等内容进行可行性分析，在保证完成生态环境治理目标的前

---

① 章轲. EOD 模式如何推进农业生态环境治理？专家支招[EB/OL].(2024-01-04)[2024-03-18].https://www.yicai.com/news/101946880.html.

提下，增加项目经济效益和社会效益，使收益尽可能覆盖成本，提高 EOD 项目的可持续性。③构建生态农业产业链。EOD 项目实施要充分结合当地产业基础和资源禀赋，发展与 EOD 项目相关联的农业产业，确立农业产业发展范围和边界，夯实现代农业绿色低碳发展基础。现代农业产业园区要以构建资源节约型、环境友好型农业结构体系为目标，以生态文明建设为发展理念，打造绿色低碳型农业产业链，提高对农业生态环境变化的自适应能力，筛选不符合农业绿色低碳发展要求的生产经营主体，提高农业生产经营实体的生态性与环境公益性，推动现代农业的优质、高效发展。现代农业产业园区要立足农业产供销一体化建设，明确主导产业，农业产业链要围绕主导产业进行构建，以主导产业核心发展产业集群，提升农业产业整体协作能力，打造农业生产流程的全产业链条，建立现代农业新业态。在发展主导产业的基础上，现代农业产业园区还应引进、自建龙头企业，将龙头企业作为现代农业发展的"火车头"，带动整个现代农业产业园区的绿色低碳发展，龙头企业要发挥农产品定位、技术研发、农业资源整合、农产品营销服务的关键作用，提升核心竞争能力和持续竞争优势。④农业生态产业园区建设要有鲜明"个性"。现代农业产业园区的 EOD 项目建设，要充分考虑农业生态产业园区的地域特色和农业经济基础，防止重复投资和大规模项目仿制。根据地方总体经济发展规划布局，发展富有特色县域农业产业，做到"一县一园、一园一链、一链一牌"，对生态农业产业园区按照发展特点进行功能分区和产业布局，建立大生态农业产业发展格局。提高现代生态农业产业异质化，发展绿色低碳农业循环，形成亮点和特色，提高农业资源利用效率，擦亮现代农业的"绿色低碳"底色。⑤建立现代生态农业产业园区的价值补偿机制。现代农业产业园区在实施 EOD 项目后，在农业生态环境方面可能会付出较大的治理成本，EOD 项目产生的利润应首先弥补环境治理成本，对农业生态环境治理行为予以肯定和鼓励，形成全园区内的生态环境治理效应。同时，农业产业园区还可对经营主体额外的利润结余提取一定比例的生态环境维护基金，用于整个农业产业园区内的生态环境治理，还可将部分提取基金进行转移支付，为生态环境治理支出资金来源不足的项目予以扶持，减少农业生态环境治理风险，提高农业产业园区的生态环境治理效应。①

---

① 袁秀丽. EOD 模式创建绿色低碳农业产业 助力乡村振兴 [N]. 农民日报，2023-08-13 (06).

因此，利用 EOD 模式实现绿色低碳农业的现代化建设，必须以习近平生态文明思想为指引，探索组合开发、产业链扩展、园区经营等多种方式，将具有强公益性的农业生态环境治理与有较好营利能力的关联产业进行有机结合，识别区域突出生态环境问题，对生态环境问题展开原因、结果与影响分析并进行有效治理。在 EOD 农业项目建设期间，应加强对项目主体的评估，对生态环境影响展开准确分析，对出现的问题及时进行整改，保证 EOD 农业项目的正常有效运行。对项目实施的基本信息、进度规划、评估结论等内容予以公开，接受社会公众监督，提高 EOD 农业项目的社会治理效果。

7.1.2 建立"农业市场+龙头企业+主导产业+行业组织"的产业化经营组织

7.1.2.1 构建统一农业市场

构建统一的农业市场是农业经济高度发展的必然要求，是联结农业经济发展过程中供给方、需求方、销售方的纽带，可以为供给方、需求方、销售方提供农业产品交易的规模、场所和方式，从而实现农业领域各方的经济利益。统一农业市场是构建产业化经营组织的重要内容。通过农业市场交易信息机制的建立，可以提供农产品种植种类、农产品种植上市时间、农产品销售数量等交易信息。通过建立农产品批发市场、农业贸易市场、农产品物流市场、粮食蔬菜市场等，可以打通农产品交易的信息断裂与壁垒，推动农业生产要素与农业资源的合理流动，带动农业生产者充分融入农业市场。以农业专业市场为平台，将农业生产者纳入统一的市场体系中，建立稳固的交易组织形式，可以推动供产销一体化经营，拓展农产品流通渠道。以此带动绿色低碳农业的现代化发展，提高农业经济规模和体量，打造农业产业特色，建立农业产业优势。

7.1.2.2 形成以"龙头企业"为关键节点的产业链

以龙头企业为关键节点，带动农业产业化经营组织纵深发展。产业化经营组织体系中的龙头企业具有较大的生产规模和较强的生产经营能力，能引领农业生产者进入农业市场，建立农业产业各方利益联结机制，推动农业产供销一体化[1]。龙头企业能有效开拓市场，引导农业合理生产与规

---

① 梁吉义. 绿色低碳循环农业 [M]. 北京：中国环境出版社，2016：169-170.

划布局，推动农业科技成果转化和市场应用，提升农产品销售流通速度①。

构建现代化的农业产业体系，需要持续延伸农业产业链、畅通资金链、提升价值链、强化供应链，发挥辐射作用强、影响范围广、基础底子好、市场竞争优势明显的龙头企业的带头作用，引领农业产业化和现代化的不断发展②。龙头企业的发展壮大离不开良好的营商环境和政策支持，良好的营商环境支持有助于龙头企业发挥在农业产业链体系中的引领作用。

建立以龙头企业为核心的农业产业链体系，加强龙头企业与多元农业经营主体的分工合作，形成"一核多体"的农业产业圈层，完善农业产业发展经营风险共担机制和经济利益共享机制。以龙头企业为引领，规划农业产业链发展目标、方向和实施政策，融合农业产业链各类经营主体，确立链主企业的主导地位，集聚农业产业链条前后各项资源，提升农业产业链发展动力和龙头企业的带动引领作用。

龙头企业在延长农业产业链中的引领作用可以形成产业链的核心竞争力，提高产业发展综合收益。龙头企业对照产业链发展短板，大力发展农业深精加工，提升农产品附加值，践行绿色、低碳、循环的农业生产方式，实现"养殖—种植—深精加工"的产业循环发展模式，建立农业产业链发展高地，打造富有乡村气息的农产品"特色品牌""金字招牌"。

龙头企业在提升自身实力基础上，还要增加农业产业链的关联度和耦合力，打破产业间隔离，推动产业深度融合，提高农业产业链质量效益和竞争力，构建现代农业产业体系，实现一二三产业的互补和协同发展。龙头企业还要推动农业产业链的融合发展，建立产供销一体的完整的现代农业产业园，推动农业规模化、专业化、本土特色化经营，形成"农业+"的多元化发展业态，打造农业产业发展新平台，提升农业发展的聚合度与韧性。

7.1.2.3 确立农业主导产业

根据区位优势和产业布局，定位绿色低碳循环农业主导产业，提升农业产业链的整体性。农业主导产业是在农业总体结构中占据较大比重或未来占据较大比重，对农业发展方向和发展程度具有决定性影响和作用的农

---

① 严立冬，邓远建，李胜强，等. 绿色农业产业化经营论 [M]. 北京：人民出版社，2009：88.

② 石榴云. 龙头企业牵引农业产业化更上层楼 [N]. 新疆日报（汉），2022-04-19 (16).

业产业，农业主导产业对其他农业产业具有明显的强关联度和正影响力。农业主管部门应立足区域资源优势，以农业主导产业带动农户共同生产，打磨地方特色农产品，发展特色农业，以"一品带一村""一乡有一业"的经营形式建立一体化农业模式。农业主管部门应不断扩大农业产业规模和质量，提高农产品的知名度和市场形象，牢牢守住生态红线，走"生态优先、绿色低碳发展"之路，稳固低碳发展根基，构建绿色生态屏障，塑造农业绿色低碳发展新动能，推进农业绿色低碳转型发展。

7.1.2.4 重视农业行业组织建设

发挥行业组织的协调服务职能，提升农业产业链的绿色低碳活性。农业行业组织是为农业生产经营提供咨询、信息、法律、培训、经纪、市场开拓等服务，在政府与市场之间、农业生产者与消费者之间、个人与企业之间充当中介职能机构，从事评估、鉴定、协调、监督、技术服务等活动的组织。农业行业协会包括农业技术协会、农产品市场协会、农业生产资料协会等，其对农业区域生产经营和产业链扩展延伸具有重要作用。农业行业协会应建立农业生产经营信息沟通机制，广泛征求社会意见和建议，发挥行业协会的信息连接和咨询作用。

农业行业协会要加强与主管部门的合作，拓展绿色农产品销售渠道，畅通产销连接渠道。农业行业协会应组织知名农产品品牌参与"推介会"，增强行业竞争力，推动一二三产业有效融合，提升农业产业链的规模经营化水平。农业行业协会要充分发挥自身的影响力，做大做强富有特色的农业品牌。农业行业协会要深度参与农业品牌建设，以行业品牌、区域公共品牌为引领，树立农产品品牌形象，做好品牌评选、征集、推荐工作，编制知名农业品牌名单，举办农事推介宣传活动，营造全社会参与的良好氛围，塑造协会的整体形象，扩大协会的社会影响力。

农业行业协会要规范自身管理水平，加强行业协会的组织监管职能。行业协会要积极发挥农业市场秩序维护、农业市场自律、农业贸易纠纷调解、农业产品标准等方面的功能，加强对农业生产活动的监督管理，对不符合绿色低碳农业发展要求的行为予以引导、制止、约束和规范。农业行业协会还应加强对农业经营主体的绿色低碳生产的专项业务检查，对行业协会章程落实情况、农业经营主体的组织制度建设情况进行管理监督，推动农业产业链健康、有序、稳定地发展。

政府应加大对农业行业协会的扶持力度。政府对农业行业协会应给予政策优惠、资金支持、技术援助，对农业行业协会进行定期业务培训和指导，促使农业行业协会提升自身管理水平和服务能力。政府还应设立农业政策性保险品种，提高农业行业协会的管理运行活动的保险政策覆盖面，提升农业行业协会的组织凝聚力和运营稳定性。

农业行业协会应加强对农业项目的补助。农业行业协会应建立农业绿色低碳发展专项项目，对农业绿色品牌建设和低耗能、低排放机具设备设施购置行为给予必要的扶持，提高农业行业协会在农业绿色低碳发展中的服务管理水平，带动绿色低碳农业产业链的一体化生产和专业化经营。

7.1.3 促进区域协调，建立信息融通共享机制

7.1.3.1 持续深化区域发展协调战略

农业绿色低碳发展政策的进一步落地能为发展绿色低碳农业提供充足的绿色资金，融入城市群产业链，加强产业链的分工和协作，充分发挥区域政策的空间溢出效应和扩散效应，深化落实区域协调发展。构建农业绿色低碳发展信息化平台，利用第三方评价机构，发挥监督管理机制，能为农业绿色低碳发展提供配套政策支持。

7.1.3.2 优化区域竞争环境

各地区要立足本地农业发展特色优势，弱化、避免区域间的无效、重复竞争，约束绿色低碳农业发展可能存在的恶性竞争情况，改善竞争环境。各地区要构建绿色低碳特色农业，建立区域间信息共享系统，构建共同监督、联合监测的合作机制，落实绿色发展理念，协同推动农业绿色低碳发展，构建绿色低碳农业发展的向心力和合力。通过区域合作，可以共同防范系统性风险，实现绿色低碳农业持续、健康、稳定发展，助推农业向更高质量发展和迈进。

7.1.3.3 加强区域交流合作

各地区要主动加强与先进做法地区的交流，提高农业绿色低碳发展水平，促进农业经济高质量发展。各地区要立足本地农业特色，找出农业绿色低碳发展存在的缺陷和先天不足，借鉴学习绿色低碳农业的先进经验，委派专业人员和机构进行实地考察学习。各地区还要积极参与国内甚至是国际上的农业绿色低碳发展投资项目，积极学习先进企业节能减排、提高资源利用效率的成功路径。在吸取先进绿色低碳生产技术的同时，各地区要更加重视生态环境的建设，提高资源利用率。

7.1.3.4　数字经济与绿色低碳经济共促农业区域协调发展

要实现农业高质量发展，必须走生态优先、绿色低碳的发展道路，以数字经济发展规律和特点，促进数字经济持续、健康、稳定发展。数字经济与绿色低碳经济在功能上互补，共同促进发展新动能，是区域协调发展的重要内容与应有之义。区域协调发展要求实现区域之间经济合作、要素流通、产业互补，增强区域经济发展的整体性与韧性，而绿色低碳经济的数字化发展能有效提升经济生产要素的交换效率和经济信息的互动，是提升区域协调发展的重要引擎。数字经济与绿色低碳经济的交互能打通区域经济之间的合作壁垒，推动经济要素在区域范围内的快速流动和循环，实现农业经济资源的最优化配置，优化城乡之间、东中西部之间农业生产布局，提高农业抗击外部风险的整体协调应对能力。由于各地在自然资源条件和产业基础方面存在着巨大差异，数字经济在绿色低碳农业中的运用将有助于充分挖掘区域经济的禀赋与优势，调整区域农业的产业结构、能源结构和消费结构，提高农业生产发展水平，增强生态环境保护、绿色清洁能源利用、交通运输条件通达性和市场连接性，为生态薄弱地区、农业资源集聚区和边远地区的农业发展提供新的发展方向，为其充分发挥比较优势提供必要基础和现实条件。数字经济与绿色低碳经济能缩减区域发展的不平衡，实现共同发展、共同富裕的均等化。数字经济发展模式能有效提升区域经济治理的现代化建设水平，经济资源与市场信息通过大数据信息平台在区域之间消除信息差和信息不对称的现象，弥补区域农业经济发展之间的数字鸿沟与信息断裂。

结合数字信息技术和绿色低碳技术，疏通区域农业经济发展的堵点。当前我国区域农业经济发展存在着农业生产要素交换速度缓慢、农产品优质供给比例较低、绿色低碳消费意识不突出、农业资源空间分布不均衡等问题。实现数字信息技术与绿色低碳农业技术的深度融合，强化农业产业供应链的数字化管理和协同配合，能有效提升农业资源配置效率，实现资源和能源的高效利用。加大绿色低碳农业技术研发，加速技术成果转化和市场化应用，能够让农业科学技术真正运用到消费层面，有切实的"用武之地"，防止进行脱离实际市场内在需求的农业技术研发。利用绿色低碳农业技术和人工智能技术推动农产品绿色消费、低碳消费、智能消费，可以助推农业消费结构再上新的台阶。

在全国建设具备层次性、特色鲜明的数字化的绿色低碳农业经济体系。东部沿海地区产业基础雄厚，经济发展程度较高，是发展高质量的绿色低碳农业的"第一阵容"。东部地区要建设一大批在全国具有示范引领作用的绿色低碳农业基地，对农业绿色低碳发展进行数字化的分析、监测与评价，打造绿色低碳农业技术创新高地，建立绿色低碳农业经济信息共享中心和数据中心，发展高效运行、协同创新的数字农业，充分发挥全国绿色低碳农业体系的"排头兵"作用。中部地区是连接东部沿海地区和西部地区的重要枢纽，应充分发挥自身农业绿色低碳发展的承接和传输作用。中部地区的核心城市具备突出的政策优势、经济资源和地理位置，是建立绿色低碳农业的重要阵地。中部地区在自身优势条件下，应加强与东部沿海地区与西部地区的农业产业对接，充分发挥产业扩散和经济辐射的作用，加强与周边地区的农业产业互动，建立全国绿色低碳农业发展格局的连接带，实现农业经济发展新动能的转换。西部地区面积广袤，自然环境、农业资源条件复杂，属于传统的经济欠发达地区，是全国主要的生态脆弱区、环境薄弱带、红色革命老区、边远少数民族地区。西部地区同样也是丰富水资源涵养地带、种养农业生产资源集聚区。西部地区要牢牢抓住发展数字经济与绿色低碳农业的历史机遇，建立清洁能源生产基地，发展循环农业、有机农业、智慧农业新业态，充分发挥农业高质量发展和现代化建设的后发优势与活力。

加强区域之间的数字化建设与绿色低碳农业的协作，建立全新的区域产业联系。数字化建设能有效提升区域农业产业发展的协作关系，实现信息化的联动发展，在农业产业升级、结构性调整、农业产业转移承接方面开辟新的产业联系渠道。各地区应加强数字经济基础设施建设，提高数字经济对绿色低碳农业的适应性，将数字经济信息纳入绿色低碳农业发展的统一体系中。各地区应通过数字协同培育特色农业产业带，带动农业产业集群建设，强化区域间的农业经济合作。通过全国数字工程布局，可以在东中西部地区之间构筑起农业生产要素、农产品消费市场的数据信息流平台，推动建立更广区域、更深层次、更远规划的农业联动发展。通过数字协作，可以将大都市圈、城市群的经济区域中心城市与各级邻近城市有效联结起来，加强农业绿色低碳生产信息的沟通交流，提高绿色低碳农业产业的区域特性①。

---

① 刘玉. 低碳经济与数字经济共同促进区域协调发展［N］. 光明日报，2022-11-29（06）.

7.1.4 推动绿色低碳农业产业链升级，增强产业链竞争优势

7.1.4.1 推动农业产业链内部分工

推动绿色低碳农业的内部产品分工和内生作用机制进化，可以实现农业产链转型升级发展。加强农业分工经营主体的内生演化，不断进化分工链条，重新配置绿色低碳农业产业链中的各项资源，延展绿色低碳农业技术链条，着力实现农业产业链以下五个目标：提高绿色低碳农业技术的可行性和生产率；提高绿色低碳农业产业链的整体生产率和全要素生产率；增强绿色低碳农业产业链的整体市场支撑力度和刚性；提升绿色低碳农业产业链的抗击外部风险和应对突发情况的能力；加强绿色低碳农业产业链的系统性、协调性和韧性[①]。打造现代都市型农业升级版，构建绿色低碳农业产业链，以全链条视角不断拓展农业绿色低碳发展空间维度，把农业生态优势转化为质量优势、经济优势和产业优势，高质量推动农业绿色低碳的现代化建设，具体从以下方面进行：

第一，在农产品市场建设方面，建立高质量的农业绿色低碳供应链。推进农产品制造加工绿色低碳转型，提升农业装备发展水平和农业设施条件，引导农业企业加快绿色低碳技术改革。建立健全流通体系，发展绿色低碳运输，在区域中心城市建设冷链物流集散地，确保农产品质量和新鲜度。进一步推广农产品绿色低碳电商模式，加快农产品数据信息平台的建设，推动农业产业现代化的进程，促使农产品市场朝着绿色、低碳、智慧、信息化的方向发展，从而提高市场竞争力和产业效益，为农业领域的可持续发展奠定坚实基础。

第二，在农业产业经营方面，建立现代化的绿色低碳农业经营体系。通过创新农业经营模式，培育新型农业经验经营主体，提高农业规模经营和技术水平，打造竞争力强的产业链农业企业。挖掘特色品种资源，提升农产品品牌影响力，有效促进农业融合发展、规模经营，提高管理水平和品牌影响力，进而加快农业绿色低碳发展进程。讲好品牌故事，不断提升品牌溢价，建立区域性品牌与个体性品牌的统一协作关系。提高企业参与品牌建设的积极性与主动性，树立企业品牌溢价与品牌影响力的强烈意识，擦亮"地理标志"，建立县域特色农产品形象品牌，彰显县域农产品

---

① 袁建伟，晚春东，肖维鸽，等. 中国绿色农业产业链发展模式研究 [M]. 杭州：浙江工商大学出版社，2018：102-104.

地理标志的竞争优势、质量优势和品牌优势，提高农产品附加值。

第三，在农业体系方面，谋划布局现代农业产业体系。根据农业资源和产业基础，推进区域优势农产品全产业链建设，重点打造符合区域特色的全产业链条，培育现代化农业企业。发挥区域比较优势，生产优质农产品，打造具有地域特色的农产品品牌。提升农产品产业链的完整性与竞争力，促进现代农业产业体系的发展，增强市场竞争力和影响力，为现代农业的可持续发展提供显著的推动力量。

第四，在农业产业融合方面，加大力度发展乡村旅游业和城市休闲观光农业。农村地区具有丰富的自然资源和深厚的农耕文化、民俗文化，具备发展文化旅游的天然优势。现代农业绿色低碳发展，应改变传统的以农业生产量增长为核心的发展模式，加快农业与旅游业、文化业、休闲观光业的融合发展，打造生态文明示范区和文化深度体验基地。各地应围绕自身自然资源特色和传统文化资源展开深度挖掘，开发现代农业新业态，打造休闲观光、近郊旅游的精品路线。各地还应建立农耕文化保护园区，加大对休闲观光农业和近郊旅游线路的宣传与推广，提高农业旅游品牌在邻近地区的接纳率，在此基础上做大做强，提高更广地域范围内知名度与覆盖率。

第五，在农业产业格局规划方面，促进现代农业的循环发展。各地应推进农业生产要素集聚，建设绿色低碳农业产业园，引导农业绿色低碳生产要素向产业园的集聚汇合，建设国家级、省级现代农业产业园，发挥产业强镇基础地位。创建农业绿色低碳生产示范园时，各地区根据产业布局设立产业功能区，大力发展生态循环农业，推动生产要素的低碳循环流动，建设高标准、高质量的绿色低碳循环农业体系，促进农业资源和能源的高效利用①。例如，各地可以借鉴宁夏葡萄酒产业园区建设，建立绿色低碳农业集聚区、示范区和主题小镇，创新推动建设农业发展示范区；推广生态农业、观光农业、休闲农业、旅游农业的经营模式，提高低碳产业比重，提升现代农业的绿色低碳含量，促进农业资源循环利用、集约开发；打造绿色品牌，形成一批具有地域特色突出、优势明显的优质绿色低碳农业品牌，免除绿色食品、有机农产品认证费和绿色标志使用费。

---

① 罗琼. 构建绿色低碳农业产业链 打造现代都市型农业升级版 [EB/OL]. (2023-06-02) [2024-03-18]. https://www.workercn.cn/c/2023-06-02/7862067.shtml.

7.1.4.2 加大高质量绿色低碳农产品供给力度

构建绿色低碳农业产业链，推动多元化的优质绿色低碳农产品的供给。首先，充分利用全球气候变暖带来的农业气候资源，提高农业产品的气候适应性发展特色农产品，实现现代农业的可持续发展。其次，深入贯彻中央一号文件决策，实施"三品一标"行动——品牌打造、品质提升、品种培优，实施"3+3"农业生产实施方案——种植业、畜牧业、渔业和品牌、品种、标准，打造农业绿色低碳发展示范案例，制订、加快实施食用农产品合格标准，推广清洁化、标准化农业生产方式，建立一大批具有显著影响力的有机农产品、地理标志农产品、绿色低碳食品，健全农业绿色低碳供应链①。最后，通过实施行动，产销联动、产管并举，以全产业链视角提升农产品增效增值空间和潜力，将提高农产品质量摆在首要位置，拓宽农产品销售渠道；建立质量追溯机制，利用现代化信息技术网络和大数据平台，推行产地溯源二维码标志管理，对农产品生产过程加强质量监测，提高服务质量，做好全程管控、源头管束②。

保障农业供应链畅通稳定，引领资源节约型、环境友好型的现代化农业建设。各地应建立绿色农业、低碳农业、循环农业的发展模式，牢固树立"绿水青山就是金山银山"的发展理念，实现农业领域的碳达峰与碳中和，提升农业供应链的稳定性与安全性③。

第一，以农业绿色低碳生产方式带动农产品持续稳定供给。牢守耕地面积保护红线，推动农作物秸秆、禽畜粪污的资源循环利用，降低化肥农药在农业生产中的使用量，提高农膜的回收率和再使用率，建设高标准、高质量农田，兴建农田水利基础设施，提高农业生产条件，提高农业生产的便利度。对农产品质量进行日常和定期的安全监测，对不合格的农产品信息予以披露，切实实现主粮的自产自给，提高农产品的绿色低碳含量和优质比例。

第二，大力发展绿色低碳农产品贸易市场。持续提高绿色低碳农产品在农业贸易领域中的稳固地位，活跃绿色低碳农产品贸易往来，促进农产

---

① 刘赵. 农业绿色发展水平稳步提升［N］. 农民日报，2022-12-26（06）.

② 我国加快农业绿色发展 绿色优质农产品供给持续增加［EB/OL］.（2022-09-28）［2024-03-16］.https://www.gov.cn/xinwen/2022/09/28/content_5713038.htm.

③ 罗晨. 推动农业绿色发展 促进粮食供应链稳定畅通［N］. 中国食品报，2023-12-05（07）.

品高质量发展和贸易增长额。为了确保农产品供应链的韧性，需要继续加强绿色低碳农产品供给质量，更加注重以可持续发展的方式推动农业贸易的稳定增长和健康发展。实现人民群众对美好生活的愿景，加强农产品贸易市场建设，把绿色低碳的优质农产品送到人民群众的手中，打通绿色低碳农产品从田间到餐桌上的最后一里路；做好绿色低碳农产品市场的法治建设和消费观念宣传，将绿色低碳农产品带进学校、超市、社区、网络，举办好各种农副产品博览会；对违反农业绿色低碳发展的市场行为予以惩戒、纳入失信主体名单和黑名单，对绿色低碳农产品的生产行为和消费行为给予保护和鼓励；提高公众对绿色低碳农产品质量的辨别能力，在全市场范围内树立绿色低碳农产品质量意识和安全思维；严格管理绿色低碳农产品的认证，提高认证门槛和认证标准，扩大绿色低碳农产品认证的市场影响力，使绿色低碳的优质农产品与一般农产品能够被显著地区分和辨认①。

第三，履行农业绿色低碳发展的现实承诺，提高绿色低碳农产品供应链的韧性。韧性保护是绿色低碳农业供应链风险防范和治理的新理念，是保障绿色低碳农业供应链安全性和抗外部风险的重要举措。在受到外部不利环境影响时，供应链条应该仍能有条不紊地展开、恢复、调整和归位，将供应链重新升级到最优化和最理想的状态。一是扩展绿色低碳农业合作范围。深化绿色低碳农产品的经贸合作、投资合作和技术合作，坚持"走出去"和"引进来"相结合的原则，提高绿色低碳农产品的贸易量和交易活跃水平，建立贸易往来的多元化和网络化格局。二是加快供应链的数字化变革，提高绿色低碳农业供应链适应性。推动绿色低碳农业与数字信息技术的深度耦合，利用大数据、区块链等人工智能手段实现农业生产要素在供应链各端有序流动，推进信息流、物流、商品流的相互协调，将数字信息技术手段运用到绿色低碳农业供应链布局、决策、生产、运输、存储等各个方面。三是建立绿色低碳农业供应链风险预警机制，提高风险研判和风险治理能力。构建风险识别指标体系，对绿色低碳农业供应链的异常情况和变动进行及时判别，对风险等级进行科学合理评估，快速制定应急

① 罗小锋. 加强绿色农产品市场建设 推进农业绿色发展 [N]. 农民日报, 2021 - 12 - 04 (05).

处理预案，将供应链风险危害降至最低程度①。

第四，把增加高品质的绿色低碳农产品供给摆在农业高质量发展的重要位置。农产品除了在供给数量上保持稳定增长外，更重要的是丰富农产品结构和种类，提高供给质量，以适应不断变化的市场需求。健全绿色低碳农业生产标准体系，建立标准化生产基地和示范地，把标准化、高质量、规范化落实到农业生产经营的全链条中，将农产品的绿色低碳生产视作农业高质量发展的底线。稳固农业生产质量安全根基，全面提升土地生产率、劳动生产率、资源循环利用率，推进绿色低碳农业生产的集约化水平和现代化建设，持续扩大农业利润增值空间和质量提升区间，让绿色低碳农产品从"优品""优质"走向"优价"，既能"卖得出"，也能"卖得走"②。

7.2　市场层面：深化市场改革，激活现代农业绿色低碳发展动力

7.2.1　加强碳市场制度改革，促进农业碳交易

7.2.1.1　建立完善农业碳交易市场政策体系，优化现代农业绿色低碳发展环境

一是完善农业碳市场交易的机制体制建设，提高农业碳市场运行的合规性③。目前我国虽然初步建立了碳交易市场的框架体系，但具体碳交易涉及范围仍较狭窄，仅集中在个别行业。随着新的农业碳交易产品不断涌现，现有制度无法覆盖整个碳交易市场，同时，也无法形成完备的监管制度去辨识农业碳市场的寻租行为。因此，应加强农业碳配额分配制度、农业碳排放总额控制制度、农业碳核证减排量制度、农业碳交易制度、农业碳排放风险控制和监管制度的建设。同时，应加强生态环境部门与其他相

---

① 丁存振.建设更具韧性的全球粮食供应链[EB/OL].(2023-12-04)[2024-03-16].https://www.gmw.cn/xueshu/2023-12/04/content_37006724.htm.

② 宋建朝.把增加绿色优质农产品供给放在突出位置[EB/OL].(2023-09-25)[2024-03-16].https://www.cfsn.cn/2023/09/25/99381679.html.

③ 袁剑琴.全国碳市场建设的进展、问题及政策建议[J].中国能源，2021，43（11）：63-66，80.

关部门的协调，共同商讨研究制定统一的政策和制度，减少地区之间政策制度的异质性。另外，还要在一定程度上考虑不同地区之间的差异性，在农业碳核算方法、农业碳核算规程等方面加强与现实情况的连接。

二是构建由政府部门规章、技术规范、流程规范文件组成的全国农业碳市场制度体系①。我国自2021年《碳排放权交易管理办法（试行）》颁布以来，建立了碳排放核算报告核查，碳排放权交易、结算、登记等配套制度，对《温室气体自愿减排交易暂行办法》及配套政策也进行了完善。我国应加强国家层面上的立法建设，加快《碳排放权交易管理暂行条例》的立法，进一步完善全国农业碳市场制度体系，确保全国农业碳市场运行的合法合规，确保全国农业碳市场有效、稳定运行。另外，还应对农业碳交易市场相关方权责和交易环节进行明细规定，为农业碳交易市场发展提供制度支撑。同时，组织专门的技术力量对农业碳排放报告质量作专项帮扶和督查，对碳排放和碳交易的虚假行为、违法行为进行严厉处罚。

7.2.1.2 完善农业碳市场交易制度，实现农业碳减排目标

一是出台更为严格、操作性更强的农业碳配额分配机制和农业碳排放控制目标。为了实现"双碳"目标和落实《巴黎协定》，我们需要对现有的碳配额需进行削减，提高《中华人民共和国国民经济和社会发展第十四个五年规划和2035年远景目标纲要》中的碳强度和能源使用比例，为碳配额总量控制提供相应的政策依据。在碳配额分配机制方面，我国目前主要以免费分配为主，尚未有效利用市场机制，难以对市场资源进行优化配置，应适时利用市场机制设定碳配额价格。我们可以针对农业推出市场挂牌拍卖的碳配额分配方式，形成合理的市场碳价，一定程度上增加政府的财政税收。应降低农业企业的碳减排压力，适时下调农业碳排放配额，鼓励农业企业积极主动采取碳减排方案。

二是加大农业碳交易市场的执法力度，制定更为详细的农业碳交易方案。不同试点地区的交易细则、监管要求和技术流程存在着一定的差异，应加强不同试点地区的规则关联和互认，促进跨区域之间的碳互联和交易，从而形成全国一体化的农业碳交易体系。不同试点地区的交易规则也存在一定的区别，限制了全国性农业碳市场和碳联网的形成。未来应制定统一的交易规则方案，对交易标准、分配方案、信息披露、交易核查进行

---

① 生态环境部. 中国应对气候变化的政策与行动2022年度报告（摘编）[J]. 环境保护, 2022, 50 (21)：45-56.

进一步的明确和细化。交易规则出台以后，相关监管部门要对农业碳交易规则落实情况进行考评，对违法违规、内幕交易进行严厉查处和打击，重点检查信息披露情况、碳配额分配使用情况和交易实质性。

三是完善激励机制，加大对碳减排效果明显的农业企业的税收优惠和财政补贴。建立农业碳交易专项基金，用奖励或者补贴的方式鼓励碳减排，支持农业企业进行绿色低碳技术改造。对积极参与碳交易的农业企业实施企业所得税优惠和企业增值税减免、返还，降低农业企业碳减排的税负水平和成本，提高农业企业的碳减排经济效益。对参与绿色低碳技术研发和应用的农业企业加大财政补助，设立风险准备金，降低农业企业的创新创业风险，提高农业企业的创新意愿。通过激励机制的实施，对农业碳交易市场的发展能起到较好的促进和引导作用。

7.2.1.3 激发市场交易活力，建立一体化的碳交易市场

一是扩大农业碳交易试点的范围，将更多地区纳入农业碳交易试点，推进碳交易市场建设稳步发展。目前我国仅 8 个省（市）开展了碳交易试点，而关于农产品碳交易更少，且集中在东部沿海经济发达地区。可考虑增加西部、中部和东北地区的试点，扩大跨区域的农业碳交易和区域交易联网，扩大农业碳交易和碳减排在全国的影响力。

二是建立全国性统一农业碳交易市场，加大区域连接。为解决不同区域之间的农业碳兑换问题，可以简化跨区域的碳结算流程，缩短审批环节和时间，采取措施支持不同区域市场之间的联网交易，提高交易效率。制定统一的农业碳排放监测方法、监管、信息披露等规则，解决各试点地区之间的交易规则差异，实现各试点区域的有序衔接。对重点企业实行统一的农业碳配额交易和分配，对农业企业碳减排效果进行统一考评。建立全国统一的交易中心和交易网络平台，实现交易数据和信息的实时分析，便于农业碳交易市场的登记、注册和结算。通过建立全国性统一的农业碳交易市场，可以对全国农业碳减排形成示范效应和辐射效应[①]。

三是促进农业碳交易活跃度。目前我国的碳配额采用免费分配方式，导致碳配额供应过剩，碳配额价格较低。可以在农业行业中增加拍卖方式的配额比重，减少市场供应，提高碳配额价格。也可设立绝对减排目标，企业可以找到具体减排差距，增大对农业企业碳减排的考评力度。增加重

---

① 杨锦琦. 我国碳交易市场发展现状、问题及其对策［J］. 企业经济，2018（10）：29-34.

点企业的碳减排压力，提高碳配额交易数量和金额。为保证农业碳配额交易的公平性和透明度，应加强对农业碳交易市场的日常监控和专项督查，避免虚假交易行为和市场串谋。同时，还可创新开发农业碳交易金融产品，为农业碳交易提供信用担保、保险和证券服务，进一步提高农业碳交易的灵活度。

7.2.1.4 加强农业碳交易市场的管理，维护碳交易市场持续稳定运行

一是加强碳市场的改革与创新，充分发挥碳市场的降碳减排作用。目前，主要是电力、化工、能源企业参与碳市场交易，应逐步引导将农业纳入碳市场交易的重点领域，形成多元化、多层次的碳交易市场。初期可以将减排成本较低、减排效果较好、绿色发展基础好的市场主体纳入碳交易市场试点[1]，建立"农业企业—碳交易机构—农业合作组织—农户"的自愿减排交易机制，增强农业企业与工业企业、服务企业的碳交易的联动性，提高农业减碳减排的经济效益。另外，还应提高农业碳交易市场透明度，完善碳配额转让核查追踪系统，引导农业发展绿色资产配置，维护碳交易的合法性和公平性。

二是制定碳价格标准，建立碳定价制度和配额制度，管控碳交易价格，适当引入碳税[2]。降低碳交易价格的波动性和差异性，避免价格异常变动对碳市场的不利影响。完善市场价格信号机制，将碳减排与效益挂钩，以碳排放高成本倒逼农业绿色低碳转型和技术创新[3]，引导农业利用国家核证自愿减排量（CCER）降碳减排。

三是建立碳储备机制，形成碳价格的长期合理预期，开发农业碳交易的期权、期货业务。制定激励政策，引导民间资本、金融机构参与碳交易金融活动，提供绿色金融、碳基金、碳质抵押、碳担保等金融服务，扩大碳交易量。探索新型碳金融商业模式如区域共享联盟、碳配额交易，充分注入碳资金。

四是完善碳排放统计核算和监测，建立科学的碳核算方法。农业碳排放核算复杂烦琐，难以准确核算。可由政府、科研机构建立农业碳排放数

---

① 金书秦，林煜，牛坤玉. 以低碳带动农业绿色转型：中国农业碳排放特征及其减排路径 [J]. 改革，2021（5）：29-37.

② 佟哲，周友良. 新发展格局下中国实现碳达峰、碳中和的现状、挑战及对策 [J]. 价格月刊，2021（8）：32-37.

③ 徐政，左晟吉，丁守海. 碳达峰、碳中和赋能高质量发展：内在逻辑与实现路径 [J]. 经济学家，2021（11）：62-71.

据平台，共享农业碳信息，测算碳排放系数。利用独立第三方机构和专业人员对碳变动、环境卫生变化、质量控制、增收节支、运行管理进行核查比较，扎实做好碳排放认证、评估、核算工作[①]。抓紧完善农业能耗限额和地区强制性标准，扩大农业能耗限额标准的应用范围。健全农业温室气体排放清单编制工作，及时、完整、公开发布农业碳排放数据，明确农业碳排放未来工作的重点和方向。

7.2.2 发展绿色金融，为现代农业绿色低碳发展提供资金保障

7.2.2.1 建立健全绿色金融政策体系

一是构建绿色金融政策体系。绿色金融支持低碳经济发展离不开法律法规和政策的保障，可以提高市场透明度和参与度，规范市场主体行为，维护市场交易的公正秩序和公平[②]。我国应将环境保护、低碳发展意识纳入立法范畴，引导绿色金融健康稳定发展。我国应制定保险业、银行业绿色金融指引，规范监督管理、内控管理、政策制度、流程管理、组织管理，助推农业绿色低碳发展，降低金融风险。我国应细化绿色金融考评标准，对排污权、碳排放权进行强制性规定，提高自然资源的利用效率。我国应优化绿色金融资金投放流程，减少审批环节，建立绿色资金信息平台，将绿色企业、绿色生产、绿色经营信息集成在统一的载体中，实现绿色信息共享，便于绿色金融政策的执行、监督和反馈。我国应强化绿色金融监管水平，提高绿色金融服务发展水平，创造良好的绿色环境，进一步刺激绿色金融对农业绿色低碳发展的推动作用。

二是加强与国家发展战略的协同。践行农业的绿色低碳发展战略，需要依赖绿色金融，加强各部门的战略协同，推动全局性、持续性、系统性的政策构建。针对农业绿色低碳转型任务重大的区域，我国应注重现代农业与传统农业的平衡协调，提升传统行业的绿色发展力，探索新型绿色金融战略。我国应在统筹各地区经济发展目标前提下，开放数字平台生态资源，加强普惠金融、绿色金融的市场应用，统筹政府机构、金融机构、企业主体与消费者的绿色需求，全方位推动农业绿色金融的发展。

三是适度扩大绿色金融试点，优化考核标准。我国应该对现有试验区

---

① 陈诗一，祁毓. 实现碳达峰、碳中和目标的技术路线、制度创新与体制保障 [J]. 广东社会科学，2022 (2)：15-23，286.

② 李金栋. 低碳经济视角下中国绿色金融发展研究 [J]. 财会通讯，2019 (29)：44-48.

推行环境信息和污染治理披露，对试点区域的成功经验进行推广，发挥金融发展空间溢出效应。地方绿色金融政策制定要依据当地的发展水平和农业特色，发挥比较优势，因地制宜，支持差异化发展，实现区域产业互补，提升资源利用效率。

四是以开放型金融为引领，加强绿色金融的国际合作。在全球人类命运共同体的背景下，可持续发展已成为全球的共识，绿色金融需要全球协作，共同努力。我国应支持外资金融机构的引进，将绿色金融工具、产品和服务要与国际接轨，鼓励中国金融机构走出国门，积极参与国际绿色金融标准的制定。我国应促进国际绿色金融资源的共享与流通，在应对气候变化方面加强国际互动，实现绿色资源在全球的优化配置和有序流动。

7.2.2.2 创新绿色金融产品和服务

一是加强金融工具创新，创新绿色金融产品和服务。在"碳达峰""碳中和"背景下，我国应深挖绿色经济市场需求，为绿色市场提供个性化的绿色产品和服务。针对绿色市场开发绿色信贷、绿色基金、绿色信贷等绿色金融产品组合，我国应加强绿色金融项目创新[①]。绿色金融产品开发要体现绿色内容，积极提升绿色金融产品绿色含量。我国应提升绿色金融专业服务能力，发展绿色金融证券化产品，开拓环境权益融资抵押质押产品。我国应加强全方位的风险管理监控，提高绿色基金、绿色保险的市场比例，完善约束激励机制。我国应加快绿色担保基金、信贷产品资产证券化、特许经营权质押等金融工具的使用范围[②]，建立金融支持绿色低碳发展产业链、供应链，满足转型项目和绿色项目的资金需求。我国应搭建基于区块链应用技术和增值税原理的碳足迹工具，精准描述产业链各环节的碳排放量和污染量，将碳费用过大的企业纳入负面清单，控制产业链各节点企业的碳排放，压缩碳排放量，实现农业的绿色低碳发展[③]。开展碳信用，跟踪个人的碳足迹，进一步减少碳排放量[④]。

二是创新绿色金融保险业务。我国应以绿色金融改革创新为目标，不

---

① 史代敏，施晓燕. 绿色金融与经济高质量发展：机理、特征与实证研究 [J]. 统计研究，2022（1）：32-47.

② 孙榕. 社会责任投资：从理念走向行动：记"2022中国社会责任投资高峰论坛"[J]. 中国金融家，2022（7）：101-102.

③ 王懋雄. 基于碳足迹的绿色金融发展路径探索 [J]. 西南金融，2018（12）：64-68.

④ 王玉婧，江航翔. 以绿色金融助推低碳产业发展的路径分析 [J]. 武汉金融，2017（4）：54-56.

断提升绿色金融整体供给水平和能力。为控制绿色金融投资运营风险，我国应加强绿色金融投资、保险的运营风险识别，测试运营风险压力值，开发风险管控工具。金融机构应提高绿色金融管理水平和绿色投资运行效率，结合现代技术手段识别、分析、监控绿色金融业务，合理评估项目潜在风险点。金融主管部门应对风险较高的项目进行风险预警、风险提示，划分风险水平，针对不同风险级别的绿色金融业务针对性采取抗风险工具，避免过度发展绿色金融引发系统性的金融风险。

三是建设绿色金融专业人才队伍。绿色金融政策落实、绿色经济发展需要专业的绿色技术人员付诸行动，将政策落地到农业实践中。我们应贯彻绿色发展理念，关注人与自然、社会的代际公平，转变传统发展理念，建立市场绿色消费观、绿色生产观。政府将引进绿色经济发展人才纳入"英才计划"行列。金融机构、绿色企业应加大专业人才的招聘，合力打造绿色金融专业团队，与高校、研究所合作建立人才培养、开发机制，递送现有人员参加继续教育培训，为金融机构、绿色农业企业输送大量、合格的专业人才，提升农业绿色低碳发展的人力资本含量和水平。

四是加强绿色金融组织机构创新。我国应加强绿色金融对绿色经济的推动作用，搭建现代化的绿色产业发展平台，构建绿色金融市场体系，为绿色经济和绿色产业发展提供更加便利的通道和设施保障，提升基础设施水平。根据"赤道原则"对金融机构进行改革，发挥金融机构的专业资金融通能力，建立金融机构与中介机构、科研院所的绿色创新中心。绿色创新中心可以设置绿色委员会，由专业人才担任绿色委员，共同商讨制定绿色金融发展对策。

7.2.2.3 健全绿色金融市场体系

一是持续开展绿色信贷考核评价和信贷统计工作。金融主管单位应建立健全绿色金融投融资统计制度，将绿色融资统计工作纳入银行的非现场监管报表体系，定期对国内主要银行进行绿色信贷业务的评价和统计。同时，金融主管单位应组织银行等金融机构开展绿色金融业务的自我评价和统计工作，加强核算、测量、监测投融资项目的碳减排工作，披露环境保护、碳治理等环境效益信息，按照法治化、市场化原则支持低碳经济发展。

二是构建气候投融资市场体系，应对日益增加的气候危机。金融机构在支持农业企业节能改造效益提升、绿色低碳技术开发应用、低碳产业发展的同时，要有重点、分类管理高碳农业企业，有扶有控、差异对待，进一步遏制高污染、高排放的项目无序、盲目上马发展。另外，金融机构还应加强数字技术与金融科技的应用与推广，实现环境信息共享与信息披露①。

三是加快建设全国统一的碳排放权市场。我国应打破市场分割和空间距离带来的限制，制定区域碳市场向全国统一碳市场建设的时间进度表，尽快颁布《碳排放权交易管理暂行条例》，出台强制市场与自愿市场的联结规划方案。在投资者方面，以市场升级扩容来激活碳市场，扩大碳市场的投资人类型，鼓励专业的机构投资者如碳资产管理机构、ESG 基金参与碳市场交易，提升碳市场流动性、透明性和稳定性，降低碳交易的信息不对称和交易成本。在产品方面，对全国市场重新启动 CCER 产品，发展种类碳信用品种、碳资产、碳期货，形成碳产品链，促进碳排放权在不同行业和区域之间的合理流动，发挥市场价格机制对资源和生产要素的基础性配置作用。在市场基础设施方面，建立统一的碳排放数据报告，提高报告质量，夯实碳市场基础数据信息，提升市场透明度。

7.2.2.4 明确合理界定政府市场关系

一是政府正确发挥"引路人"的角色。目前，我国绿色金融的发展主要依靠政府力量进行，政府要厘清自身职责，正确扮演自己在市场中角色。在税收方面，可借鉴国债的免税政策，对绿色债券实行减免的优惠政策，降低农业企业的负税成本，支持鼓励农业企业的绿色行为。除减免税等优惠政策外，政府还可为绿色经营行为表现良好的企业提供担保补贴、投资补助、财政奖励等措施。在市场引导方面，政府应建立风险补偿机制，加强风险指引，建立绿色低碳农业专项基金、绿色银行等金融机构。政府应采取相应措施引导企业投资行为重点转向绿色低碳农业，加强绿色金融产品融资。在推广方面，政府可开设专门的绿色金融咨询服务窗口，搭建绿色金融经营平台，宣传普及绿色金融、绿色保险知识，提高企业的绿色金融、绿色保险的购买率和发行率。

二是积极发挥市场的资源配置的基础作用。政府应有序扩大试点范围，建立一体化的绿色金融交易市场，构建多方协作、高效有序的绿色产品交易与服务平台；努力建设碳金融市场，创建碳期权、碳期货、绿色资

---

① 吴朝霞，张思. 绿色金融支持低碳经济发展的路径研究 [J]. 区域经济评论，2022（2）：67-73.

产证券化、碳远期等新型金融产品，提高绿色金融服务意识，构建成熟的金融产业链[①]。通过市场引导企业、金融机构和消费者开展绿色项目，加强绿色资产管理，助推农业绿色低碳发展。

7.3 要素层面：推动农业资源增效减量，提高资源利用率

7.3.1 加强耕地管理，提高耕地质量

第一，做好提高耕地质量工作，充分发挥耕地固碳吸碳能力。严格执行耕地保护工作，认真落实最严格的耕地保护工作，严守18亿亩耕地红线的底线，对耕地保护工作分解到各个层级，直接下达到地块、建立耕地档案、耕地保护考核及责任追究。严控城镇化、市场化进程对耕地的无序违规占用，合理界定耕地与城镇用地使用界限，明确土地使用性质，合理规划城市建设用地和城镇发展布局。严格限制城镇建设占用耕地数量，建立多级区域联动的耕地保护网络体系，将耕地保护纳入统一的信息平台中。

第二，加强重点农产品生产区、粮食种植区的耕地保护，做好耕地的补贴发放工作[②]，同时，加强对耕地的质量调查、评级和考核，优化测评体系。平衡耕地占补，从产能出发完善耕地数量补充核算制度，对耕地的各项占补进行系统的平衡管理，平衡上年度和下年度的耕地占用数量，保证良田、整地被占用要以"原路返回"的形式予以补充，完善耕地占用补偿制度，防止将荒漠化土地、贫瘠土地、肥力流失土地、难以开垦土地作为补偿耕地来源。严格限制省际内的耕地占补，建立省域调节指标，在省级管理平台内对耕地占补进行统一管理，保证省域耕地占补平衡，同时，对耕地占补进行全过程、全周期的考核、管理、评价，下好全国耕地总体质量不下降的"一盘棋"。对补偿展开质量评价，加强对耕地质量变化的监测和管控，对补偿耕地进行持续的肥力培养，提升补偿耕地质量，防止补偿耕地"撂荒"，同时，对耕地有效补偿行为进行激励，鼓励对占用耕地的补偿行为，调动耕地保护工作的积极性。建立目标考核制度，编制区

---

① 吴朝霞，张思. 绿色金融支持低碳经济发展路径研究［J］. 区域经济评论. 2022（2）：67-73.

② 高鸣，张哲晰. 碳达峰、碳中和目标下我国农业绿色发展的定位和政策建议［J］. 华中农业大学学报（社会科学版），2022（1）：24-31.

域耕地资源资产负债表，提高农业生态文明建设和绿色低碳发展考核内容比重，根据下达的耕地保护责任目标对各区域耕地保护情况予以考核，完善奖惩机制。

第三，推广免耕、少耕技术，减少土地的翻耕幅度和频率，提高土壤碳含量。提倡耕种轮换、种养结合，增加耕地有机质含量，培育土地肥力，提升土壤结构和地力，同时，推广节水灌溉技术如滴灌、喷灌，实现精准灌溉，节约水资源、提高灌溉效率，降低灌溉活动产生的能源消耗和碳排放。强抓科技赋能、创新收集、示范带动，利用"良法+良种+良田"改善盐碱耕地和贫瘠耕地，改善耕地使用面貌，通过重大农业生产技术攻关行动，真正使盐碱耕地和贫瘠耕地变成肥沃耕地，增加有效耕种面积，提高耕地使用效率，同时，推行耕地深松（深耕）整地技术，提高农业产量和耕地种植效率，建立深松（深耕）耕地整地作业补助金，因地制宜实施耕地作业技术、作业周期和作业时间，实行先作业后补助，对验收合格后的耕地作业发放农业补助金，将补助金直接发放给经过验收合格的耕地作业主体。提高农业机械化水平，建立各级惠农政策，在大平原地区实施农业生产过程的全机械化，提高农机综合机械化水平，增加配套农具数量和农用机械数量；引进先进的农业机械设备及配套设施，对农业机械设备进行科研攻关和技术创新，彻底解放劳动力，提高农业生产率。实施土地保护工程，加大土地保护农业生产试点工作，运用保护性耕地技术，提高保护性耕地面积，有效减缓耕地"变硬、变瘦、变薄"的质量退化的趋势，根据生态优先、增效节本的原则，促进土地保护和农业绿色低碳发展[①]。

第四，建立高标准高质量农田设施。扩大高标准高质量农田规模和所占比例，将永久基本农田逐步转换成高标准高质量的现代化农田，达到人均占有 600 千克粮食、人均一亩高标准高质量农田的目标，扩大人均耕地占用面积和人均粮食生产量，提高我国粮食自主供给能力，扩大粮食战生产的安全边界，维护粮食安全战略。对中低质量农田进行改造提升，提升耕地地力和等级水平，保护粮食主产区的土地质量，种植与土地肥力、质量等土壤条件相适应的农作物，合理利用开发土地。对盐碱土地进行综合化利用，针对盐碱耕地对农业生产的重大影响，应着力提升盐碱耕地质

① 韩冰. 沃野千里土生金：松原市农业发展取得显著成就 [N]. 松原日报，2022-11-17 (08).

量，减缓土地盐碱化，扩大农业生产空间和粮食生产能力。顶层设计盐碱耕地管理工作，合理确定盐碱耕地治理成本效益；对盐碱耕地进行分区分类治理，对不同程度的盐碱耕地采取有层次的防治措施；建立盐碱耕地治理专项基金，提供充足的资金支持，加大财政保障支持力度；根据盐碱耕地区域分布情况，加强对盐碱耕地的特色化使用。对耕地用途进行优化布局，建立农作物种类生产矩阵，健全完善耕地用途管理的政策、法律、法规体系，明确耕地主产区主要用于生产粮食、蔬菜与油糖等经济类农作物，高标准农田全方位用于粮食生产，永久基本农田的侧重点在于生产粮食。

第五，优化耕地空间布局。推动耕地生产空间布局的优化，将"山上"耕地逐步转换到"山下"，实现由"山上"种植到"山下"种植的空间转移，将果树林苗等农业植物迁移到坡上山上，使农业生产空间布局更加符合农作物生长规律和生长特性；对全国粮食主产带、产销平衡带、主销带进行统一规划安排，设立粮食生产销售考核机制，逐步恢复南方区域以前所流失的高质量耕地，实现南北两大区域耕地生产空间布局的平衡；盘活耕地存量，加大"用存量换增量""用农业技术制造空间""用资金投入换空间"的力度，提高土地的高效高质开发和利用；加强耕地质量保护的考核，落实责任追究制度，对违反耕地保护工作方案的重大问题予以处罚，引导耕地正确合理使用[1]。将违规违法占用耕地的数量作为目标责任考核的重要参考要素，合理设定违规违法占用耕地数量的界限标准，实行一票否决制，不断落实耕地保护责任考核的新举措[2]。

第六，建立耕地利益补偿机制。由于粮食价格波动对粮农收入的稳定性产生较大的压力，针对这一问题，应建立主产粮食区的利益补偿机制和种粮农民利益保障机制，农业生产收益适度向粮食主产区和农户进行倾斜，调动农户从事种粮产粮劳作的积极性，适度扩大农业生产规模，加强农业合作经营[3]。统筹下达财政资金，对农业生产经营主体承担的耕地保护工作予以补偿，优先发放农业发展补助金，用于支持耕地基础设施后期

① 王广华. 切实加强耕地保护 改革完善占补平衡制度 [N]. 人民日报，2023-10-10 (10).
② 宗时风. 宁夏出新举措加强耕地保护增加"一票否决"五要素 [N]. 宁夏日报，2014-02-11 (06).
③ 黄鹭. 吉林省着力加强耕地保护和盐碱地综合改造利用 稳步拓展农业生产空间提升粮食生产能力 [N]. 吉林日报，2023-07-31 (16).

维护、管理、培育、保护等工作；在发放种粮、种苗、种禽、种鱼等方面给予优惠措施，充分调动农户保护耕地的积极性；将耕地保护取得显著工作成效的案例梳理成典型，利用多元化的媒介平台宣传推广耕地保护工作，如悬挂横幅、张贴海报、广播播音、村委会议讨论宣传等方式，提高农民耕地保护意识；充分发挥村党支部、村民委员会、农村集体经济组织等基层组织的作用，将耕地保护工作下沉到基层，层层压实压牢责任，引导农户合理正确利用土地，将耕地保护工作变成一项全员参与的"全民行动"①。

7.3.2 推进节能降碳行动，减少生产要素投入

7.3.2.1 推进化肥增效减量行动

农业农村部发布的《到 2025 年化肥减量化行动方案》，提出要建立"高产、优质、经济、环保"为导向的科学施肥技术，建立市场化与公益性相协调融合的"一主多元"的综合施肥推广服务体系，构建现代化的施肥技术，提高施肥效率。

第一，减少施用、合理施用化肥，增施有机肥、配方肥、水溶肥、缓释肥等新肥料，平衡土壤中的氮、磷、钾的养分结构，降低化肥施用量。培肥地力，推动有机物质还田，拓宽绿色循环农业试点范围。对农业生产、居民生活垃圾进行分门别类，由专门人员进行收集分类，建立"按农户分类、村组织单位收集、专业垃圾厂处理"的模式。建立农业垃圾无害化处理厂，购置新型专业垃圾处理设备，提高对农业垃圾的资源化利用。农业垃圾进入专业垃圾厂后，先由经过专业培训人员进行手工大类分拣，再送入相应的分选设备进行机选。汽化热解有用垃圾残渣，对餐厨垃圾和细碎后灰土垃圾进行混合发酵，产出有机肥料，将有机肥料还田。同时，应注意对整个垃圾运输、垃圾分类、垃圾处理、垃圾发酵环节进行密闭处理，引入无害化垃圾处理设备，以免对环境造成二次污染和再污染。设立专项农业补助基金，对农业垃圾无害化处理厂提供资金支持，生产有机肥免费提供给农户使用，降低农户在农业施肥中对化学肥料的依赖。有机肥还可运用到荒山、荒沟、荒地、荒坡、荒田中，改善土地营养成分结构和土质，"变废为宝"，营造减少农业生产生活垃圾排放、正确处理垃圾的良

---

① 梅麟. 织密"千亿斤江淮粮仓"保护网 [N]. 安徽日报，2023-12-19（18）.

好氛围。

　　第二，采用科学施肥技术高效施肥，减少用肥量。高效科学施肥技术如无人机植保、精准机械施肥、测土配方施肥，可以提高施肥效率。建立高标准农田，农田明渠排灌改为暗管排灌，利用无压管网设备灌溉农田，减少农业用水，降低水土流失，提高农业生态环境。将暗管灌溉设施与农业粪污收储设施相联结，产出有机生态肥料。利用智能水肥一体机，将混入适当成分结构的微量元素与清水相配比，通过手机 App 操作，实现暗管水源排向农田，同时高效率完成对大规模农业的灌溉和施肥工作。同时，建立智能信息系统对土壤中的营养物质含量及风力、气温、温度、湿度等环境信息进行实时监控，以便对施肥量、排水量进行精准调节，提高施肥及灌溉的智能化、自动化水平①。采用科学精准施肥方式，适应土地质量状况进行施肥，调整化肥使用结构，通过精准施肥管理体系逐步减少化肥施用量，促进农业绿色低碳发展。大力推广测土配方施肥技术，开展土壤成分化验，为农户提供统测、统配、统供、统施的"四统"服务，实现测土配方施肥的一体化操作。为农民提供 App 安装服务，利用人工智能手段让农户掌握土壤检测、施肥配方、施肥量度等重要信息②。推广绿肥粉碎还田技术，利用"稻+菜+绿肥"的轮作模式，运用试种效果良好的绿肥品种，提升土壤的酸碱值和有机质含量，形成"分时出租""分时托管"的用地模式，减少底肥的使用量，简化施肥操作程序，大大降低施肥成本和种植成本，减少化肥施用量，提高耕地质量等级状况，实现农业绿色低碳发展③。推广生物质制肥机与水稻插秧同步精量施肥机协同使用，加强禽畜粪污治理，减少化肥施用量。水稻插秧同步精量施肥机是将化肥同步深耕机通过机械手段与高速插秧机相连接，利用侧深同步技术进行精准施肥，大大减少化肥施用量，提高施肥效率。生物质制肥机能够将农作物秸秆与禽畜粪便转化为有机肥料，有效改善了农业生态环境。

7.3.2.2 推进农药增效减量行动

　　调查农作物病虫害情况，适时发布农业植保信息。加强同农业科研院所的技术合作与业务联系，建立农作物质量保护专家委员会，对区域内农

---

① 朱卓. 高标准农田"高"在哪 [N]. 安徽日报，2021-09-09 (16).
② 马如兰，徐亚平，陈远贵. 岳阳：精准施肥促进绿色生产：去年化肥使用总量比 2015 年减少 3 万多吨，减幅达 13% [N]. 湖南日报，2021-09-22 (08).
③ 黄媛艳. 三亚崖州区推广绿肥粉碎还田 [N]. 海南日报，2023-09-18 (16).

业病虫害防治工作进行统一协调和管理。农业技术管理部门组织农业专员深入一线农地展开农作物病虫害普查，编制病虫害信息数据表，为加强科学、精准、综合病虫害防控提供信息依据。建立农作物病虫害信息数据库，方便后续调阅病虫害信息，为区域农业病虫害防治工作提供完善的历史信息，以便有针对性对当地病虫害进行统防统治。打造病虫害防治智慧平台，推广使用新型质量监测与报告工具。编制并发放农药安全使用技术手册、病虫害防控技术手册与病虫害识别手册，张贴病虫害监控挂图、农药安全使用技术规程挂图，对病虫害绿色防控防治进行有效宣传与推广，增强农业生产经营主体的科学、合理使用农药的意识，提高农产品质量，保证农产品安全。

采取农药使用与农业技艺相结合的交叉管控方法，提高农作物的综合抗逆水平。在化学农药使用基础上，通过提高农作物培苗和生长环节的抗逆调节能力，提升农作物产量的稳定性。农作物病虫害发生频率与品种种类、肥料比例、土壤酸碱度、农药选择、播种密度、湿度、空气流通性等自然条件密切相关，农作物病虫害防治要坚持"综合管控"，管优于控，控强于防，防大于治。通过正规渠道和官方商店购买正规农药产品，掌握农药辨识方法，坚决抵制使用假冒伪劣和三无农药产品，对售卖、制造假冒伪劣农药产品的销售商及厂家进行举报投诉，对其进行严厉处罚。科学、合理、正确选购杀虫剂、杀菌剂、除草剂及农作物营养剂，农药选择讲究"对症下药"，根据农作物病虫害的类型精准使用农药，减少农药重复使用现象，有效降低农药使用量[1]。农药使用还要根据土壤土质、湿度、温度等自然条件进行个性化选择，因地制宜，提高对自然条件和气候变化的适应性。

加强农药安全使用风险监控。明确农药成分添加标准和使用标准，降低农药使用风险，保证农业生产安全，提高生态环境质量与农产品质量。梳理农产品农药使用风险点，对农药使用全流程加强风险监控，建立一体化风险监控体系，对农业生态环境风险、农药制成风险、农药喷洒使用风险、农药有害物残留风险及生产性人畜风险进行排查。建立农药使用风险预警机制，将日常风险评估与定期检查手段有效结合起来，对具有重大影响的农药使用安全风险事件进行及时应急处理，降低农药使用对农业生态

---

① 周静. 2024 年水稻如何备春耕？［N］. 黑龙江日报，2024-02-23（15）.

环境带来的危害性。农药使用安全风险监控工作要做到常态化。在农业管理部门中由专人负责农药使用安全风险监控工作，明确责任人员和承担责任，在农业综合执法部门设立风险监测员，对农药使用风险进行监控；在农业技术推广部门设立农药使用指导员，对农药的正确使用和农药危害处理提供技术指导服务，通过微信群、QQ 群、电子屏幕、网络平台等沟通渠道将信息直接传输给农户和农业企业，定期举办病虫害绿色综合防控技术培训；在农业管理部门中设立农药使用宣传员，负责对农药不当使用危害、绿色有机农业生产进行宣传推广，建立病虫害绿色防控综合示范区；对农药使用进行线下线上答疑，对超范围、超剂量的农药使用进行严格管控，提示轮换用药，减少农业使用风险；建立农药使用信息报送制度，设立信息收集报送专门人员，负责编制年度、季度农药使用风险及安全使用工作报表，并对报表信息内容在一定范围内进行及时公开，接受社会公众监督①。评选农业绿色综合防控示范户，以亲身经验宣传病虫害绿色防控方法，形成良好的示范效应，带动更广大农业生产经营主体绿色、科学地防控病虫害。建立农药包装废弃物集中处理和循环回收利用体系，健全农药包装废弃物回收机制，在农作物主产区建立农药包装废弃物回收试点，在试点基础上逐步推进网点建设，实现"以点带面、面面俱到"的网格状布局。

推广低残留、低毒的农药和生物性防治方法，推行农作物病虫害统防统治和植保社会化服务，提高农药利用率和防治效果，进一步降低单位农产品的农药施用量。农药使用要建立在安全基础上，应该选择正规有保障、经过认证的具有无公害标识的农药，坚持生态环境友好、低毒、低害、高效的化学农药与生物农药制剂的综合使用。在考虑农业生产特定要求的条件下，优先选择生物防治、物理防治、农业防治等手段，进一步降低农药施用强度，提高农作物病虫害综合防治能力，加强对农业生态环境的保护。创新除草方式，利用"一封+二封+补种"方式，根据田间杂草的自然环境状况选择除草剂进行综合防治。统筹安排专项财政资金用于建设绿色低碳农业示范区，安装网格化高空灯、太阳能杀虫灯，通过物理手段诱杀害虫，降低害虫基数，从而降低害虫规模和病虫害危害，降低农药使用成本和人力成本，提高农业绿色生产化标准。

---

① 许俊鹏. 黑龙江省全面开展农药使用安全风险监控工作[EB/OL].（2015-08-25）[2024-03-16].http://www.moa.gov.cn/xw/qg/201508/t20150825_4803600.htm.

加强农业绿色技术创新，降低农药使用量。利用人工智能技术与物联网，发展绿色智慧农业。物联网传感器可以对环境变化进行实时监控，通过人工智能将监控信息传输到专业设备，根据传输信息输入操作指令，以提高对农业环境的适应性。同时结合云计算，建立农业智慧大脑，农业生产者直接可通过手机 App 即可记录农作物生长及农药施用情况，还可直接控制智能设备进行选苗、培育、授粉、灌溉、施肥等，依靠先进智能设备的大数据分析功能，减少对人的主观性判断的依赖。通过使用"物联网+人工智能+云计算"的技术体系，对无人机拍摄的高清农田图像进行集成模拟分析，建立病虫害图谱，精准喷洒农药，减少农药施用量，提高农药施用效率。优化手机 App 工作内容，建立病虫害图像识别、防治、农药种类及施用强度的系统知识。操作者通过 App 扫描有病虫害的农作物后，即可得到防治建议，实现农产品自主化的"求医问药"，节省向专家咨询意见的物力成本和时间成本，使人人都能成为防治农作物病虫害的"专家"，减少病虫害对农作物生长的危害。推广静电喷雾技术、喷雾助剂辅助技术等先进农药施用手段，发展绿色植保技术，建立农药减量示范实验基地，减少农药施用量，提高农药利用率①。

7.3.2.3　提高农机使用效率

加大对高效、低能、低排农机的补贴力度，加强节能农机研发，改善农业装备机构，规范农机经营网点销售，提供农机使用操作培训、部件维修服务，提高农机自动化水平和农业集约化生产能力。加强农机使用，丰富农机种类，引入秸秆粉碎还田机、拖拉机、深松机、联合收割机等，及时收割晾晒成熟农作物，形成"收一片、种一片、进行压茬"的农业种植模式，提高农用机械化使用效率。农机使用要避免高耗能、高污染、低效率设备，针对农业生产的复杂关键环节，采用智能化、复合功能型、高精准率的大中型联合作业农机；加强智慧农机、保护性耕作机械、全生产流程质量监控；采用大数据信息化技术，合理调配使用农机，完善农机使用服务配置体系，以减少单位耕地面积农机能源投入和耗费，降低单位农业

---

① 袁琳. 推广绿色植保技术 广西去年农药使用量减少 1 062 吨 [N]. 广西日报, 2017-02-14 (18).

产值碳排放量①。制定农机购买补贴政策，加大低碳、环保节能型农机的投入比例，引导对环保低碳、高质高效的免耕播种机、联合收割机、秸秆还田机及配套农业动力机械等设备的购买，推广新能源及可再生能源农机设备，减少动力消耗和碳排放②。

建立农机服务农民专业合作社。专业合作社创新服务方式，筹集资金购置新型先进的自动化农业生产设备，为农民农业生产提供全流程的管家托管式服务，为农业生产经营主体提供高水平的机械化服务。建立"政府+合作社+示范基地+农业生产经营主体"的订单式农业发展模式，加强扶农惠农，发展机械翻耕、机械播种、机械育种、植保防治、收割于一体的"保姆式"农业生产管理流程。对农业生产经营者展开技能培训，提高对农业生产机械的操作水平，培养一批真正懂市场、懂技术、懂操作的现代化农民，提高农机使用效率③。

建立农机共享服务平台。通过与农机专业合作社、农机企业、农村集体经济组织等建立综合服务机构，建设"线上+线下"于一体的共享互联网载体。农户通过注册手机 App 账号进行实名认证登录，在 App 中寻找可供租用的闲置农业机械设备。平台为农户提供低价担保租赁服务，减少农户资金占用，为农机拥有方快速定位潜在需求农户，减少农机供需双方信息不对称，提高农机融通效率。通过农机共享服务，不仅创新了农机社会化服务模式，加强了农机强强共享活动，也开创了"互联网+农机租赁"的新型商业模式，实现农机共享共用共赢④。通过开通"综合农事+农业全自动机械化操作"的共享农机服务平台，使农业机械利用水平迈上新的台阶，不断创新农机服务方式和服务水平。建立农机"绿色通道"政策，为农机进入农业生产现场提供便利和保障服务，及时开展现场作业，降低农机使用延误率，降低作业成本，提高农机使用准点率和使用效率。制定农

---

① 赵荣昊. 推动农垦系统粮食产能提升！河北提出四项重点工作任务［EB/OL］.（2023-05-30）［2024-03-16］.http://www.moa.gov.cn/ztzl/wcbgclz/qglb/202305/t20230530_6428864.htm#product.

② 段玮. 天津市"三夏"小麦机收作业收官 小麦总产量 70 万吨以上［EB/OL］.（2022-06-28）［2024-03-18］.http://www.moa.gov.cn/ztzl/wcbgclz/qglb/202206/t20220628_6403537.htm#product.

③ 方文婷. 枞阳农业机械化助力保苗增收［N］.安徽日报（农村版），2023-03-09（08）.

④ 骆文德，谢安平，吴峰，等."以机代人"，今年春耕透着"科技范"［EB/OL］.（2020-04-09）［2024-03-16］.http://www.moa.gov.cn/xw/qg/202004/t20200409_6341109.htm.

业生产应急预案，建立由大型联合农机设备组成的农业作业应急服务团队，为农业生产尤其是收获环节提供应急储备资源。规划专项农机转运路线，在交通交叉点和交通要道设置跨区域接待服务站点，为农机转运及快速投入使用提供指引，优先调配保障资源及辅助力量，缩短农机入场作业时间，快速响应农业生产应急处理指令。

加强农机使用培训，提高农机生产作业质量。牢固树立"机收减损就是增效增产"的理念，降低农业生产投入损耗，提高农业生产资源利用率。政府、农村集体经济合作组织、农业协会、区域农业组织、农业企业等各级主体举办农机操作使用培训活动，开展农机技能竞赛，提高农机使用者的操作能力，对作业质量、作业效率、机收损失率等进行综合评选，对表现优秀的农机操作者给予奖励和宣传，进一步发挥农机操作"传、帮、带"的示范作用。增强农机提质减损、节本增效功能，将最高机收损失率与最低机收损失率控制在一定范围内。农机使用培训、宣传和竞赛活动应展示多品种农机，如履带式收割机、农业无人机、免耕播种机、牵引式自捆式打捆机等高机械化水平农机，对各农机使用性能、特点、操作难点进行推介说明，为农户提供新技术、新农机的学习和展示平台[1]。制定农机减损实施方案，对基层农机减损计划加强技术指导，大力开展培训、宣传、技能竞赛等活动，引导农户正确、合理、科学选择农机种类、机收方式和机收时间，提高农机操作的熟练率与准确率，降低农机使用减损。加强精细收获，做好农业生产各个细节，开展机收社会化服务。建立农机操作使用专家服务指导团队，定期开展田野调查，为机具调试、使用、保养、维修提供专业咨询意见；每片农业生产区域要配备较为稳定的农机专家，专家收集农机使用信息数据，建立农机大数据库，为农机调配提供充足信息。

7.3.2.4 加强农用薄膜污染防治

农用薄膜作为重要的农业生产资料，使用范围广、覆盖面积大，部分地区仍存在着农用薄膜残留污染严重的现象，对农业绿色低碳发展带来严

---

① 柴贵宾，张三强. 赤峰市成功举办2023年全区主要粮食作物机收减损培训班暨大比武活动［EB/OL］.（2023-10-19）［2024-03-16］. http://nmt.nmg.gov.cn/xw/msdt/cf/202310/t20231019_2396038.html.

重不利影响①。

优化农用薄膜生产、使用、销售环节，加强全流程管理。①农用薄膜生产者要严格执行农用薄膜行业制定的标准规程，执行生产标准，保障农用薄膜生产质量，降低农用薄膜生产环节的资源消耗。添加地膜、棚膜的生产厂家标识，通过扫码即可实现对农用薄膜的生产溯源追踪，防止出现假冒伪劣产品。出厂销售的农用薄膜粘贴质量检验合格证，在明显位置进行标识。生产商建立农用薄膜销售台账，详细记录批次、销售时间、销售规格、销售数量、销售地、销售客户及联系方式等内容，方便进行信息查询。农用薄膜在显著位置提示对薄膜进行回收，降低环境污染和二次污染。②农用薄膜使用者要正确科学使用薄膜，防止薄膜使用浪费。农民专业合作社、农业企业、农户要做好薄膜使用登记，对农用薄膜厂商、购买时间、购买数量、规格型号、使用数量、储存数量、回收情况等信息进行记录。农用薄膜使用者应按照农用薄膜规定的用途及方法进行使用，不得将非农用薄膜当作农用薄膜使用，防止非农用薄膜进入农地，对土质带来严重危害，增加农地"白色污染"的治理难度和治理成本。③农用薄膜销售者对销售薄膜建立销售台账，对农用薄膜名称、规格型号、销售数量、生产厂商、购买客户、运输单位等信息进行记载，方便后期信息查阅。农用薄膜销售者不得将非农用薄膜当作农用薄膜进行销售，防止非农用薄膜进入农用市场。建立农用薄膜统一管理平台，将农用薄膜生产者、销售者、使用者三方所建立台账上传至管理平台，提高数字化和信息化水平，加强农用薄膜的系统管理，方便进行信息比对、集成分析与综合利用。加强多角度、多方位宣传，建立农用薄膜生产、销售、使用信息专栏，提高农用薄膜生产者、销售者、使用者加强协调管理的能力，切实有效落实各方责任。发展水稻直播、集中育秧育苗、秸秆覆盖栽培、果园生草等新型替代减量技艺，大力推进农用薄膜减量使用。

加强农用薄膜的回收与再利用。农用薄膜回收要建立单位与个人共同参与的多元化体系，农用薄膜使用者对非全生物降解农用薄膜要做好回收，统一汇集到薄膜专业回收网点，不得在田间焚烧、弃置或土埋，防止土地污染和对农业生态环境产生长期危害。建立薄膜回收利用综合体系，

---

① 孙眉. 建立健全农用薄膜管理制度 构建全链条监管体系 [N]. 农民日报，2020 - 07 - 17 (08).

对农用薄膜回收网点、站点进行合理布局，方便农用薄膜回收，减少回收时间，提高回收率和回收意愿。回收网点要对回收数量、规格型号、交回者等信息进行记录，输入到农用薄膜统一管理平台，与农用薄膜的生产、销售、使用信息进行比对，以便全面掌握薄膜回收利用情况。研发废旧农用薄膜的回收技术，对废旧农用薄膜进行科学回收，加强对废旧农用薄膜的循环再利用，在保证农业稳产增产前提下，减少农业薄膜的使用量。农用薄膜回收循环再利用要进行事先科学规划，对周边环境展开详细调研，注重对生态环境的保护，避免对农业生态环境造成二次污染和不可逆的破坏。对从事废旧农用薄膜回收再循环利用企业进行扶持，在贷款、审批、水电地使用、税收等方面给予优惠政策，并签订回收责任书，鼓励社会民间资本参与废旧薄膜回收利用，建立"全民参与、多方治理"的回收再循环利用体系。农用薄膜回收企业、站点不得伪造回收数据及台账资料，套取财政资金补贴，以保证农用薄膜回收数据信息的准确性。将地膜回收机具纳入农机设备购置补贴范围，推进地膜回收机械化水平，加强机械化拾捡废旧农用薄膜的技术创新，为农业绿色低碳发展提供新动力。继续挖掘废旧农用薄膜的再利用价值，实现经济效益的最大化；对已不能继续产生经济价值的废旧农用薄膜应进行无害化处理，避免对人居环境产生危害。健全农用薄膜区域绿色补偿制度，建立农用薄膜无害化防治专项基金，合理规划和监控资金用途。通过在部分地区试点，总结试点地区工作经验，逐步推广农地地力补贴与农用薄膜回收相挂钩机制，在全国范围内形成示范效应。采用农用薄膜回收享受价格补贴、以旧换新等优惠政策，增强农户废旧农用薄膜循环再利用的积极性与主动性，形成回收再循环利用的长效机制，切实改善农村农业人居环境和生态环境。加强农用薄膜的生产、销售、使用、回收、再利用等各环节的密切协作，创新回收方式，提高农用薄膜有效回收率。推动农用薄膜回收利用的专业化水平，龙头企业对回收薄膜进行集中处理和再加工，生产新型农用薄膜或塑料包装制品。

大力推广全生物降解地膜。全生物降解地膜的原料主要为生物降解材料，与传统普通地膜具有同等的使用性能，但可以通过自然界微生物活动进行有机降解，产生二氧化碳和水，大大降低了环境污染。全生物降解地膜在覆盖 3 个月以后就能实现降解，降解用时短且经济环保。全生物降解地膜由煤基生物降解新材料制成，为能源清洁高效利用和转化提供新的思路，推动农业绿色低碳发展，为生态"增容"，为环境"减排"①。全生物降解地膜采用滴灌方式，有效提升农作物水分利用率，增强农作物对病虫害的免疫能力和对杂草生长的抑制作用。通过在试点地区使用全生物降解薄膜，逐步进行大面积推广，增强透光性、保湿性、抑草性等功能，实现经济效益和生态效益的双重提升。全生物降解地膜购买价格明显高于普通农用薄膜，为减轻农户购买负担，地方可设立专项财政资金对加厚地膜、全生物可降解地膜给予补贴。通过财政资金对农户进行购买补贴，全生物降解地膜与普通农用薄膜购买成本将趋同，以此激励农户主动购买全生物降解地膜。

以全链条治理理念加强农用薄膜的管理与监督检查工作，有效防止农地"白色污染"。相关部门加强工作联系和协调，对农用薄膜进行全过程监管，建立常态化联合推进工作机制，推动信息化建设，建立农用薄膜残留物检测数据库，对农用薄膜使用集中地区、连片地区进行网络化管理。工业和信息化主管部门负责农用薄膜的生产使用指导工作，制定农用薄膜生产质量标准，根据环境变化和生态建设要求更新生产质量标准，以高规格的质量标准推动节能环保农用薄膜的研发、生产及使用。建立完善农用薄膜残留物检测制度，政府农业主管部门应定期或不定期对区域内的农活薄膜残留物进行检测，提取、分析、保存残留物样本，对农用薄膜残留物信息进行社会公布，将不符合国家农用薄膜质量标准的厂家计入失信名单，减少或取消优惠政策及扶持补助。生态环境部门负责农用薄膜的有效回收，指导农业薄膜的循环使用，降低农业面源污染，加强环境污染防治。政府监管部门应建立完善农用薄膜市场监管制度，定期或不定期对区域内的农用薄膜质量展开监督检查，对不符合生态环保质量标准的薄膜禁止生产、销售和使用，提高农用薄膜质量。

7.3.3 推动农业废弃物循环利用，建立生态循环农业

强化"政策宣传、源头管控、落实行动"的工作安排，有力开展农业面源污染治理，对农业废弃物展开统一回收处理，保护农业生态环境。社区、村委会组织召开专项工作会议，加强政策宣传，压实农业废弃物回收责任；通过微信群、广播、横幅、电子屏幕等多渠道方式宣传农业废弃物

---

① 童明全. 坚持不懈推动生物降解新材料广泛应用 [N]. 山西日报，2024-03-03 (12).

的危害和治理难度，促使农户自觉回收农业废弃物；加强对农户回收废弃物的培训，促进科学回收、正确回收、有效回收。在源头管控方面，充分发挥基层社区网格和农村集体经济组织的作用，组织党员、志愿者、网格员带领捡拾废旧农用薄膜、废旧农药包装物等，提高农业废弃物的回收率，加强农业面源污染治理。在具体行动方面，探索农业废弃物"资源化、减量化、无害化"治理机制，将农业废弃物转换为可再利用资源，扩大农业资源总量；根据土壤肥力状况和土质特征，适当选择微生物肥料和有机肥料，实施测土配方施肥技术，提高施肥科学性和施肥效率；谨慎使用化学农药，采用病虫害生物防治措施，降低化学农药使用量，减少化学农药残留物质，积极推行绿色有机农业发展，构建资源节约、环境友好、节能降碳、企业扩效、农民增收的现代农业产业链。

推动农业废弃物回收处理和再利用，建立资源化利用平台和网络。对于禽畜粪污，建立一体化系统、采用先进粪污处理设备进行集中处理。采用沼气生产、近地还田方式，提升粪污利用率。对于秸秆，利用机械化设备还田，开发秸秆饲料、原料、基料，采用秸秆沼气、秸秆造纸等循环利用方式，避免堆弃、焚烧带来的碳排放。对于废弃薄膜、农药包装物，采用可降解、可回收的新型材料，建立循环使用体系。科学规划回收点，通过有偿回收、收取押金的方式加大回收力度，避免白色垃圾的二次污染。

推行"三级循环"模式，实现农业废弃物的"四化"利用。建立农作物秸秆和禽畜粪污的资源化利用长效机制，实现农业废弃物的"无害化、减量化、资源化、生态化"利用。建立健全政府、农业企业、种植户、养殖户于一体的利益共享机制，创立以专业化企业为主的资源化利用和农业废弃物治理的发展模式。①建立双向主体小循环治理模式，在养殖户周围建设小型沼气池和沼气工程，装设厌氧沼气发酵装置，生产出的沼气和有机肥料施用于附近农地，将大规模养殖场所产生的禽畜粪污与农作物秸秆进行混合发酵，生产出有机肥并运用于附近农地，从而实现种植户、养殖户与农地之间的近距离双向循环体；②建立区域多向中循环模式，依托专业化服务公司对分散型的中小规模养殖场的禽畜粪污进行重点治理，选点布局禽畜粪污集中处理中心，实现对区域内的禽畜粪污的全覆盖，收集邻近地区的农作物秸秆与禽畜粪污，实施绿色种养循环农业试点项目，并对试点成果经验进行大面积推广和应用；③建立全域综合立体化大循环模式，以双向主体小循环和区域多向中循环模式为基础，实时监测禽畜粪污产生、收集、处理信息，搜集土壤养分变化及需求数据，建立信息数据平台，宏观调配全域资源，建立种养一体化布局，构建农林牧渔良性循环、粪废处理与种植地区连接、分散与集中规模化种植养殖户全范围的"三大模式"，实现农作物秸秆与禽畜粪污资源处理与利用的全域统筹协调发展①。通过"三级循环"模式与"四化"利用体系的建设，建设生态循环农业，推动农业绿色低碳发展，减少农业面源污染，实现农业生产节本增效，使农业现代化建设迈向新的台阶。

大力推进农业生产废弃物治理基础设施建设。加快养殖场污染治理设施建设，合理划定养殖片区，推行种养一体化建设，满足禽畜粪污防治与环境承载能力要求，实现禽畜粪污无害化处理、返还农田。养殖场新建粪污处理基础设施要适应主体工程的建设要求，提高工程建设质量标准。养殖场配套粪污贮存、分离、处理、转运等设施，实行干湿分离、污雨分流等工艺流程，减少养殖场粪便污水排放。建立大中小型沼气工程，在养殖场建设沼气工程设施，沼气可通过管道或压缩贮存直接用于供气、供电；投资实施生物天然气项目，集中规模化处理粪污、农作物秸秆；沼液、沼渣经过特殊处理后可用于花卉、蔬菜、林木、果实的养分供给，推广种养结合模式②。

7.4 技术层面：加强绿色低碳技术创新，提升农业绿色发展能力

推进农业绿色低碳转型发展和农业科技的现代化是农业技术创新体系的构建和农业高质量发展的必然要求。绿色农业技术创新体系建立必须要进一步完善制度和政策体系，发挥政府、科研机构、推广机构、农业企业和全社会的协作力量，加强农业技术改革和科技应用转化。

7.4.1 完善绿色低碳农业技术创新制度，健全政策体系

推动农业绿色低碳发展，必须坚持农业技术创新，提高资源配置效

---

① 农业农村部. 推行三级循环模式 实现农业废弃物"四化"利用［EB/OL］.（2022-03-14）［2024-03-16］.http://www.ghs.moa.gov.cn/gzdt/202203/t20220314_6392170.htm.

② 刘丽婕. 定州大力推进农业生产废弃物循环利用［N］. 河北日报，2018-03-30（09）.

率，从制度层面探索绿色低碳农业政策，为绿色低碳农业高质量发展提供良好的政策环境。

第一，健全绿色低碳农业技术创新的政策体系。提出农业绿色低碳转型发展的专项规划，针对目前农业领域"双碳"内容界定不清晰的问题，应通过完善绿色低碳农业的技术创新制度体系和法律法规，确保绿色低碳农业发展与"双碳"目标的融合。政府应加强政策制定，推动现代绿色低碳农业的技术创新，在金融政策、财税政策和技术研发投入政策方面持续发力，充分发挥技术创新政策对现代农业绿色低碳发展的指导引领作用。①在金融政策方面，绿色低碳农业发展需要进行持续的技术创新，政府通过金融政策的制定，引导金融机构为绿色低碳农业企业提供低息贷款、优先贷款，开辟绿色通道，减免审批环节，缩短审批时间，精准定位绿色低碳农业技术创新资金需求，对高污染、高排放、高耗能、低效率的农业企业设立贷款限制，鼓励农业企业绿色低碳转型发展①。②在财政税收政策方面，激励农业绿色低碳生产行为，推动农业绿色低碳发展进程。对采用绿色低碳创新技术的农业企业实施税收优惠政策，加强绿色低碳技术创新企业的认定，对符合认定标准的农业企业所取得的绿色低碳性质收入实行免税或减税，对技术创新投入支出按一定比例加计扣除，鼓励农业企业持续加强技术创新。设立专项财政资金，对采用绿色低碳创新技术的农业生产经营主体进行财政补贴或资金奖励，为绿色低碳农业技术创新行为提供充足财政资金保障。金融机构开辟绿色通道或会员服务，为农业生产经营主体尤其是小微型企业、个体农户提供小微贷服务，丰富小微贷款项目和品种，设立专门服务窗口，由专门业务经理进行对接，提供个性化的定制服务，提高信贷融资的便利性和快捷性。降低绿色低碳农业生产经营主体的融资门槛和融资条件，提供良好的融资环境。对不符合绿色低碳方向或定义范围的农业生产，实施惩罚性的财政税收政策，对农业碳排放征收高额碳税，将生产经营主体列入限制扶持名单库。③在技术研发投入方面，将农业绿色低碳技术创新纳入农业发展战略，加大向绿色低碳农业技术创新倾斜，提高技术研发投入在农业支出中的比重。设立专门研发投入基金，组建农业绿色低碳技术创新项目组，将科研机构、农业院校、农业部门相关专家吸纳到项目组中，以矩阵制或项目制的形式实施农业技术创新

---

① 柯福艳，黄伟，毛小报. 我国低碳农业发展技术路径及支撑体系研究 [J]. 浙江农业学报，2012，24（4）：727-732.

活动，充分关注绿色低碳农业关键技术和重大技术攻关活动①。

第二，鼓励技术创新，建立完善的农业碳排放交易市场。积极推动将农业绿色低碳发展纳入碳排放权交易市场，通过技术创新进一步降低碳排放，调动各主体的积极性，循序推进不同农业产品、不同主体进入碳排放交易市场，获得交易收益。建立完善的奖励激励制度，鼓励农业从业人员加强技术开发和应用；健全投资收益分配制度，吸引更多农业企业参与技术创新以支持绿色农业低碳发展；建立知识产权保护制度，维护科技创新的原创保护，防止知识产权侵权行为的出现②。运用金融工具降低农业碳交易价格波动的风险。我国当前农业碳汇交易发展尚不成熟，但碳交易价格形成机制和良好交易环境已初步形成。通过创新保险工具和金融期货，分散农业收益风险，提高农业保底收益率，增强对市场波动的免疫性。探索建立商业性碳汇价格保险协议，为碳汇价格损失风险和收益不确定性提供基本保障。制定农业碳票制度，将产权清晰的农业资源经由第三方机构采用科学计量方法进行测算核验，开发碳汇资产。缩短碳汇资产从生成到备案实施的周期，降低碳票开发成本，丰富农业碳票品种。以农业碳汇收益权作为质押物，积极争取金融机构碳汇信贷，扩展碳汇项目资金来源和融资渠道，在实现碳汇生态价值基础上，提高碳汇经济价值，将金融机构发放的碳汇信贷全部用于农业绿色低碳项目的开发和实施。进一步完善农业碳汇补贴政策方案，根据农业碳汇发展规划，制定优惠政策并付诸实施，采用以奖代补的方式对农业碳汇项目进行奖励，促进农业绿色低碳发展和农业现代建设。

第三，加强部门协同、区域互动。要在国家关于绿色低碳农业技术创新政策框架内，出台适应区域自身情况的配套政策，深化绿色低碳农业技术创新顶层设计，正确处理顶层设计制度与区域发展政策之间的联结关系。建立绿色农业技术创新密切联络机制，激发区域内生活力，合作开发农业技术，推广农业创新技术在更广范围内应用，发挥绿色低碳农业创新技术的空间溢出效应和辐射效应。

第四，建立农业科技创新联盟，不断探索科技创新的亮点，创新运行机制。①农业科技创新联盟要加强农业产业一体化建设，发挥农业产业链

---

① 陈娟，王雅鹏. 中国低碳农业技术创新体系架构与建设路径研究［J］. 科技进步与对策，2013，30（16）：53-56.

② 陈芳芳. 推进农业绿色发展新路径探索［J］. 农业发展，2022（5）：17-19.

的整体性，汇集农业优势科技力量与资源，通过提升农业产业升级需求、构建农业产业网络体系、探求农业产业发展信息等手段，引领农业产业一体化建设和产业链协同发展，实现"集群化"式的组团发展，促进农业绿色低碳转型升级发展。②农业科技创新联盟要瞄准农业技术创新的重点、难点和痛点，发挥农业产业链技术创新的聚力，以区域农业绿色低碳发展为大局、以产学研深度融合为导向，着重解决现代农业产业发展的关键性变量和瓶颈问题，推动农业科研机构、农业院校、农业技术部门及农业企业展开技术合作，将分散的"单兵作战"的农业科技资源进行汇集，探索农业科技创新力量的分工合作，共建共享机制，加强重大农业绿色低碳技术攻关，以综合性技术方案策略提升农业绿色低碳技术成果的迭代性、集成性、应用性和推广性。③农业科技创新联盟要聚焦农业绿色低碳发展的实际需求，创新实体化运行机制，推动建立农业科技创新联盟的运营机构，将农业专家的理论科研成果与企业实际生产运营有效结合起来，推动农业科技创新成果与应用的信息互通，既提高农业科技创新成果的市场转化率，又推动基于市场需求的农业绿色低碳技术迭代创新，促进绿色低碳农业技术创新效率与技术资源利用率的同步提升。④以农业绿色低碳发展为目标，实施跨产业、跨区域的全产业链的农业技术联合创新与系统应用，在农业科技创新联盟基础上，建立超大型的生态网络创新联合体，提升绿色低碳农业整体创新协作能力，解决农业产业链的关键性、决定性的技术创新焦点，提高现代农业的发展质量和生态质量①。借鉴盐碱地农业科技创新联盟，针对盐碱地农业种植难度大、技术创新成果不显著的问题，加强绿色种植技术改良创新，建立标准化实验场地，以县域现代农业乡村振兴试点为载体，创新联盟内部管理模式，培育新型农作物品种，加强农业供给侧结构性改革，大幅度提高农作物生产数量和质量，提升联盟绿色低碳农业产业核心竞争力。同时，鼓励区域农业农村碳达峰碳中和创新联盟将绿色低碳农业成果进行市场转化和市场应用，建立可再生能源与新能源的技术集成示范与应用中心，积极推动农业生产节能降碳工作的顺利进行。

---

① 李丽颖. 深化科企融合 激发创新优势：国家农业科技创新联盟赋能农业高质量发展 [N]. 农民日报，2023-05-11（08）.

7.4.2 加强人才队伍建设，鼓励农业技术创新

受限于农业创新风险较高、投资周期较长、经济效益不确定性强的问题，政府、农业科研机构必须发挥主导作用，带动农业企业进行技术创新，加大技术创新人才投入，推动农业绿色低碳发展。

第一，农业院校承担着培养农业科技人才的主力军职责。农业院校应完善人才培养模式，针对农业技术发展前景科学设置专业，有针对性地培养农业技术创新人才和应用推广人才，鼓励大学生投身于农业事业，提高农业从业人员的技术水平和综合素质。农业院校要重塑农业科技双创人才培养理念，以全域理念探索农业科技双创人才培养新模式，打破传统农业科技双创人才知识体系剥离和局限性，集合全领域、全周期人才培养要素，加快人才培养资源在系统内的流动与配置。要注重从以下方面进行：①加强农业科技双创人才培养体系的全要素覆盖，丰富农业科技文化内涵，培养学生的双创文化、农业文化思想，通过专业实践活动、实训活动践行双创意识和双创思维，为优秀的种子项目提供孵化基地和资金支持，并保持全周期的跟踪和调研，提高农业绿色低碳技术创新成果市场转化的成功率。②为农业科技双创人才培养制定系统、完善的培养方案，推进基础理论课程与实践应用课程的协同培养，建立农业科技双创指导教师团队，吸纳具有创新创业精神、科学思维的学生进入项目团队，以承担科研课题、实验室项目为载体进行农业技术创新研发，为学生提供充足的科技双创资源和平台，建立进阶式、合作共享、校内外联通的人才培养体系。③以产学研深度融合的思路对农业科技双创人才进行全场域式培养，夯实学生的专业技能素养，引导学生思考问题、发现问题、分析问题、解决问题，以绿色低碳农业发展的现实需求为导向，打通知识链与现实应用场景的沟通纽带，实现农业科技创新成果的市场应用和无缝转化①。

第二，加强农业绿色低碳发展推广力度，提高农业从业人员技术创新意识。推动农业绿色低碳生产方式转型，对实现农业高质量发展和现代化建设具有重要的现实意义。对农业从业者加强低碳技术培训和技术宣传，绘制浅显易懂的公益广告，投入实践亲身示范，技术人员手把手、言传身教传递农业技术操作和应用方法，让绿色低碳农业生产成为农业发展的主

---

① 姚冠新，魏训鹏. 坚持全域思维培育农科双创人才［N］. 中国教育报，2023－10－30（07）.

要模式。要在广大农业生产经营主体中牢固树立"生态文明"和"绿色低碳"发展理念,引导农业生产经营主体自觉行动、主动落实,解锁绿色低碳发展的蜕变密码,把增绿、低碳深刻融入现代农业生产体系中,提高农业现代建设的绿色低碳底色,实现乡村振兴的成色既要足、本色也要绿。

第三,加大农业技术推广应用服务特聘计划的实施力度。根据区域特色优势产业的发展需求,从种养能手、乡土专家、农业企业技术骨干中招聘具有较强技术服务意识、丰富实践经验、深厚技术专长的人员作为技术特聘专家,开展绿色低碳农业技术服务指导工作。与技术特聘专家签订咨询服务合同或协议,规定服务期限、咨询费用、权利义务,组织技术特聘专家开展政策宣讲、咨询服务、技术指导工作,强化农业技术创新服务。完善农业技术人员管理制度,加强管理考核,优先续聘考核优秀的专业技术人员。

第四,加强农业科技人才队伍建立。成立"生态转型中心",持续开展应用性强、通俗易懂、形式丰富的绿色低碳技术创新培训活动,传授新型农业技术,培养农业绿色低碳技术的推广和应用人才,提升农业经营人员的绿色低碳技术储备水平。培养"数字农业专家",利用数字化解决方案发挥对周边农户推广绿色低碳技术的影响力。鼓励各科研机构和平台充分发挥"智囊团"作用,在绿色低碳技术、绿色低碳能源、绿色低碳产品方面重点攻关、揭榜挂帅[1]。重视高端农业人才的培育,对其进行激励奖励,派遣业务技术人才进行培训交流,提升创新能力。鼓励农业学科大学生到农村工作,在政策方面给予倾斜支持,增加大学生志愿服务农村计划名额、指标。组建、选派农业科技特派员,建设农业在线平台,配备在线服务农业技术专家。

第五,着力提升农业技术人员的综合素质。落实农业技术人员培训制度,加强培训师资库和培训资源建设,切实提高农业技术培训的实效性、精准性和针对性,扩大农业技术人员培训的覆盖面。建立农业技术人员的绩效考评制度,明确农业技术人员工作的内容、要求,推行收入分配与工作绩效相挂钩,实现以服务对象满意度和工作绩效为主要内容的绩效考评机制。推行农业"互联网+",让基层农业技术人员使用"学习强国"、微信、QQ、抖音等网络平台工具,不受区域、不受时限、不受次数限制地展

---

① 宋国恺. 中国落实碳达峰、碳中和目标的行动主体及实现措施 [J]. 城市与环境研究,2021 (4): 47-60.

开农业技术培训，开设农业技术推广应用论坛、贴吧，相互交流技术经验。

7.4.3 发挥农业技术组织作用，加大技术创新推广应用力度

第一，积极发挥经营性和公益性两类农业组织的技术创新积极性。一方面，经营性技术创新组织具有市场营利性、竞争性的特点，应充分发挥市场机制的调节作用，由农业企业自主完成技术创新。积极发挥农业龙头企业的"领头羊"作用，进行技术研发、应用和推广。政府可对技术创新标杆企业进行财政扶持，给予一定的税收优惠、资金补贴，同时对各类农业技术服务性组织给予支持，充分发挥农业中介组织的技术创新扶持作用。另一方面，积极发挥"公益性"组织的技术创新作用。"公益性"组织具有普遍性、公共性的特性，可重点对周期长、风险高、不确定性强的技术项目进行研发。一是改革科研院所的研发机制，完善原有的技术创新绩效评价机制，加大对实用性、应用性的科研成果进行奖励，开展产学研联合攻关；二是整合农业技术研发机构，对区域内的研发资源进行合理配置，增强研发的协作力和凝聚力；三是发挥基层农业组织的技术推广作用，有效对接上级农业技术推广组织的技术成果，扩大技术成果的应用。

第二，加快绿色低碳农业技术推广、普及和应用。重视绿色低碳农业开发和应用试点，加快农业技术创新成果应用转化，提高技术转化率和应用率，加强对先进创新技术的知识产权保护、应用和推广[①]。同时要激发各主体农业技术创新的积极性和主动性，鼓励有意愿、有能力的农业生产经营主体采用新型、先进的农业生产技术，扩大技术使用频率和规模，提高技术在农业生产的贡献比值。对于农业生产经营主体的优秀做法和成功经验，要扩大其影响范围，形成示范效应和辐射效应，带动更多主体利用先进技术参与农业生产经营活动，不断提升绿色农业创新技术的应用力度。

第三，充分发挥金融机构对绿色低碳农业技术创新的金融服务功能。解决资金瓶颈，建立现代农业绿色低碳基金和发展基金，提供专项财政资金、专项绿色补贴、专项债券，专门用于农业绿色低碳转型发展。对绿色低碳农业企业进行奖励、扶持、援助，额外提供农业收入损失补偿和风险

---

① 王学婷，张俊飚. 双碳战略目标下农业绿色低碳发展的基本路径与制度构建 [J]. 中国生态农业学报（中英文），2022，30（4）：516-526.

准备金，提高农业企业技术创新的积极性，形成良好的技术创新示范效应。金融机构为农业绿色低碳发展提供资金以支持其传播、研发和应用，为农业技术创新提供绿色信贷资金，减少因资金周转问题造成研发不能顺利开展的顾虑，激发农业技术创新。金融机构同时提供信用贷款服务，改善基础服务设施建设，支持农业企业购买低耗能、高效率的农用机械，提高低碳技术生产的绿色含量，促进绿色低碳农业技术的市场化运用，解决研发技术与市场化应用的脱节问题，提高技术研发与市场应用的契合度。

7.4.4　加强区域合作，大力发展绿色低碳技术

第一，向先进国家和地区学习绿色低碳农业技术创新经验，实现技术引进、消化、吸收、应用、创新的发展模式。紧跟先进绿色低碳技术，为绿色农业低碳发展打下强硬的技术基础。一方面，各创新主体要定期分享技术创新成果和运用的成功做法，扩大技术的辐射效应。另一方面，要积极引入国内外先进农业创新技术和资金，建立绿色低碳农业优质项目库，强化技术创新的品牌效应和示范效应，促进农业绿色低碳发展和现代化建设。注重向发达国家和地区学习经验，在化肥农药减量、禽畜粪便再利用、农业废弃物防治等方面进一步细化政策的落实方案，强化农业生态环保的约束力和执行力，完善市场化运行机制和农业生产服务体系①。

第二，加强绿色低碳技术创新供给基础。建立绿色农业可持续发展试验示范区，加强技术创新研发能力，以绿色低碳科技促进农业与环境的协调持续发展，加快农业技术创新应用步伐。优化农业产业结构，发挥区域比较优势，调整农业生产方式，发展现代循环农业。建立绿色低碳农业产业链，推动清洁能源的开发利用，促进农业的绿色投入和绿色消费，建立农业绿色流通体系，建设绿色农业产业集聚区，推广观光农业、休闲农业等清洁低碳、高效益的发展模式，使绿色低碳农业成为经济高质量发展的新增长点。

第三，积极推动生产要素增效减量，优化农业生产要素配置。在农药投入方面，积极研发低毒高效农药，加强统防统治，以先进的植保服务队伍和设施装备发挥规模经济优势，提高农药施用的效率和质量。在化肥施用方面，要做到高效施肥、科学施肥，推广集成施肥技术，逐步降低单位

---

① 刘赵. 加快发展生态低碳农业 推进农业发展全面绿色转型 ［N］. 农民日报，2023-02-07（06）.

面积化肥施用量，提高化肥使用效率。在农机投入方面，加大对节能环保农机购置的补贴力度，鼓励农业生产使用先进、高效率的农机，降低农机的碳排放。

7.4.5 突破技术限制，推动农业绿色低碳技术创新

以新质生产力为关键着力点，引领现代农业绿色低碳发展。以新能源新材料技术、基因改良技术、人工智能、量子工程技术为代表的新技术推动农业技术革新，实现农业生产方式的根本转变。进行智慧型农业试点，发展农业全产业链绿色低碳技术。使用无人机、农业机器人等技术优化土地利用方式，开展耕地修复、精准施肥，采用联合种植技术、深度节水技术提高农业生产效率。利用生物技术和信息交叉技术对农产品进行改造，提升农作物耐高温、耐寒、耐盐、抗病虫害、抗旱涝等特性，提高农业生产的气候适应性。在碳排放环节，采用农业清洁技术计划、碳封存技术（CCUS）①、生态调控技术以及碳足迹管理技术，发展生物经济、精准农业，遴选、推广节能减排农业技术装备，降低碳排放。推动现代农业的绿色化、低碳化、数字化、基因化，推动生物细胞工程、基因工程、智能工程在农业生产领域的新业态转化，着力提升现代农业绿色低碳发展的科技水平和创新知识的融合交叉②。

---

① 陈诗一，祁毓. 实现碳达峰、碳中和目标的技术路线、制度创新与体制保障 [J]. 广东社会科学，2022 (2)：15-23，286.

② 林万龙. 以新质生产力引领农业强国建设 [N]. 光明日报，2024-02-19 (15).

参考文献

[1] 霍华德. 农业圣典 [M]. 李季, 译. 北京: 中国农业大学出版社, 2013.

[2] 毕俊国, 罗利军. 节水抗旱稻旱直播节水栽培技术 [M]. 北京: 中国农业出版社, 2022.

[3] 杜受祜. 环境经济学 [M]. 北京: 中国大百科全书出版社, 2008.

[4] 达尔文. 物种起源 [M]. 钱逊, 译. 南京: 江苏人民出版社, 2011.

[5] 何盛明. 财经大辞典 [M]. 北京: 中国财政经济出版社, 1990.

[6] 江泰新, 苏金玉. 明清农业经济发展变化与启迪 [M]. 北京: 中国社会科学出版社, 2022.

[7] 马克思. 资本论 [M]. 郭大力, 王亚南, 译. 上海: 三联书店出版社, 2009.

[8] 马晓哲. 国际碳排放治理问题 [M]. 北京: 科学出版社, 2018.

[9] 杜兰特. 世界文明史 [M]. 幼狮文化, 译. 上海: 三联书店, 2023.

[10] 配第. 政治算术 [M]. 马妍, 译. 北京: 中国社会科学出版社, 2010 年.

[11] 魏琦, 金书秦, 张斌. 助绿乡村振兴: 农业绿色发展理论, 政策和评价 [M]. 北京: 中国发展出版社, 2019.

[12] 温铁军. 从农业 1.0 到农业 4.0: 生态转型与农业可持续 [M]. 北京: 东方出版社, 2021.

[13] 翁伯奇. 低碳农业导论 [M]. 北京: 中国农业出版社, 2010.

[14] 杨发庭. 新时代生态文明建设与绿色发展 [M]. 北京: 中国社会科学出版社, 2021.

［15］袁建伟，晚春东，肖维鸽，等. 中国绿色农业产业链发展模式研究［M］. 杭州：浙江工商大学出版社，2018.

［16］梅尔. 农业经济发展学［M］. 何宝玉，等译. 北京：农村读物出版社，1988.

［17］赵桂慎. 中国生态农业现代化：内涵、任务与路径［J］. 中国生态农业学报，2023，31（8）：1171-1177.

［18］中国农业绿色发展研究会，中国农业科学院农业资源与农业区划研究所. 中国农业绿色发展报告 2022［M］. 北京：中国农业出版社，2023.

［19］曹幸穗，王思明. 中国农业通史［M］. 北京：中国农业出版社，2020.